アヘンからよむアジア史

内田知行・権　寧俊［編］

勉誠出版

〈アジア遊学260〉

アヘンからよむアジア史

【目次】

第Ⅲ部　現代の薬物問題

まえがき

内田知行

はじめに――「乱用薬物」とはなにか

本書が主たる考察対象とする「アヘン」はいわゆる「乱用薬物」の一種である。では、「乱用薬物」とはなにか。たとえば警察庁が毎年刊行している『警察白書』をみると、警察に押収された「乱用薬物」として、次のようなものが掲載されている（二〇一七年の押収量の多い順にならべる。単位はグラム、ただし錠剤は錠数）。

①乾燥大麻（一七万六二九六グラム）、②ヘロイン（七万三一七グラム）、③大麻樹脂（二万六八〇グラム）、④コカイン（九五五二グラム）、⑤生アヘン（五グラム）、⑥ＬＳＤ（一七万四三八錠）、⑦覚醒剤とＭＤＭＡ等の錠剤（三一八一錠）、⑧モルヒネ（零グラム）。

これらの「乱用薬物」は、普通は「麻薬」とよばれるが、大雑把にいうと鎮痛・抑制作用（陶酔感）をもつ②⑤⑧、興奮（向精神）作用（高揚感）をもつ④と⑦のうちの覚醒剤、幻覚作用（陶酔感）をもつ①③⑥⑦のうちのＭＤＭＡ等に分かれる。[1] ②⑤⑧はケシを原料とするが、ケシボウズから出た液を乾燥させた樹脂状のものが⑤、それを抽出・精製したものが⑧、さらに⑧に無水酢酸を加えて化学変換したものが②である。⑧の押収量は零グラムであるが、製造量が少ないからではなくて、⑧がコデインやジヒドロコデインの製造原料となっているからである。④は南米コカを原料とする薬物である。⑦のうちの覚醒剤はもともと麻黄を原料としたが、後には化学合成により作られるようになった。①③は大麻草を原料とする薬物だが、①を乾燥して紙を巻きタバコのように吸煙するものをマリファナ、③の樹脂状に固めたものをハシッシュ（ハシーシュ）という。⑥と⑦のＭＤＭＡ等は密造所などで化学合成により作られる。以上のように「乱用薬物」といっても多種多様である。

以前はその代表はアヘンであり、本書ではそのアヘンの歴史と現況について多面的に考察する。ただし、冒頭に紹介したように、アヘンを原料とするヘロインの押収量は第二位であるとはいえ、近年は生アヘンやモルヒネはほとんど違法取引されてはいないようである。

一、「乱用薬物」を歴史学的に研究することの意味

では、「乱用薬物」を歴史学的に考察することには、どのような意義があるのだろうか。第一に、「乱用薬物」の歴史は国家権力の歴史そのものである。近世になって紅茶を飲む習慣が定着した英国では、中国茶の輸入による貿易赤字を補填するために、インドから中国へのアヘンの密輸を行なった。台湾を植民地化した日本は、アヘン専売制度を導入して、アヘンを植民地経営の財源とした。戦前の日本は、侵略した中国各地でアヘン政策を断行して、多くの中国人をアヘン漬けにして、莫大な収益をえた。以上のように、アヘンの生産や密輸は国家犯罪だった。こうした歴史的事実は本書の関連論文をお読みいただきたい。第二に、「乱用薬物」の歴史は犯罪事情の歴史である。「乱用薬物」の生産・密売・輸送や、それを担った反社会的集団（任侠集団や秘密結社、地域を割拠した武装集団など）の存在そのものが犯罪の中核だった。アヘンやコカインなど「乱用薬物」の吸食による中毒患者の再生産は治安かく乱の大きな要因になった。これは、過去の歴史というだけではなくて、現在進行形の社会問題でもある。第三に、「乱用薬物」の歴史は戦争の歴史である。アヘンが近代の中国と英国間の「アヘン戦争」やその後の「アロー戦争」の要因になったこと、現代のアフガニスタン内戦や南米コロンビア内戦の要因になっていることは、今更いうまでもないだろう。第

四に、「乱用薬物」の歴史は芸術やスポーツをめぐるスキャンダラスな裏面史でもある。「乱用薬物」は、(末期ガンの患者にたいする薬用モルヒネの投与のように)適切に利用すれば薬効がある。しかし、精神にあたえるその陶酔感や高揚感から、芸術家やスポーツ選手のあいだにおける乱用が後を絶たない。

以上のように、「乱用薬物」の歴史は人の世の「黒い歴史」を理解するための好個の材料なのである。そして、今に生きる人びとにたいしても重大な警告や教訓をあたえる材料になっているのである。

二、「乱用薬物」を取締るための法律について

次に、日本における「乱用薬物」の取締りのための法律について述べる。

□アヘン関係……生阿片取扱規則(一八七〇)↓旧阿片法(一八九七)↓あへん法(一九五四)↓現在

□モルヒネ・コカイン・向精神薬関係……モルヒネ・コカインおよび其の塩類の取締に関する件(一九二〇)↓旧麻薬取締規則(一九三〇)↓旧々薬事法(一九四三)↓麻薬取締規則(一九四六)↓旧麻薬取締法(一九四八)↓麻薬取締法(一九五三)↓麻薬および向精神薬取締法(一九九〇)↓現在

□大麻関係……大麻取締規則(一九四七)↓大麻取締法(一九四八)↓同法改正(一九五三)↓現在

□覚せい剤取締法(一九五一)↓現在

現在の日本で「乱用薬物」を取締るための法律として機能しているのは、上記のあへん法・麻薬および向精神薬取締法・大麻取締法・覚せい剤取締法と、一九九一年に制定された麻薬特例法である。(2)

つまり、ヘロイン・コカインなどの取締りは一九四一年のアジア太平洋戦争勃発以前から行われていたのに、大麻の取締りは一九四七年から、覚せい剤の取締りは一九五一年からだった。これら二種の薬物は戦前は違法ではなくて、利用は野放しだった。とりわけ、覚せい剤は民衆を戦争に駆り立てるには都合のいい薬物だったようで、国家権力によって巧みに利用された。たとえば、日本軍は死地に赴くカミカゼ特攻隊員に搭乗直前に「特攻錠」(覚せい剤)を飲ませた。そして、敗戦によって大量に余った覚せい剤を製薬会社は「ヒロポン」という名前で販売したから、戦後初

期には大量に中毒患者が発生した。それが「覚せい剤取締法」の制定につながったのである。[3]第二次大戦初期の一九四〇年五月、「フランスとの戦い」に参加したドイツ軍兵士にも与えられた。ドイツ「第七装甲師団」および「第五装甲師団」の兵士の多くは、一九三七年に開発された「ペルビチン錠」（メタンフェタミンを成分とする覚せい剤の商標名）を飲み続け、圧倒的勝利がもたらす興奮に酔いしれながら、さらなる前進を続けた。「ペルビチン」は、不眠不休で電撃的侵攻作戦を指揮したヒトラーにも愛用されたという。[4]

三、大麻は日本敗戦後、「麻薬」として栽培が禁止された

冒頭で示したように、現在、大麻は覚せい剤とならぶ代表的な「乱用薬物」になっている。しかし、戦前は「麻薬」というよりも繊維材料だった。明治政府は大麻繊維を取るために大麻栽培を奨励した。大麻繊維は丈夫で通気性が良かった。そこで、軍服・ロープ・帆布など多くの軍需物資の原料になった。日清・日露戦争によって大麻の需要はのび、第一次世界大戦ではヨーロッパの連合軍諸国へ輸出された。さらに第二次大戦中には、政府は大麻増産政策を推進した。

大麻繊維は、民需としては一般の衣料原料となり、下駄の鼻緒、たたみ原料、蚊帳《かや》、魚網の原材料になった。大麻繊維を取ったあとの「おがら」はかやぶき屋根や土壁の素材に利用された。麻の実（大麻種子）はアワやヒエとならぶ食料であり、搾った油は灯油や食用油になった。夏季に稲を栽培する農家にとって、大麻栽培は冬季の労働力消化、現金収入の中心だった。そもそも、近代日本では大麻吸引の習慣がなかったから、大麻を「麻薬の一種」とする認識はなかった。[5]

日本でも一九三〇年に「第二アヘン会議条約」（一九二五年）を批准し、批准国の任務として「麻薬取締規制」を制定した。同「規制」はアヘン・コカインとともに大麻を統制品目にした。しかし、当時の日本政府は「禁止大麻」に「印度大麻草」の訳語をあて、これと日本国内で栽培されてきた「大麻」とは別物であるという立場をとって、日本国内の大麻栽培を容認したのである。[6]酒類を「般若湯」と呼んだ屁理屈と同じである。いまでも北海道などで野生の

大麻草が発見されるのは以上のような背景がある。

連合国総司令部（GHQ）は、一九四五年十月「日本における麻薬の生産および記録の統制に関する件」というメモを、そして四六年三月には「日本における麻薬製品および記録の管理」というメモを発行した。大麻栽培をアヘン、ヘロイン等とならんで規制する命令だった。この間に日本政府は大麻農家をまもろうとしてあの手この手の抵抗をした（たとえば、日本の大麻は「印度大麻草」とは別物であるという理屈の主張など）。

日本政府が抵抗した結果、一九四六年十一月にはGHQメモ「日本における大麻の栽培にかんする件」が、四七年二月にはGHQメモ「繊維を採取する目的による大麻の栽培にかんする件」が出された。前者では、「申請によって大麻栽培を継続する」ことが可能となり、後者では栽培地域・面積・就労人口などをさだめた栽培免許制度が導入された。この後、一九四七年四月「大麻取締規則」が制定され、この「規則」にもとづいて四八年七月に「大麻取締法」が施行された。つまり、GHQという外圧の下で規制が進んだ。しかし、この後も農産物としての生産擁護を主張する農林省と薬物としての規制を主張する厚生省との対決が続いた。前者は、農林省農政局特産課、後者は厚生省薬務局麻薬課が主管官庁だった。一九五三年には「大麻取締法」が改正され、種子を規制から除外して規制緩和をおこなった。ジュート繊維の輸入増大や、化学繊維産業の発展により、大麻繊維産業は斜陽化した。一九六三年には「大麻取締法」が改正され、罰則の強化が盛り込まれた。背後には世界的なヒッピー・ムーブメント＝マリファナ文化の興隆があった。(7)

余談ながら、今日ではオランダ・ドイツ・ベルギーや米国の一部の州では、「害悪の減少」(harm reduction) という理念にもとづいて大麻を合法化している。大麻使用を非犯罪化することによって、大麻使用の厳罰化によって生じる社会的有害性を回避するという政策である。この前提には、アヘン・ヘロイン、覚せい剤を「ハード（強烈な）ドラック」として厳罰化し、大麻を「ソフト（柔らかな）ドラック」として容認するという考えがある。これは、けっして大麻を奨励しているのではない。国民にたいして、個人の健康管理と社会の安全を構築するための行動を、自己責任のもとに実行するという機会をあたえているのである。これらの諸国では、「踏み石理論」（大麻吸引がハードドラックへの踏み石になるという考え）は採られていない。

四、近代日本における「アヘン」略史

戦前は大麻も覚せい剤も合法薬物だったので、かえって歴史史料のなかからその実態を知るのは難しい。皮肉なことに、非合法薬物だった「アヘン」のほうが史料が残されているのである。以下に、近代日本における「アヘン」の歴史を略述してみる。

近代日本はケシ生産の先進国だった。大正時代の大阪は全国一のケシ生産地で、その功労者は、二反長《にたんちょう》音蔵（一八七五～一九五〇）という人物だった。とりわけ、音蔵が住む大阪府三島郡の「福井村」は代表的産地だった。一九二二年二月、大阪府が実施した「第一回実業功労者」表彰では、二反長は「実業功労者」五人の一人にえらばれた。他の四人は、中山太一（化粧品生産の「中山太陽堂」、いまの「クラブ化粧品」）、辻本豊三郎（福助足袋の生産者）、芦森武兵衛（綿紡織の「精工社」）、木谷伊助（朝鮮貿易）で、五人は金杯を授与された。(8)

日本では、ケシ栽培農民から政府が買い上げるときの代金（「賠償金」と呼称された）は、モルヒネ含有量の多寡によって決められた。計測の便宜を考慮して、日本（および朝鮮）ではアヘンを粉末にして納入させた。これに対して中国などでは、生アヘンのなかのモルヒネ含有量の多寡ではなくて、生アヘンの重量が問題とされた。つまり、生アヘンがたくさん採れる品種が歓迎されたのである。品種改良以前の日本の在来種ケシでは、モルヒネ含有量はせいぜい八パーセントだった。二反長らによる一九三〇年代の改良品種では二〇パーセントの含有量のものもあったという。(9)

アヘンの主要な用途と種類について述べる。原料アヘンからは、①アヘン煙膏が作られた。これは中毒者用の麻薬で、専売制が施行されていた植民地時代の台湾・関東州・満州国などで供給された。原料アヘンからは、②軍需用モルヒネも作られた（高品質麻薬としても利用された）。モルヒネは、戦時下においては最優先で生産された。モルヒネを精製して、③ヘロインが作られた。多幸感の強い高品質麻薬として中毒者に販売された（医薬用としては使用されな

かった)。モルヒネからは、④燐酸コデインも作られた。薬理作用はモルヒネよりも穏やかで、民需用の痛み緩和剤として利用された[10]。日本国内では、一九三〇年、東京衛生試験場が「燐酸コデイン」の生産を始めた。それまでは、日本国内産アヘンは在庫が増え続けたが、その後は急速に在庫量が減り、ついには不足がちになった。そこで、税関などで摘発没収されたアヘンを無償で東京衛生試験場に移管した[11]。

五、戦前の日本国内はアヘン生産大国だった

一九二〇年代中ごろまでは、アヘン買上数量もケシ栽培面積も増減を繰り返していた。一九二〇年代後半から買上数量・栽培面積・栽培人数ともに増加の一途をたどった（**表1**では一九二七年以降）。一九三一年の満州事変以降は、戦争の時代に突入し、アヘン増産が急激に進んだ。

表1　大正・昭和前期の日本国内におけるアヘン生産

年度	ケシ栽培面積（町歩）	栽培人数（人）	アヘン買上数量（キロ）
一九一五（大四）	二二九	三二六二	三七五
一九一七（大六）	一六六	一八〇五	一四五九
一九一九（大八）	二三九	二二五二	一六九四
一九二一（大一〇）	七〇四	五七五二	四九二九
一九二三（大一二）	三七八	三三三二一	二一五二
一九二五（大一四）	四二二	三三三三一	三六一二
一九二七（昭二）	五九八	三七〇一	五九三三
一九二九（昭四）	一六三八	八八三一	一一七一三
一九三一（昭六）	八三七	六八七二	一二一三五

一九三三（昭八）	一〇三四	一〇三七九	一〇六四一
一九三五（昭一〇）	一五一四	一四三五四	一八六一二
一九三七（昭一二）	二〇三六	一一〇五一	二一二一三
一九三八（昭一三）	一五七二	八一九七	一六四五五

出典：倉橋正直『日本の阿片王――二反長音蔵とその時代』（共栄書房、二〇〇二年）二一一頁。原載は、厚生省薬務局麻薬課編『けし栽培の実際』（薬事日報社、一九五五年、非売品）。

戦後は、ＧＨＱによってケシ栽培は禁止された。しかし、一九五四年のサンフランシスコ講和会議で再び独立国になってから再開された。ヘロインは生産禁止だったが、医薬用のモルヒネと燐酸コデインは認められた。戦後のピークは一九六〇年だったが、のち衰退した。外国産アヘンのほうが安価だったので、輸入品に押される結果となった。

なお、第一次大戦終了後、軍需用モルヒネの需要は急減した。その当時、朝鮮総督府をバックにアヘンを買い付けてモルヒネ生産をしていた大正製薬は、あろうことか、モルヒネを朝鮮植民地内で販売した。総督府もそれを黙認した。それによって、大戦後の朝鮮半島ではモルヒネ中毒者が広がったという[12]。

あまり知られていない歴史であるが、一九三〇年代の日本はダントツの麻薬生産大国だった。**表2**の示すように、一九三〇年代初頭の日本は麻薬生産量は膨大で、ヘロインは世界生産量の半分、コカインは四分の一弱を占めていた。上記のヘロイン・コカインの日本国内生産者は、以下の製薬会社だった。すなわち、大日本製薬（現在の会社とは別）、三共薬品、武田薬品、星製薬（のち倒産）で、前三社は現在も存続する。日本アヘン史の研究者である倉橋正直氏は、三社にたいして戦前の麻薬類の生産にかんする資料の公開を申し入れたがいずれも拒否されたという[13]。

表2　国際連盟に報告した日本の麻薬製造量

年次	ヘロイン	モルヒネ	コカイン
一九二九	一五九〇（四三%）	八七六（六・六%）	一二一五（二一%）
一九三〇	一三九六（三五%）	九〇二（九・七%）	一一九二（二五%）
一九三一	六八八（五五%）	九一四（一〇・八%）	一〇〇八（二二%）
一九三二	七三四（五五%）	九四七（一二・七%）	九三一（二三%）
一九三三	六七五（五一%）	一〇〇一（一〇・八%）	九二〇（二二%）

注：単位はキログラム。パーセンテージは世界生産量に対する比率。
出典：山田豪一『満洲国の阿片専売』（汲古書院、二〇〇二年）二九六頁。原載は、宮島幹之助『国際阿片問題の経緯』（社団法人日本国際協会、一九三五年）七九頁。

本書「第一部」「第二部」では、近代におけるアジア諸地域のアヘン問題をそれぞれの地域研究の専門家に論じていただく。日本アヘン史研究の先達である故江口圭一氏や倉橋正直氏、故山田豪一氏の結論に倣うならば、戦前日本のアヘン政策は国家的犯罪だった。アヘン政策は、国内では内務省・厚生省（一九三八年以降）が担当し、植民地・占領地では興亜院・大東亜省が担当した。アヘン政策は以上の国家機関が担当したが、その現実は戦前は隠された。敗戦直後には資料が組織的に隠滅され、今日でもきちんとした形では公開されていない。[14]アヘン政策が近代日本国家の国家的犯罪だったことを明らかにできなければ、北朝鮮による同様の国家的犯罪を告発する資格もないであろう。[15]

おわりに――本書の構成について

最後に、本書の構成について説明しておく。本書は、第一部「アヘンをめぐる近代アジアと西洋」、第二部「日本植民地・占領地のアヘン政策」、第三部「現代の薬物問題」からなる。第一部と第二部とはアヘン史の考察である。

第一部では、アヘンをめぐる西欧帝国主義国家であるイギリス、フランス、オランダと、アジアの植民地であるインド（今のインド・パキスタン・スリランカ）、フランス領インドシナ（今のヴェトナム）、オランダ領インド（今のインドネシア）、イギリス領マラヤ（今のマレーシア・シンガポール）および半植民地ともいうべき中国をめぐるスケールの大きな歴史的考察を行なった。第二部では、戦前日本のアヘン政策を、日本が侵略して植民地・占領地にした東アジア諸地域に即して考察した。具体的には、台湾、朝鮮半島、関東州・満洲国、蒙疆政権などを対象として、日本の国家犯罪を明らかにした。第三部では、現代で最も多くのアヘンを生産するアフガニスタンのアヘン問題、中米の麻薬密輸問題とともに、より包括的に現代日本と現代中国における「乱用薬物」問題を考察した研究を用意した。「乱用薬物」の歴史を理解するとともに、現代にたいして警鐘を鳴らしたい、と思う。

以上をもって本書のための「まえがき」とする。

注

（1）鈴木陽子『麻薬取締官』（集英社新書、二〇〇二年）四五頁の図。
（2）同前、鈴木著書、一三五頁。
（3）同前、鈴木著書、六六〜六八頁。
（4）アントニー・ビーヴァー（平賀秀明訳）『第二次世界大戦』上巻（白水社、二〇一五年）一九一頁。ノーマン・オーラー（須藤正美訳）『ヒトラーとドラッグ』（白水社、二〇一八年）も参照されたい。
（5）長吉秀夫『大麻入門』（幻冬舎新書、二〇〇九年）四八〜五一頁。
（6）同前、長吉著書、五四〜五五頁。
（7）同前、長吉著書、六七〜六八頁。
（8）倉橋正直『日本の阿片王――二反長音蔵とその時代』（共栄書房、二〇〇二年）三一〜三二頁。
（9）同前、倉橋著書、三五〜三八、一一三頁。
（10）同前、倉橋著書、二一六〜二一七頁。
（11）同前、倉橋著書、二四九頁。
（12）同前、倉橋著書、五九、二五五頁。
（13）倉橋正直『阿片帝国・日本』（共栄書房、二〇〇八年）一五頁。

(14) たとえば、江口圭一氏の主著である『資料日中戦争期アヘン政策』(岩波書店、一九八五年)や同氏『日中アヘン戦争』(岩波新書、一九八八年)、同氏編『証言日中アヘン戦争』(岩波ブックレット、一九九一年)、本稿でも引用した倉橋正直氏による前掲二著、山田豪一氏の主著『満洲国の阿片専売』(汲古書院、二〇〇二年)、小林元裕氏の『近代中国の日本居留民と阿片』(吉川弘文館、二〇一二年)、朴橿氏の『阿片帝国日本と朝鮮人』(小林元裕・吉澤文寿・権寧俊共訳、岩波書店、二〇一八年、韓国語原著は二〇〇八年)などを参照されたい。また、佐野眞一氏『阿片王』(新潮社、二〇〇五年)は上海で日本軍のためにアヘン取引に専従した里見甫を分析した記録であるが、満洲国で活躍した東條英機や岸信介のアヘンとの関りもあぶり出しており、興味深い。

(15) 北朝鮮による覚せい剤生産については、「『北』のシャブ、日本むしばむ『外貨獲得の国家事業』」(東京新聞、二〇〇二年十月三十一日)、アヘン生産については、「北朝鮮、次はアヘン」(東京新聞、二〇〇七年十月九日)。

アヘンをめぐるアジア三角貿易とアヘン戦争

権　寧俊

こん・よんじゅん――新潟県立大学国際地域学部教授。専門は東アジア国際関係史、国際社会学。主な著書に『歴史・文化からみる東アジア共同体』（編著、創土社、二〇一五年）、『東アジアの多文化共生』（編著、明石書店、二〇一七年）、朴橿著『阿片帝国日本と朝鮮人』（小林元裕、吉澤文寿と共訳、岩波書店、二〇一八年）などがある。

アヘン戦争は、中国社会を大きく変貌させた。アヘン貿易によってイギリスやインド植民地政府は莫大な利益をあげたが、中国社会では深刻な社会問題になった。アヘン吸煙の風習は、官僚だけでなく民間人にまで広がり、中毒者とアヘン栽培地は中国全土に広がった。そして、中国は世界最大のアヘン汚染国家に転落したのである。本稿では、イギリス主導のアヘン貿易によって清国の内部においてはどのような対立があり、それがアヘン戦争とどうつながっていたのか、また、アヘン戦争後のイギリス政府の清国に対するアヘン政策の展開と清国政府の対応について考察する。特にイギリス領香港のアヘン管理制度に焦点を当てる。さらにイギリスのアヘンに関する認識変化とそれに伴う「アヘン反対運動」について考察する。

はじめに

一七五七年、清朝政府は対外貿易港を広州一港に制限し、イギリス・ロシア・アメリカ・フランスなどとの貿易を始めた。なかでもイギリスとの貿易が首位を占めていた。貿易の内容をみると、中国からイギリスへの輸出では茶葉（紅茶）が中心で、イギリスから中国への輸出は毛織物・綿布などが中心であった。また、その貿易はイギリスの東インド会社が独占していた。

　その後中国茶の輸出は年々増加し、一方、イギリスの毛織物・綿布などはさっぱり売れず、イギリスには貿易赤字が積み重なっていた。中国茶の輸出増大の理由は、当時イギリスをはじめとするヨーロッパ社会で飲茶の習慣が広がり、飲茶文化が発展したためである。十七世紀後半からイギリスの宮廷に入った飲茶の習慣は、イギリスの貴婦人を中心に中産層にまで広がり、十八世紀半ばからは中国製の磁器で中国茶が飲まれるようになった。

一方、イギリスはインドの植民地支配を強化し、支配領域を拡大していた。十八世紀末にはイギリスはインド・ベンガル地方のアヘン専売権を手に入れた。そこで、イギリスは中国からの紅茶輸入の赤字をおぎなうために、一七五〇年以降、インド産アヘンを中国へ密輸することにした。インドから中国へのアヘン貿易も一七七〇年代以降急増した。これで、中国からイギリスへの紅茶、イギリスからインドへの綿布という貿易を結びつけていた環が、インドから中国へのアヘンとなったのである。しかし、当時、アヘンの販売はすでに国際的に禁止されていた。そこで植民地インド政府は、イギリス人の貿易商人にアヘンの精製品を売り渡し、中国に密輸させた。中国とイギリスのアヘンの貿易は、イギリス・インド政府に莫大な利益をもたらし、その財政に不可欠の要素となっていた。しかし、中国ではアヘンは社会と経済に深刻な影響をもたらした。アヘン吸煙の風習が官僚、商人、兵士、地主、遊民層などのあいだで急速に広がり、密輸入量は激増したのである。そのため、清朝政府はアヘン禁止策をとり、その結果、イギリスとの戦争、いわゆるアヘン戦争が始まった。

一、アヘン戦争とアヘン貿易の拡大

(1)アヘン戦争前のイギリス主導のアヘン貿易

十九世紀を通じてアヘンはインド植民地の輸出品の大部分を占め、インド植民地政府の財政収入のなかできわめて高い比重を占めていた。アヘンがなければ、インド貿易のバランスが成立せず、財政収入を確保できなかった。インドの貿易バランスが成り立たないということは、イギリス主導の三角貿易が成り立たないということであった。それはつまり、イギリスは世界市場（特にポンド圏のアジア・アフリカ・オーストラリア市場）を押さえることが不可能だったことを意味した。[1]

イギリスのアヘン貿易の主な対象国は中国であった。一七七三年イギリスの東インド会社は、アヘンの専売権を独占し、中国に対してアヘン貿易をはじめた。当時の中国のアヘン輸入量は年々増大していた。その量は中国政府の公表によると、一七八〇年から一八一六年の間のアヘン輸入量は毎年約四〇〇〇ないし五〇〇〇箱（チェスト）であるとされる。また、一八一六年には東インド会社がアヘンの自由貿易を許したことで、中国の輸入量はいっそう増大し、一八三四年にはついに二万一八八五箱の巨額に達した。その後も、一八三七年には三万九〇〇〇箱、一八三八年には四万二〇〇〇箱に増えた。(2) 中国のアヘン輸入はアヘン戦争直前に中国によるアヘン没収と焼却のあった一八三九年だけ急減しその後は、増加に転じた。

この利益は相当なものであった。アヘンの輸送量を箱(チェスト)でみてみると、一箱には約六四キロのアヘンが入っていた。これは重量ではなく箱の容積量を示す単位である。(3) 当時アヘンの一箱についてイギリス政府が使った費用は約二五〇インド銀元であったが、カルカッタで競売するときは、一箱つき一二一〇インド銀元ないし一六〇〇インド銀元の価額で売られた。植民地インド政府の収入の十分の一は、アヘンの対中国輸出によって得たものであった。

また、中国においても福建・広東沿海民によってアヘン貿易活動が沿海部全域で拡大し、広東では巨大な利権構造が生まれていた。広東の官吏はアヘン貿易によって大きな利益を得ていた。そのため、アヘンの広範な流行を歓迎し、そこから利益を得ようとした。国内における大量のアヘン栽培も、官吏によって黙認されていた。すなわち、当時のアヘン貿易は、アヘンの密輸入と中国政府官吏の腐敗政治とが結びついた結果であった。

このように、アヘン貿易はイギリスおよびインド政府の重要な財源であり、清朝の官吏にも大きな利益を与えた。清朝政府は中国から国外への銀の流出が始まると、アヘン貿易が銀流出の原因であるとして本格的にその取締りを行った。当時国際貿易の決済は銀で行なわれたから、アヘン輸入が増えれば、当然銀の流出が発生したのである。当時清朝の税は銀で納められていたが、一般の人民が日常的に使用していたのは銅銭であった。そこで人々は銅銭を銀に換えて税を払っていた。その交換レートは銀一両につき銭一〇〇〇文であった。ところが、アヘン貿易の代価として銀が海外へ大量に流出すると、銀の価額は高騰し、銀一両が二〇〇〇文と二倍以上値上がりした。これが事実上の増税となり、一般民衆を苦しめる結果となった。(4) さらに、牙行《がこう》(仲買業者)に依存する清朝の貿易管理体制では、アヘンのような課税不可能な禁金製品に対応できなかった。そのうえ、アヘン貿易の取締りは既存の利権構造を崩壊させ、アヘン取引の零細化を招いて貿易管理をいっそう困難にさせた。アヘン貿易取締は結局失敗に終わり、これがアヘン戦争の一因となる。

(2) アヘンに対する清朝政府内部の対立

清朝政府はアヘンに対する「禁止令」を繰り返し出したが、あまり効果が出なかった。密貿易が行われていた広州では、清朝側の官僚や軍人はイギリス商人に買収されていて、実際には「禁止令」は形式だけになっていた。清朝政府にも、本気でアヘンを取締る姿勢はなかった。首都北京から見ると、広州は実に遠いところで、辺境地域であった。だからこそ、広州でのみ外国との貿易を許していたわけである。辺境地域で少々麻薬の密貿易があっても、中央政府が断固として対応するような問題ではないと考えられていた。それゆえ、一八三〇年までは有名無実の「アヘン禁止令」が出ただけで、密貿易はますますさかんになっていた。

しかし、一八三〇年代に入るとアヘン密貿易による銀の流出、財政事情の悪化、アヘン中毒患者の増大など、さまざまな問題が起こった。軍隊内部や帝室関係者にもアヘン中毒患者が出た。一八三〇年代のアヘン中毒患者数は約二〇〇万人にも達していたといわれていた。そこで、清朝政府内部でもアヘン問題に対する議論が高まった。

当時、アヘン問題に対する意見は弛禁論と厳禁論に大きく分かれていた。弛禁論者は、アヘン貿易をきびしく取り締るのをやめて、公認しようという立場であった。アヘン貿易を公認すれば「輸入アヘンに税金をかけることができ、政府の収入が増える。また、国内でけしの栽培を奨励して、自国でアヘンを生産すれば輸入を減らすことができる」という論理であった。アヘン中毒患者対策としては、官僚や軍人のアヘン吸煙はさすがに禁止を主張したが、一般民間人にたいしては取り締まらず、放任することが主張された。(5)

これに対して厳禁論者は、アヘンを厳罰すれば「アヘン吸煙者は減り、消費も減る。消費が減れば輸入も減る。輸入が減れば銀の流出も減る」という論理を主張した。両者ともに主眼は、「銀の流出」をいかに止めるかという問題を重視したが、そのための対策が異なっていた。弛禁論者は銀による取引を禁止して、物々交換で輸入すればよいと主張し、厳禁論者はひたすらアヘン吸煙者を死刑に処すれば問題解決できると考えていた。(6)

このように、当時の清朝政府では弛禁論者と厳禁論者に分かれて対立していた。しかし、圧倒的に弛禁論者が多かった。一八三八年、清朝皇帝である道光帝は、全国の地方長官にアヘン対策についての意見書を提出させたが、それに回答した二十九人の中、アヘン厳禁に対する反対者は二十一人もおり、支持者はわずか八人であった。(7)

しかし、道光帝は厳禁論にひかれていた。なかでも、湖広総督（湖北省・湖南省の長官）の林則徐（**図1**）の意見書に注目した。厳禁論を主張する林則徐は、次のように取締りの実施方法を細かく提案していた。林則徐は道光帝に対して「禁煙六策」を提言したが、その概要は次の通りである。①アヘン道具をすべて没収して根源を遮断すること。②アヘン吸煙者は「四段階」に分けてその罪を問うこと。③アヘン館を経営する者、アヘン販売者とアヘン道具製造業者を各々処罰すること。④吸煙者が官憲の親戚、友人、家族などその関係が近ければ近いほどより厳重に処罰すること。⑤地保・牌頭・甲長（清朝の行政機構の末端職員）にも生アヘン・煙膏・煙具を調査できるようにすること。⑥処罰規定は地域によって区分し、港口、市場、交通中心地などの地域はより具体的な対

図1　林則徐（1785～1850）　出典：wikimedia commons

図2　阿片を処分する林則徐　出典：wikimedia commons

策をとって対応すること、であった。(8)

一八三八年十二月、道光帝はアヘンの密輸を禁止するために、林則徐を欽差大臣（特命全権大臣）に任命して広州に派遣した。林は断固たる態度と手段をもって、外国商人に命令してアヘンを差し出させ、翌年の六月に取りあげた約二万二八三箱（一一八九トン）のアヘンを虎門で廃棄した（**図2**）。

(3) アヘン戦争とアヘン合法化

清国のアヘン禁止策に対して、一八四〇年二月、イギリス政府は清国との開戦を決定し、アヘン戦争が始まった。イギリス軍は、天津、厦門、寧波を占領し、一八四二年には上海や鎮江を占領して南京に迫った。その結果、同年八月に清朝はイギリスの要求をほぼ全面的に受け入れた南京条約を締結させられた。清朝はこの条約で公行（清朝政府に認定された特許貿易商人の組合を意味する）の廃止、香港の割譲、広州、厦門、福州、寧波、上海の五港の開港、二一〇〇万ドル（約五五〇〇両）の戦費賠償などを承認させられた。公行の廃止によって、イギリスは自由にアヘンの取引ができるようになった。また、この条約によって五港が開港され、イギリスは、綿織物やアヘンの中国への輸出をスムーズにできるようになった。香港が割譲された後の一八六〇年には香港島の対岸の九龍半島の一部が割譲され、九八年には、その九龍半島の付け根にあたる新界地域がイギリスの租借地になった。(9)

アヘン戦争後、アヘン貿易は増大し、ますます深刻な社会問題を生んだ。アヘン貿易は一八一五年貿易年度（一八一五年四月～一六年三月）を一とする（二七二三箱＝約一七四トン）と、一八三六年には十二倍（三万一三七五箱）に、四五年には十五倍、五五年（五万六〇〇〇箱）には二十六倍に増え、ピークの八〇年には約三十九倍（十万五五〇七箱）に達した。(10)

このように、インド産アヘンが飛躍的に増加したのは、一八四二年のアヘン戦争以降、および一八五七年のアヘン輸入の「合法化」以降の二回であった。これは、当時のインドは東インド会社に専売独占権があったため、東インド会社の輸出側統計から流入量を推計したものである。主な輸出先は中国本土であり、その他には香港・シンガポールであった。一八五七年にはアヘンの専売・貿易独占権が東インド会社からインド政府に移管され、政府主導でのアヘン貿易が行なわれるようになった。そのために、一八六〇年代からのアヘン貿易はきわめて安定した。

実際に中国への輸出（密輸）に係わったのは、東インド会社やインド政府の貿易許可証を得た地方貿易商人（カントリー・トレーダー）たちであった。彼らはアジアの港町に本拠地をおき、中国の茶や生糸、インドの綿花やアヘンを運んだ。

貿易を管理する政府部署が「海関」であったが、一八五八年に中国の海関は外国人の管理下に入った（中華人民共和国建国直後の一九五〇年まで続いた）。歴代の海関最高責任者＝総税務司は最後を除いて（最後だけはアメリカ人）すべてイギリス人であった。一八五八年からアヘンは名称も変更され、「阿片」が「洋薬」となった（英語表記は「アヘン」という意味のオピウム）。すなわち、アヘンが「洋薬」という中国名の合法的輸入品となったのである。イギリス領香港では一八四五年にアヘン輸入が合法化された。合法化以前、アヘンは最大の密輸入品であった。海関を支配するイギリス人にとっては、アヘン輸入の合法化による関税収入の増加は海関の主要な財源確保となった。また、改名によって毒物のイメージは薄められた。

清朝のアヘン政策も、厳禁から弛禁へと変質し、アヘン合法化の時期を迎えた。一八五八年以後イギリス、フランス、アメリカと結んだ通商章程条約では、清国はアヘンを「洋薬」として合法的に輸入することになった。一八五九年からは中国国内の民間人にもアヘン吸煙が合法化され、ケシ栽培も許可されるようになった。その結果、一八九〇年まで毎年六万箱が清国に輸入され、輸入量のピークとなった一八八〇年には十万五五〇七箱（約六七五三トン）となった。これは同年のイギリスの対清国・香港輸出品目の九三パーセントを占めていた。民間人のアヘン吸煙者も増加した。一八三〇年代の吸煙人口は約二〇〇万人であったが、一八九〇年には一五〇〇万人に増加し、一九〇六年には二〇〇〇万人となった。アヘン中毒者は当時の人口の五パーセントを占めていた。このように、アヘンの合法化は、十九世紀後半の中国社会にアヘンが蔓延する原因をつくった。これによって、当時の中国は世界最大のアヘン汚染国家に転落した。

（4）清国におけるアヘン生産の拡大

イギリスがアヘン貿易を始めるとともにアヘン輸入量は急増した。アヘン輸入量の急増とアヘン吸煙者の増加とは密接に連関していたので、アヘン吸煙者の増大、アヘン輸入量の増大は中国国内での吸煙用アヘンの生産を促すことになった。一八三〇年（道光十年）に御史（監察官）にアヘン生産の拡大を告発された時には、吸煙用アヘン生産は雲南、福建、浙江、広東などに拡がっていた。アヘン戦争後、アヘン生産に対する禁令は建前上存続していたが、事実上なし崩しとなった。アヘン生産は一八四二年以後、急速に拡大し、「品質」も向上していった。五〇年代において中国アヘンはそのままの形で吸煙されることはなく、インドアヘンにまぜてそれを水増しさせる目的においてのみ消費されていた。しかし、六〇年代に入ると中国アヘンの品質向上によって、中国アヘンとしてのブランドが評価され、外国アヘンと競合するまでになった。中国でのアヘン生産は、イギリスによるアヘン貿易が始まる以前から流行の兆しを見せており、アヘン吸煙に刺激されると同時に、流入する外国アヘンを駆逐する役目をも担わされて拡大した。そして、八〇年代前半には、「中国人自身が彼らの消費するアヘンの主たる生産者である」という状況にまで至った。

しかし、中国アヘンの品質向上は新たな問題を引き起こすことになった。中国アヘンの品質向上により外国アヘンの消費が低下し、外国産アヘン収入に由来する外国人によるアヘン課税が減っていった。厦門における外国人アヘン課税は商人の請負で行われて地方政府の経費となっていたが、芝罘条約によってその収入は失われた。芝罘条約はイギリスと清朝との間で一八七六年九月に山東省芝罘（現在の煙台）で締結された条約であるが、この条約によって「租界をアヘン以外の外国商品取引時の釐金（地方税）免除地区とすること」になった。

そこで、清朝地方官僚は捐税（国や地方政権が民に課す税金）を通じて税収回復と中国人アヘン商人の統制を図ったが、外国アヘン貿易の衰退にともない、中国人商人が反対にまわって失敗に終わった。その後、地方官僚は中国アヘンへの課税を進めたが、中国アヘンの流通把握は困難であり、アヘン貿易に対する統制力は低下した。

二、イギリス領香港のアヘン管理制度の変化

(1) イギリス籍商人によるアヘン貿易

南京条約によって香港島がイギリスに割譲されると、イギリスは直ちにアヘン貿易を許可した。イギリスにとっては香港における政庁歳入の確立が重要な課題であった。イギリスはアヘン貿易からの税収によってそれが充当されると期待していた。香港は政庁歳入の確立をシンガポール等の海峡植民地で行われていた徴税請負制度をモデルにした。同制度は東南アジア各地の植民地政庁にも広範に導入されていた制度であり、海峡植民地政庁は一八二〇年代後半までに、同制度を通じて煙膏の小売販売から歳入の四割から五割に及ぶ収入を得ていた。(11)

香港におけるアヘン貿易はイギリスのジャーディン・マセソン商会が主に行っていた。ジャーディン・マセソン商会は、アヘン貯蔵用の大型浮船「ボーマンジェ・ホルムスジー」号を港に浮かべ、そこで中国人商人とアヘンの直取引を始めた。数かまた、中国人商人と共同で岸壁にアヘン倉庫を建てた。数か

月経つと、香港は一大アヘン集散地となった。一八四四年にジョン・デービス香港総督は「政府と関係なく資金を持っている者のほぼすべてがアヘン貿易に従事している」と述べている。一八四五年には香港を基地としてアヘン貿易に従事する船舶は八十隻に増え、そのうち十九隻がジャーディン・マセソン商会の所有であった。一八四九年には四万トンのアヘンが香港に貯蔵された。そのうちインド産アヘンの七五パーセントが香港経由で交易されていた。アヘンはイギリスやインド等からの輸入価額一九〇〇万ポンドのうち六〇〇万ポンド（三二パーセント）を占めていた。[12] また、このアヘン貿易は香港のみならず北米と豪州へ移民した華人社会にもひろかった。アヘンは一八五〇年代末までにはジャーディン・マセソン商会の船舶によりアメリカへ輸出され、華人の間で人気を博すようになっていた。[13]

このように、最大のアヘン貿易商として財を成し、現在も香港を拠点として活躍しているジャーディン・マセソン商会（怡和洋行）は、一八三二年にスコットランド出身のジャーディンとマセソンによってマカオで創立された。一八四三年に上海が開港されるとすぐに進出し、一八五八年のアヘン輸入合法化以後は「洋薬」としてアヘンが持ち込まれた。上海の商館は外灘の北京東路の南側にあった。しかしジャーディン・マセソン商会はインドアヘンの輸入がピークを迎える一八八〇年より早く、一八七〇年にはアヘン貿易から撤退した。その最大の理由はサッスーン商会との競争に敗れたことであった。ジャーディン・マセソン商会がインドで代理商や中間商を通じてアヘンを仕入れたのに対し、サッスーン商会は産地の直接買付けや農民に前貸しする方式でコスト削減を図っていた。サッスーン商会は、イギリス籍ユダヤ人商社で、バグダード出身のダヴィッド・サッスーンが一八三二年ボンベイに創立したのが始まりである。次男イリアスは一八五四年に上海支社を設け、一八七二年には別会社として新サッスーン商会をおこした。外灘のランドマークとなっている和平飯店北楼は一九二九年に建てられたサッスーン・ハウスである。一八七〇年以降は、イギリス人にかわってユダヤ人、インド人、中国人などアジア系商人がアヘン輸入の担い手となり、アヘンの「悪」の東洋的イメージは一層強められることとなった。[14] なかでも新旧サッスーンや同じくバグダード出身のハルドゥーンなどイギリス籍ユダヤ人商社が中心を占め、ついでパパニーなどイギリス籍アラブ人商社があった。アラブ系は頭にターバンを巻いていたので「白頭行」と呼ばれた。

新サッスーン商会が主導していた時代のアヘン貿易は、インドのアヘン貿易が中国産アヘンにおされたために利益のないものになっていた。一九〇七年、中英禁煙協約が結ばれ、十年間で段階的にアヘン輸入を禁止することとなった。しかし、この協約はサッスーン商会などの妨害で完全には実施できなかった。サッスーン・ハルドゥーンは一八八五年以後「洋薬公所」を設け、輸入アヘンを独占していた。その責任者はイギリス籍ユダヤ人エドワードであった。彼らは禁輸後もアヘン商売にこだわった。アヘンの輸入量は減ったが価格は急騰し、協定前の一箱七〇〇両から、一九一五年には九〇〇〇両に達した。このためサッスーン商会やハルドゥーン商会は暴利をむさぼった。(15)

(2) アヘン専売制への転換

一八七二年にジャーディン・マセソン商会がアヘン貿易から撤退した。この背景には、中国国産アヘン生産量の急増と質的向上によるインド産アヘンの国際競争力喪失があった。清朝政府はアヘン戦争以後アヘン吸煙を合法化し、国内のアヘン栽培を中国西南地域を中心に増やした。国内アヘンの価額は輸入アヘン価額よりも半分安いこともあり、国内アヘンの栽培地も増加し、生産量も増えた。その反面、輸入アヘン量は減少した。また、香港とアメリカや豪州などの海外の華人社会と結ぶアヘン貿易は一八八〇年代以降、アヘンをめぐる海外の動向に影響を受けるようになった。当時海外各地では排華運動が高まっていた。華人によるアヘン吸煙は社会的堕落を象徴する習慣であると見なされ、彼らの排斥を求める白人労働者により厳しく批判されていた。海外での排華運動は各国において法律的規制をもたらすこととなり、イギリス本国においてもアヘン貿易を停止させようとする政治的な動向があらわれた。(16)

一九〇九年に香港政庁は中国向けの成品アヘンの輸出を停止した。同年、インド政庁もアヘンの輸出を停止し、これでアヘン貿易が公式に停止された。一九一〇年にはイギリス政府の法律に基づいて、香港のすべてのアヘン館の閉鎖が指示された。しかし、実際はほとんど閉鎖されなかった。それは、罰金が安かったので摘発をうけても営業を続けたほうが得だったからである。この決定は、香港政庁の財政収入増加に寄与しただけであった。

一九一四年に香港のアヘン管理体制が大きく変更された。従来はアヘンの城内生産と販売に対して特許権を与える制度(華豊ホア・フック公司が独占経営権をもつ)であったが、これを専売制にした。すなわち、アヘンを政府工場で精製し小売する制度に変更したことであった。価格も政府が決定し、常用者には購入許可証を発行して販売した。これは香港政庁の財政収入の安定をもたらした。アヘン専売制による一九一四年のアヘン専売収入は二八二万七八三三香港ドルと過去最高額となり、歳入全体の三四パーセントを占めていた。以後翌年から一九一九年にかけて、香港政庁は毎年歳入総額のうち三〇パーセント以上をアヘン専売から得ていた。[17]

一九三二年に香港政庁は「アヘン条例」を公布してアヘン館の閉鎖を指示した。これによって多くのアヘン館が閉館されたが、一部は常用者への治療的使用施設として残っていた。一九三五年に香港には、政府の認定を受けた七十軒の小売店と推定二五〇〇軒の非合法アヘン館が存在した。小売店の公定価格は約一五香港ドルであった。この値段は大層高価であったから、患者の多くはブラック・マーケットで買っていた。そこで販売するアヘンは中国大陸やペルシャ産の密輸品で、約四香港ドルと公定価格よりはるかに安かったのである。一部は香港政府からの横流しもあった。[18]

三、アヘン反対運動

(1) イギリス人から見たアヘンに対する認識

十九世紀末に至っても、多くのイギリス人はアヘンの毒性を認識していなかった。政府閣僚を始めとする多くのイギリス人は、「過度な消費」さえしなければアヘンは人間にむしろ有益であるとさえ認識していた。アヘン吸煙が全社会的規模で悲劇を生み出していた中国から、アヘン吸煙についての様々な情報が伝わってきた。しかし、それらの情報も、アヘンは「過度な消費」さえしなければ有益であるというイギリスでの一般的認識を大きく揺るがすには至らなかった。すなわち、アヘンは酒や煙草と同類であり、乱用を避ければ人間にとっての「慰め」であり、「恵み」でもあると認識していた。[19] 宣教師の報告などはアヘンの麻薬としての恐ろしさを伝えたが、領事や税務司が伝える情報にはアヘンの害を軽視するものが多かったからである。

アヘン吸煙をめぐっては、アジアの人種や気候・風土にはアヘンが適しているという「文化相対主義」的な認識がイギリスにおいて広く受容されていた。当時アヘンについてのこの「文化相対主義」に最も注目した論者は、インド省顧問であり、ボンベイにある国立中央経済博物館の元館長であったバードウッドであった。バードウッドは一八八一年十二月六日と一八八二年一月二十日との二回にわたって『タイムズ(The Times)』に長文の投書をした。バードウッドはそこに、アヘンの飲食の場合、過度の摂取は危険性をもつが適度な摂取はマラリア熱を予防し、アジアに多い菜食者の健康維持に適している、と論じた。また、アヘン吸飲の場合は、吸飲用に調整されるアヘンは加工過程において麻薬的要素が失われ、アヘンをランプで熱して吸い込む揮発物にはアヘンの成分は含まれておらず、湯をわかして蒸気を吸い込むこととまったく同じである、と論じた。さらに、彼はそのためにアジアの人々に対するイギリス人としての責務は、中国やインドなどアヘンが消費されている地域に対して、可能な限り純粋で、安価なアヘンを供給する努力をすべきだ、と主張した。[20]

このように、彼はアヘンを飲食する場合と吸飲する場合に分けて考えた。アヘンを飲食することと吸うこととは、当時のイギリスでは明らかに大きな区別を意味していた。しかし、中国ではイギリスと異なっていた。タバコにまぜて吸ったり、あるいはアヘンだけを特製のパイプで吸う方法は、中国では一般的であったが、液体や丸薬にして飲むことはほとんどなかった。それに対してイギリスではむしろ液体のものをそのまま飲んだり、ビールに入れて飲んだりしていた。当時のイギリス社会でのアヘン認識は、アヘンを吸うのは医学的に全く問題なく、アヘンを飲食するのは、直接的な摂取なので「強烈で危険な興奮剤」ではあるが、「過度な消費」でなければよいという論理であった。特にアジア人にとっては適しているものだと考えていた。このような見解が中国へのアヘン輸出を積極的に肯定することになったのである。

（2）アヘン貿易反対協会のアヘン反対運動

イギリスでは一八七〇年代からアヘン貿易禁止を求めるイギリス内外の世論が徐々に強まっていき、それ以後、クェーカー教徒などが主導するアヘン反対運動が盛んになった。クェーカー教徒は神の前での平等という信仰の純粋さで知られる。一八三三年の「奴隷制の廃止」もクェーカーの「奴隷制反対運動」によるものであった。クェーカー教徒は一八七四年十一月にアヘン貿易反対協会（The Anglo-Oriental Society for the Suppression of the Opium Trade：略称ＳＳＯＴ）を結成し、活発な活動を展開した。同協会はまず、機関誌『フレンド・オブ・チャイナ（The Friend of China）』において、イギリスを加害者、中国を被害者とみる視点から当時イギリスのアヘン貿易を批判した。また、各種パンフレットの発行、各地での集会や講演会の開催、請願運動、選挙を通じての下院への働きかけなどを行った。一八八〇年代前後からは、中国に対してアヘン貿易を強制することの排除を主たる運動の目標とした。[21]ＳＳＯＴはアヘン貿易におけるイギリスの責任を次の六つとして挙げた。①イギリスはインドを統治しているから、アヘン貿易に責任があること。②アヘン生産は英女王の名のもとに行われ、その販売収入は大英帝国の国庫に入っていること。③林則徐が密輸したアヘンの二万箱を没収した時に、イギリスは戦争をしかけ賠償金として六〇〇万ドルを支払うよう強制したこと。④イギリスは戦争後にアヘン輸入を合法化させたこと。⑤アヘン輸入を合法化した条約は武力によって獲得されたものであること。⑥イギリス議会は、現在までベンガルアヘンの専売を合法化し、アヘン貿易を継続することを可決したこと。(22) SSOTはアヘン貿易に反対する勢力を幅広く結集しながら、アヘン貿易に関する知識や情報を広め、世論を喚起していく方法で運動を展開した。また、その世論を背景としてイギリス議会に働きかけを行なった。SSOTの活動は大きく二つ方法で進めていた。第一に、ロンドンでの年次集会を中心にイギリス全土で開催された月例集会を開き、講演会や学習会などを行った。また、アヘン貿易やアヘンの人体への影響に関する本やパンプレットを出版するなど、啓蒙活動を行なった。第二に、請願書をイギリス議会や政府に送付したり、SSOTの会員を議会に送るための選挙運動、会員である議員を通じて下院に動議を提出し、アヘン問題を討議に持ち込むことなどを行った。

このようなSSOTの活動はイギリスの世論に大きな影響をあたえた。イギリスの人々はこの協会活動によって自国と中国との不幸な関わりに気付き、中国の不幸な人々のために集会で祈り、寄付金を託すことになった。そのような社会的良心の形成は、イギリス社会に大きな意味を持つことになった。他方、中国はイギリス社会における反アヘンの世論を虚偽としか見なかった。駐英大使・郭嵩燾は、イギリスにおける社会的良心というものを評価した数少ない人物の一人であったが、彼はイギリス社会のモラルを高く評価したゆえに清朝皇帝の不興を買い、政治生命を奪われることになった。

(3)ダーダーバーイー・ナオロジーの批判

一八八六年十月二十五日、SSOTはロンドンの事務所に、ロンドン在住のインド人実業家ダーダーバーイー・ナオロジー（図3）を招いて、アヘン貿易について率直な意見交換を行うコンファレンスを開催した。ナオロジーは、少年時代に植民地支配を体験し、青少年時代は宗主国イギリスにおいて高等教育を受け、ロンドンに定住していた。彼は後ほどインド人初のイギリス下院議員（一八九二年〜九五年）となり、インド民族運動の指導者として活動することになる。彼のイギリスでの経験は同時代の誰よりも本質的なものの見方を持っている人であった。コンファレンスの冒頭ではSSOT側が次々に発言し、インドに対する批判を展開した。そこで、ナオロジーは、「インドはアヘン貿易の収益のごく一部ですらも受け取っていない、インドのあらゆる貿易の収益は、その他の収益とともにすべてイギリスに送られている」と論じ

図3　ダーダーバーイー・ナオロジー（1825～1917）　出典：wikimedia commons

た。また、あらゆる富がイギリスに送金されてしまうことによるインドの極端な貧困にもかかわらず、「インドが破産せずに持ちこたえているのはアヘン貿易があるからである」と主張した。また、ナオロジーは、インドと中国とをともにアヘン貿易という災いを分かちあっている存在とみなしていた。イギリスでは、アヘン貿易を批判する側とアヘン貿易を擁護する側とがどちらも、インドをアヘン貿易の「受益者」と見る点では共通していた。相異は、中国人を道徳的に退廃させることによってインドが享受しているアヘン収入を「悪」とみなすか、中国人の「贅沢」（アヘン吸煙）によってインドが潤うことのどこが悪いかと開き直るか、にあった。[23] インドと中国のどちらも被害者であるとする視点はイギリス人にはなかった。

おわりに

十八世紀以降の世界的な貿易の拡大によって、貿易管理体制を含む中国の既存の制度は動揺し始め、制度変容を決定的に加速させたのがアヘン貿易であり、清朝の既存の貿易管理体制は崩壊された。したがって、アヘン戦争は「近代」が始まったことにともなって生じた変動の一つの帰結であった。アヘン戦争は、中国社会を大きく変貌させた。とくにアヘン貿易による社会的問題はより一層深刻になった。

中国からイギリスへの紅茶、イギリスからインドへの綿布、インドから中国へのアヘンといったアジア三角貿易はその形成から解体まで（インドのアヘン専売開始一七七三年から国際アヘン会議終了の一九一四年）約一四〇年間続いた。インドから中国へのアヘン貿易はインド貿易のバランスを成立させ、イギリス主導の三角貿易を支えた。その貿易の担い手はイギリス人からしだいにユダヤ人、インド人、中国人（福建・広東沿海の人々）などアジア系へとシフトしていた。アヘン生産がインドで可能であり、もうかるものであったのは、次の条件が重なっていたからである。①気候風土と植民地支配によって労働力を巧みに利用できたこと、②専売であったこと（独占価格）、③輸出用の特殊商品であったこと、④三角貿易の不可欠の商品であったこと、⑤植民地インド政府の財政に不可欠であったこと、などがあげられる。インド産のアヘン、中国の茶、イギリスの綿製品という、三大商品を主軸とした三角貿易は、当時のイギリスにとっては貿易全体のバランスをとる絶好のものであった。

また、十九世紀末に至っても、イギリス人は一般にアヘンの毒性を認識していなかったが、中国の不幸な人々のために集会で祈り、寄付金を託すアヘン貿易反対協会の活動はイギリス社会に大きな影響を与えた。アヘン貿易反対協会は良心的な団体であったが、インドをアヘン貿易の「受益者」と見做していた。宗主国民としての限界性の表れでもあった。

中国では古くからケシが栽培されていたが、薬用としてのみ利用されていた。イギリスがアヘン貿易を始めるとともにアヘン輸入量は急増した。アヘン吸煙者も急増し、中国国内におけるアヘンの生産を促すことになった。清朝政府が対内外的にアヘンの禁止を宣言したのは、一九〇六年頃である。二十世紀に入ると、清朝の統治者たちも政治改革を迫る国内や国外の強い圧力を感じるようになった。清朝政府は統治を維持するために「新政」を始めた。この「新政」時期に多様な民間のアヘン禁止団体が組織され、アヘン禁止運動が拡大された。一九〇五年に「阿片勧戒会」「戒煙局」「禁煙会」などの民間のアヘン禁止団体が組織され、地方から全国的な規模でアヘン禁止運動が広がった。一九〇六年には「蘇州禁煙会」会長であるハンプデン・コワ・デュボース（H.C.Dubose）が中心となって反対署名運動が行われ、中国各地の宣教師一三三三人が連名で光緒帝にアヘンの禁止を要求する請願書を提出した。これを受けて清朝はアヘン禁止を宣言し、一九〇七年にはイギリスとの合意により毎年アヘンの輸入量を十パーセントずつ減らすことにした。また、一九〇八年一月にはイギリスと締結した「禁煙条約六条」を施行するようになった。この条約では、イギリスは一九一七年までにアヘン輸出を停止することが規定されていた。一九〇九年には上海で第一次国際アヘン会議が開催され、清朝は世界にむけてアヘンの禁止を宣言した。さらに、一九一二年一月オランダのハーグで国際アヘン会議が開かれ、アメリカ、イギリス、日本、中国、ドイツなど十二カ国がアヘン貿易（国際間の輸出入）禁止協定に調印した。この年、清朝は倒れ、中華民国が成立していた。その後、アヘン貿易は急減し、一九一七年に完全に収束することになった。

以上のように本稿では、イギリスに焦点をあてたアジア三角貿易の構造を示し、中国（清朝と中華民国）におけるアヘンの貿易管理体制の変遷を明らかにした。また、アヘン戦争後の香港におけるアヘン貿易の現実について叙述した。しかし、残された課題も山積である。それを示すと第一に、中国国内に散在したイギリスの租界や租借地では、アヘン貿易はどのように展開されたのか、という点にはふれることはできなかった。第二に、一八六〇年代以後の中国国内産アヘンの増加と品質向上については指摘したが、国内における生産や流通市場の形成については論述できなかった。第三に、イギリス系アヘン商人としてジャーディン・マセソン商会やサッスーン商会の役割は明らかにしたが、彼らのカウンターパートである中国側の商人の具体像については言及していない。以上の論点が明らかにされたならば、アジア・アヘン史の考察はさらに深められると思う。また、本稿では統計的データを積み重ねる作業はしていない。社会経済史的考察としてはデータを示した構造的分析も不可欠であると考える。以上、残された課題について追記した。

注

（1）加藤祐三『イギリスとアジア――近代史の原画』（岩波新書、一九八〇年）一四二～一四三頁。
（2）范文瀾（横松宗・小袋正也訳）『中国近代史』（中国書店、一九九九年）二二～二四頁。
（3）前掲注1加藤著書、一三八頁。
（4）菊池秀明『ラストエンペラーと近代中国』（講談社、二〇〇五年）三三頁。
（5）李学盧「임칙서 양무의 선구자 아편전쟁의 영웅」（『중국 근대화를 이끈 걸출한 인물들』（지식산업사、二〇〇六年）三五～三八頁。
（6）同前書、三九頁。
（7）同前書、四〇頁。
（8）『籌辦夷務始末（道光朝）』第二巻、五月已未、一三八～一四七頁。
（9）胡縄『아편전쟁에서 五・四운동까지』도서출판 인간사랑、一九八三年）七七～七九頁。
（10）前掲注1加藤著書、一三八～一三九頁。前掲注9胡縄著書、九〇頁を参照。
（11）古泉達矢『アヘンと香港：1845～1943』（東京大学出版会、二〇一六年）、二五～二六頁。
（12）馬丁・布思（Martin Booth）『鴉片史』（海南出版社、一九九七年）第八章「阿片政府」を参照。
（13）前掲注11古泉著書、三三頁。
（14）新村容子『アヘン貿易論争』（汲古叢書、二〇〇〇年）。
（15）張仲礼・陳曾『沙遜集団在旧中国』（人民出版社、一九八五年）一三二頁～一三三頁参照。
（16）前掲注11古泉著書、四九頁。
（17）同前書、九八～一〇二頁参照。
（18）前掲注12馬丁・布思著書、第八章参照。
（19）前掲注14新村著書、一四八頁。

（20）同前書、一四八頁～一五二頁参照。
（21）同前書、九頁～一〇頁参照。
（22）同前書、一〇六頁～一〇七頁参照。
（23）同前書、一九五頁～二〇三頁参照。

参考文献

加藤祐三「十九世紀のアジア三角貿易——統計による序論」（『横浜市立大学論叢』三〇巻Ⅱ・Ⅲ号、一九七九年）
加藤祐三『イギリスとアジア——近代史の原画』（岩波新書、一九八〇年）
陳舜臣『実録アヘン戦争』（中央公論新社、一九八五年）
范文瀾（横松宗・小袋正也訳）『中国近代史』（中国書店、一九九九年）
新村容子『アヘン貿易論争』（汲古叢書、二〇〇〇年）
菊池秀明『ラストエンペラーと近代中国』（講談社、二〇〇五年）
村上衛『海の近代中国』（名古屋大学出版会、二〇一三年）
古泉達矢『アヘンと香港　1845～1943』（東京大学出版会、二〇一六年）
胡縄『아편전쟁에서 五・四운동까지』도서출판 인간사랑、一九八三年）
이영옥「아편전쟁기 도광제의 아편정책」（『東洋史学研究』六九호、동양사학회、二〇〇〇年）
李学盧「임칙서 양무의 선구자 아편전쟁의 영웅」『중국 근대화를 이끈 걸출한 인물들』（지식산업사、二〇〇六年）
박강『아편과 20세기 중국』（선인출판、二〇一〇年）
김재선『아편과 근대중국』（한국학술정보、二〇一〇年）
張仲礼・陳曾年『沙遜集団在旧中国』（人民出版社、一九八五年）
馬丁・布思（Martin Booth）『鴉片史』（海南出版社、一九九七年）

付記　本稿は、『国際地域研究論集（ＪＩＳＲＤ）』（第一二号、国際地域学会、二〇二一年三月）に投稿した論文を修正し、再構成したものである。

オランダ領東インドとイギリス領マラヤにおけるアヘン問題

大久保翔平

おおくぼ・しょうへい――東京大学大学院人文社会系研究科東洋史学講座教務補佐員。専門はインドネシア社会経済史、オランダ植民地史、近世海域アジア史。とりわけアヘンという「世界商品」の商品連鎖に注目し、近世海域アジアにおける貿易や流通、消費の変容について、歴史GISといったデジタル人文学の成果を取り入れつつグローバルとローカル双方の視点から研究。主な論文に「一八世紀中葉のオランダ東インド会社とアヘン貿易協会――バタヴィア政庁によるアヘン特権の創出」（『社会経済史学』八六（三）、二〇二〇年）などがある。

近世後期（おおよそ十七世紀後半以降）から近代にかけての東南アジア島嶼部では、アヘンの貿易・流通・消費が、同熱帯地域における他地域向けの商品作物や鉱産物の生産・貿易と密接に結びつきながら進展した。また、インドネシア諸島やマレー半島におけるアヘン問題は、十九世紀以降の本格的な植民地統治や近代的な経済発展、国際社会の展開とも密接に連関していた。本稿では、十八世紀から二十世紀半ばまでのオランダ領東インドとイギリス領マラヤを中心に、アヘンをめぐる諸論点を概ね時系列に素描する。

はじめに

ジャワ島には、「人がアヘンを喰うのではない。アヘンが人を喰うのだ」という警句がある。(1)この戒めの言葉が存在するということは、逆説的にアヘン消費が盛んであったことを示している。実際、現在のインドネシア、マレーシア、シンガポールをはじめとする東南アジア島嶼部では歴史的に広くアヘンの貿易と消費が活発であった。これらの熱帯地域における「アヘン問題」は、オランダとイギリスによる植民地国家の形成よりも前に起源をもち、政治的な枠組みを超えて東南アジア島嶼部に共通する同時代性があったことを示す事例だといえる。その一方で、アヘンが社会的に問題視されるようになった過程を含め、「アヘン問題」は近代的な経済発展や西欧による植民地化、アジア系移民の活動、国際社会の形成とも密接に結びついており、近現代世界の問題を浮き彫りにしている点も見逃すことはできない。

本稿は十八世紀から二十世紀半ばまでの長期的な連続性に注目し、オランダ領東インドとイギリス領マラヤにおけるアヘンについての諸論点を概ね時系列に素描する。後述するように、二つの植民地国家を含む東南アジア島嶼部は歴史的に多くの共通項をもった。そこで本稿ではこの地域の共時的な事柄をできるかぎり俯瞰した叙述を心がける。そのため、現在のインドネシア、マレーシア、シンガポールを総体でとらえるときに、本稿では便宜的にマレー・インドネシア諸島とよぶ。同地域の歴史的な「アヘン問題」に目を向けることで、想像力の翼を広げて多角的な視点から当時の社会や価値観を考察する機会を提供できれば幸いである。なお本稿の目的は、同地域における「アヘン問題」の大枠を示すことであるため、個々の事項や地域の詳細については脚注や参考文献の研究論文や研究書を参照されたい。

第一節では、十九世紀半ばまでを対象とし、マレー・インドネシア諸島でアヘンの消費が定着した社会経済的な要因を商品作物と鉱産物の生産・貿易が活発化したことと結びつけて説明する。第二節では、オランダとイギリスの植民地政庁が整備したアヘン流通管理制度の概略を示す。両植民地政庁は、それぞれアヘンの弊害も認識していたが、アヘンがもたらす経済的利益も無視することができなかった。そこで十九世紀を通じ、経済力をもつ現地在住の有力な華人（ここでは中国大陸にルーツを持つ逗留民や移民、子孫の総称）らにアヘン流通を請け負わせることで、流通を間接的に管理し、請負業者から（税）収入を得るという制度を運用したのであった。第三節では、二十世紀初頭にオランダとイギリスの植民地政庁がそれぞれ請負制度を廃止し、新たに官営アヘン専売制度を開始したという変化を扱う。十九世紀後半に本国や植民地で反アヘン運動が広がったことを背景として、両植民地政庁はアヘン流通の管理を表面上は厳格化する必要に迫られたのであった。最終節では、二十世紀初頭から国際連合の設立期までを対象に、国際的なアヘン規制が構築されたこととオランダ領東インドとイギリス領マラヤの「アヘン問題」が密接に連関していたことを概観する。

本稿で扱う地理的枠組み

本論に入る前にまず、本稿で扱う地域の地理的枠組みについて説明しておこう（**地図1**参照）。マレー・インドネシア諸島は、赤道直下そのほとんどが熱帯気候に分類される。だが、現代にいたるまで島や地方ごとに気候や言語、文化が異なると言っても過言ではないほど多様である。とはいえ、この広大な地域は、歴史的にインド洋・南シナ海を通じて多種多様

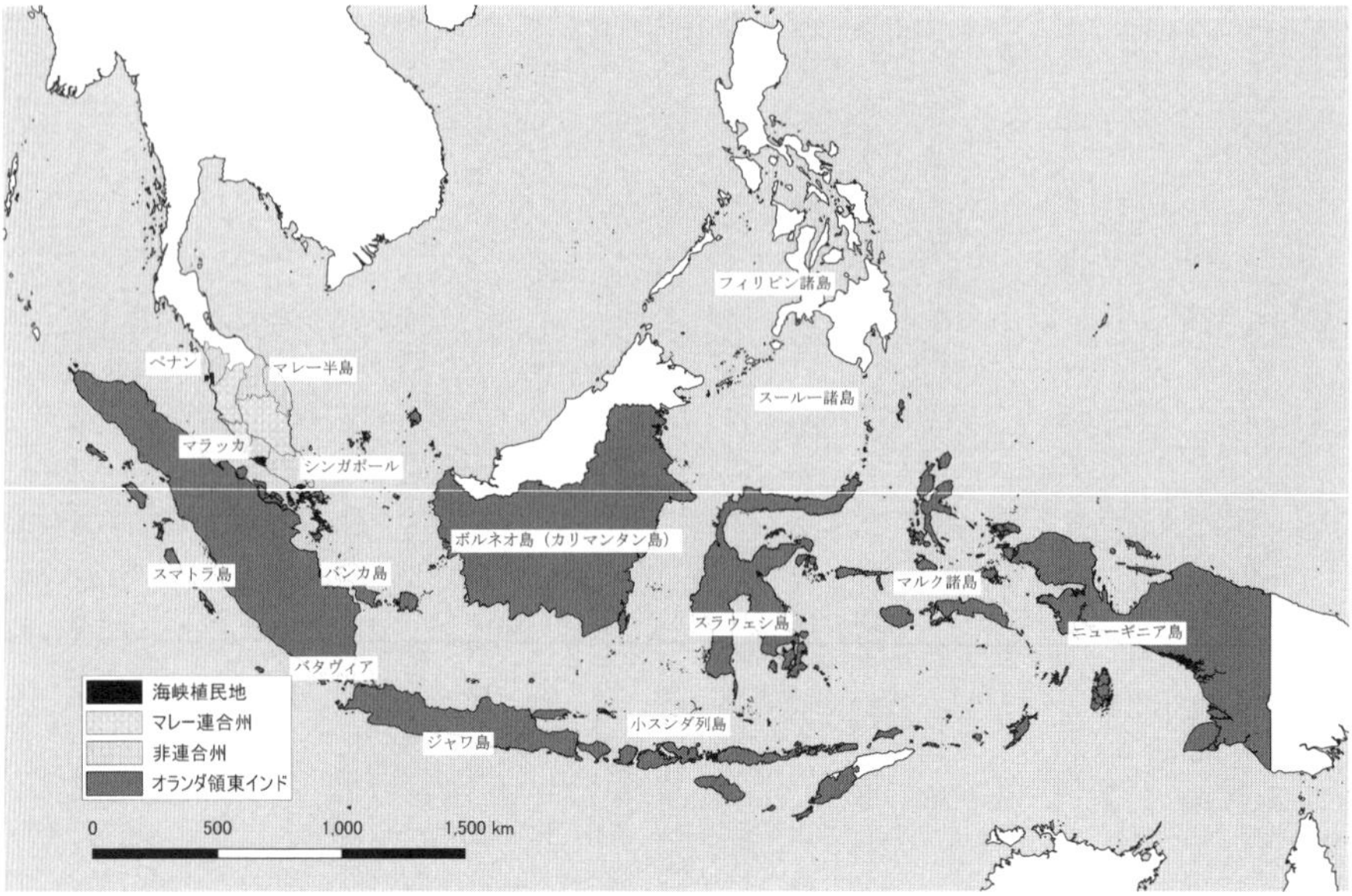

地図1　オランダ領東インドとイギリス領マラヤ（1930年頃）

な集団や言語、文化、宗教を重層的に受け入れ、マレー語を通商語（リンガ・フランカ）として用いることで緩やかなまとまりをもって発展してきた。そのため、今日でもしばしば議論されるように、「マレー世界」や「ヌサンタラ（マレー語・インドネシア語で島嶼の意）」、「インド諸島（植民地期の名称）」などと総称されてきた。現在の国民国家の枠組みは、十七世紀以降に生じた地域社会の成熟や植民地化のなかで徐々に形成されたものである。

　次に、オランダ領東インドとイギリス領マラヤが形成された歴史的経緯を簡単に紹介する。植民地化以前、この地域には多くの王国が並立していたが、十七世紀から二十世紀初頭までに徐々にオランダとイギリスの統治下・保護下に組み込まれていった。オランダ領東インドは、オランダ東インド会社（一六〇二～一七九九）時代に起源をもつ。一六一九年以来、同会社はジャワ島西部のバタヴィア（現在のジャカルタ）を拠点とし、各地で王権の紛争に介入することで徐々にマルク諸島やジャワ島の領土を拡大していった。一八〇〇年には、オランダの本国政府が会社から統治を引き継ぎ、十九世紀半ばまでにジャワ島やスマトラ島南部、マルク諸島での支配を強めた。それ以降、オランダの植民地政庁は、スマトラ島やボルネオ島、スラウェシ島をはじめとする島嶼群の王・首長が支配していた地域を段階的に武力で併合し、二〇世紀初頭までにほぼ現在のインドネシア全域を統治下においた。

一方、イギリス領マラヤの形成は、十八世紀末から本格化した。まず、イギリス東インド会社（一六〇〇～一八五八）が、ペナン（一七八六年建設、現在のピナン）、シンガポール（一八一九年建設）、マラッカ（一八二四年獲得、現在のムラカ）の三都市を拠点として一八二六年に海峡植民地を創設した。一八六七年以降、イギリスの本国政府は海峡植民地を植民地省の直轄地とし、一八九六年以降マレー半島の一部の王・首長を植民地政府の保護下においてマレー連合州とした。さらに、二十世紀に入って、連合州以外の王国と個々に条約を結び、非連合州とよんだ。このようにイギリス領マラヤは、実体を持った一つの植民地国家ではなく、マレー半島でイギリスの影響下にある地域の総称であった。

最後に、この地域が十九世紀から二十世紀にかけて経験した未曾有の人口増加に注意をうながしたい。元来、人口が希薄であった東南アジア島嶼部では、十九世紀に入って経済開発がますます加速すると同時に現地人口が急激に増加し、中国大陸やインド亜大陸にルーツを持つ移民や子孫も増えた。例えば、十九世紀半ばの推計ではジャワ島は、一〇〇〇万人を超える程度の人口だと考えられていたが、一九三〇年には四〇〇〇万人を超え、現在（二〇二〇）は約一・五億人に達するほどである。このように人口規模を考えただけでも、マレー・インドネシア諸島には歴史的に現在とはかなり様相の異なる世界が広がっていたことが予想できよう。

一、十九世紀半ばまでのマレー・インドネシア諸島におけるアヘンの消費と貿易

オランダ領東インドとイギリス領東インド、ひいてはマレー・インドネシア諸島における「アヘン問題」を考えるうえで、十八世紀から十九世紀半ばまでは非常に重要な時期といえる。この時期にアヘン消費が定着し、アヘン貿易が拡大したからである。これらの動向は植民地化に先行する、この地域の内在的・外在的な社会経済的要因によるものであった。

（1）アヘン吸飲（吸煙）の普及

十七世紀半ば以降、生アヘンとタバコを混ぜて煮つめたマダットとよばれる混合品を竹製パイプで吸飲（吸煙とほぼ同義）する方法がマレー・インドネシア諸島全域で普及し、王侯貴族や裕福な商人、兵士らの間でマダットが嗜好されるようになった。[2] また、しばしば賭博場や売春宿も兼ねたアヘン吸飲場（アヘン窟）（**図1**、**図2**）が各地に開設されるように

図1（上）　アヘン吸飲場（アヘン窟）
出典：E. Hordouin and W. Riffer, *Java: Tooneelen uit het leven, Karakterschetsen en kleederdragten van Java's bewoners in afbeeldingen, naar de natuur geteekend*（ジャワ一写実絵画におけるジャワの住民の生活、性格描写、民族衣装の場面）, Leiden: A. W. Sythoff, 1855（オランダ・ライデン大学図書館所蔵デジタル・コレクション http://hdl.handle.net/1887.1/item:983927）から上図を抜粋.

図2（下）　アヘン吸飲者
出典：KITLV（オランダ王立東南アジア・カリブ研究研究所）37C5, Auguste van Pers, "Opium schuivers"（オランダ・ライデン大学デジタル・コレクション http://hdl.handle.net/1887.1/item:854468）より抜粋.
注：上図を収録する版画集（A. van Pers, *Nederlandsch Oost-Indische typen. Verzameling groote gelithografieerde platen in kleurdruk*（オランダ領東インドの人々―カラー印刷の大判版画集成）, 's-Gravenhage: Meiling, 1856）には上記の絵に説明が付されている。それによれば、主に2つのアヘン消費方法があった。第1に、生アヘンを精製した「チャンドゥ」が、しばしばコーヒーと混ぜて粒状にして摂取された。第2に、販売所も兼ねた吸飲場では、アヘンを細かく刻んだアワル・アワルの葉（和名：オオバイヌビワ）やジャワ砂糖と一緒に煮詰めて粒状に丸めた「マダット」が、竹製パイプの先端についた陶器のカップに入れられ、ランプで炙りながら吸飲された。とはいえ、実際のアヘンの消費方法は使用場面や社会階層により非常に多様であったことに留意されたい。

なった。それらの背景には十八世紀を通じて、東南アジア島嶼部でサトウキビやコーヒー、胡椒、タバコ、ガンビール（染料や薬の原料）といった商品作物の栽培や金、錫の鉱山開発が進んだことがある。労働に従事した人々が過酷な熱帯環境で働く慰みにアヘンを用いるようになったからである。彼らの多くは生産地の現地民だけでなく福建や広東をはじめとする中国大陸南東部から出稼ぎにきた華人であった。とりわけ、故郷を離れ、公司（経済活動を行う団体・会社）の頭領に生活・金銭を依存した華人の年季奉公人たちは、少なない賃金（借金）をアヘン購入や賭博に費やした。現地民や華人の単身労働者たちは、精製し純度を高めたアヘン（チャンドゥ）の粒を摂取することで、身体の痛みやマラリアをはじめとする熱帯病、下痢の症状を緩和しながら昼夜の労働に従事し、日々の仕事が終わるとアヘン吸飲や賭博に耽った。依存性の強いアヘンの供給を独占することは、労働者管理にも有効であった。[3]

(2)アヘン貿易の拡大

上記の消費傾向が普及したことを背景に、十八世紀以降、マレー・インドネシア諸島におけるアヘン貿易は着実に拡大した。その先鞭をつけたオランダ東インド会社は、十七世紀後半以来、ジャワ島のアヘン貿易を独占しており、一七九九年に会社を引き継いだオランダの植民地政庁もアヘン専売からの収入を増やそうと画策した。また、十八世紀後半には、ヨーロッパ出身の自由貿易商人(カントリー・トレーダー)たちが台頭した。彼らは、華人やマレー人(ここではマレー語を用いた人々の総称)、ブギス人(スラウェシ島南西部出身の海洋民)をはじめとする商人と積極的にアヘンを取引した。ヨーロッパ系商人は、マレー・インドネシア諸島での貿易で、綿布のほかには貴金属以外に十分な元手がなかったため、アヘンを重要な取引商品とみなした。その結果、活発化するアジア域内貿易のなかでアヘンは主要な貿易商品として機能した。

それでは、十九世紀前半のアヘン貿易の規模に目を向けてみよう。**図3**は、一七九六年から一八五〇年までの五五年間におけるベンガル産アヘン(パトナ産アヘンとベナレス産アヘンの総称)の主要な輸出先であった中国、海峡植民地、スマトラ島・ジャワ島へのアヘン輸出量を示している。ここではベンガル産アヘンの輸出傾向を示すため、輸出先に中国も含めた。一見してわかるようにベンガル産アヘンの最大の輸出先は中国であったが、海峡植民地やスマトラ島・ジャワ島へも少なくないアヘンが輸出された。海峡植民地に輸入されたアヘンは、そこからスマトラ島やジャワ島をはじめマレー・インドネシア諸島各地の港に運ばれたことに留意されたい。

イギリス領ペナンやナポレオン戦争中にイギリスが占領したジャワ島(一八一一～一八一六)で行政官を務めたジョン・クローファード(一七八三～一八六八)は、一八二〇年に出版した著書『インド諸島の歴史』のなかでアヘン貿易についても紙幅を割いている。彼によれば、ベンガルからインド諸島(マレー・インドネシア諸島)へのアヘン輸出量は、ある年で九〇〇箱であり、そのうち五五〇箱はジャワ島で消費された。また、アメリカ商船が、フランス革命戦争・ナポレオン戦争での中立を利用し、トルコ産(イズミル産)アヘンをジャワ島に輸入し始めた。当時、中国やジャワ島では、安価さとモルヒネ含有率の高さゆえにトルコ産アヘンやインド中西部のマールワー産アヘンの需要も増えていた。[4]

一八二〇年代以降、イギリス領インド政庁が安価なマール

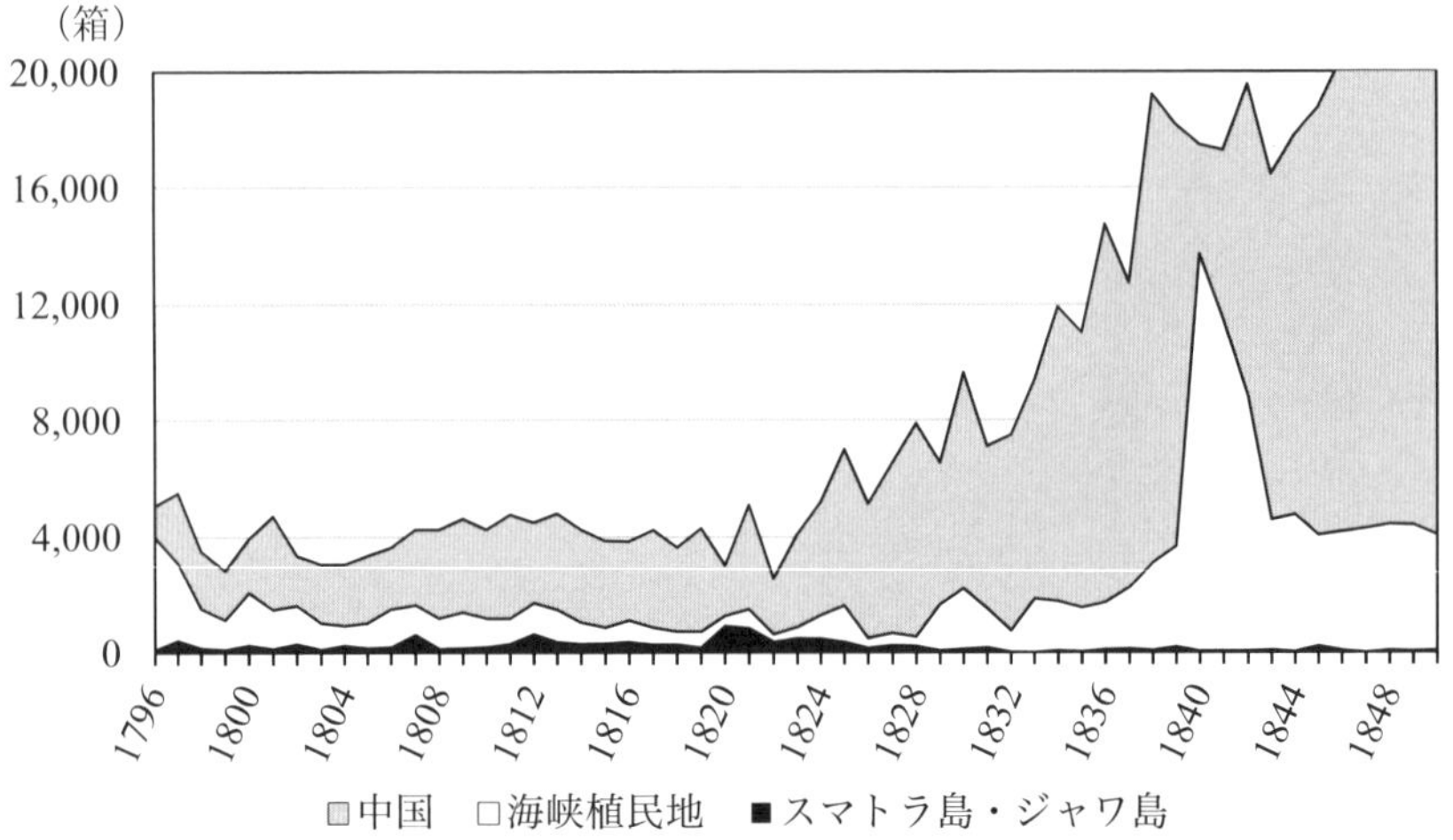

図3　ベンガル産アヘンの主要な輸出先への輸出量（1796-1850年）

出典：*Parliamentary Papers relating to the Opium Trade, viz., Extracts from Reports, &c., of Committees of the Houses of Lords and Commons, 1821 to 1832*, London: T. R. Harrison, 1840, pp. 123-124; J.C. Baud, “Proeve van een geschiedenis van den handel en het verbruik van opium in Nederlandsch-Indië（オランダ領東インドにおけるアヘンの貿易と消費の歴史についての研究）,” *Bijdragen tot de Taal-, Land- en Volkenkunde van Nederlandsch-Indië*, 1（1）, 1853, pp. 214-215より筆者作成。

注：1箱あたりのアヘン内容量は約62キログラム（1ピクル）で、本文で後述するジャワ島の日雇い労働者の日間消費量（0.3グラム）を基準にすると、精製して概算380人の年間消費量を賄うことができたと考えられる。なお、海峡植民地は史料中では「ペナンおよび東方（Eastward）」と記載されるが、1826年以降実質的には海峡植民地であった。有数の中継港に発展したシンガポールは、1832年にはペナンに代わって海峡植民地の首府となった。また、1840年代は、清朝とのアヘン戦争の影響で貿易中継地である海峡植民地へのアヘン輸出が増えた。中国への輸出量は1850年には3万箱に達した。

ワー産アヘンに対抗してベンガル産アヘンを増産するようになった結果、アヘン貿易の規模は拡大していった。イギリス領インドを拠点とするカントリー・トレーダーやそこから発展した欧米やインド系などの貿易商会、海峡植民地を拠点とする華人商人も、中国やマレー・インドネシア諸島でますます多くのアヘンを商うようになった。これに加えて、一八二四年にはオランダの国策でオランダ商事会社（一八二四〜一九六四）という貿易会社が設立され、主にトルコ産アヘンをジャワ島に輸入し始めた。

マレー・インドネシア諸島におけるアヘンの需要は、十九世紀半ばからますます増加し、二十世紀に入るまでにアヘン輸入量の総計は年間一万箱を優に超えるほどであった(5)。その拡大は更なるプランテーションや鉱山の開発、労働力としての華人やインド系移民の増加、現地社会における人口成長、イギリス領インドやオスマン朝トルコ、カージャール朝イランにおけるアヘン生産の増加といった複合的な事情を背景にしていた。

二、植民地政庁によるアヘン請負制度

本節では、拡大するアヘン貿易に対し、十九世紀初頭にオランダとイギリスの植民地政庁がそれぞれ共通の政策として導入した請負制度によるアヘンの流通と消費の管理について検討しよう。管理が必要とされた理由は、アヘンが植民地統治上の重要な財源であった一方、その社会的な弊害を抑制することが統治上の「道義的な」課題だと認識されたからである。つまるところ、植民地政庁にとって、アヘンは金を生む劇薬であった。

(1)アヘン弊害に対する認識

十八世紀以前、すでにアヘンの依存性は広く知られていた。実際、マレー・インドネシア諸島の現地王権や知識人はしばしばアヘンの使用を戒めたり、禁じたりする意見を表明し、実際に禁止することもあった。十八世紀末以降には、例えばジャワ島スラカルタ宮廷のパクブウォノ四世(一七六八～一八二〇。在位:一七八八～一八二〇)が、イスラームとジャワの道徳観にもとづく『正しき行いの教え(Wulangreh)』のなかで、アヘンの摂取・吸飲をプリヤイ(エリート層)にふさわしくない悪徳として戒めた。[6] また、マラッカ出身のムスリム知識人アブドゥッラー(一七九七～一八五四)は、マレーの王たちが賭博や闘鶏、アヘン吸飲に耽り、極悪非道にふるまっていることを指して、イスラーム法にも多くの人々の意見にもそうものではないと述べている。[7] 急進的な例としては、十九世紀初頭にスマトラ島西岸で勢力を拡大したイスラーム改革派(パドリ派)が、オランダ植民地政庁と断続的に戦争状態にあり、賭博などと合わせてアヘン吸飲も非イスラーム的慣行として攻撃していた(パドリ戦争。一八〇三～一八三八)。[8]

一方、オランダとイギリスの植民地政庁も、啓蒙思想の影響を受けた十八世紀末までには社会の低階層に属する人々のアヘン消費にそれぞれ懸念を示すようになった。十九世紀後半のジャワ島では、例えば現地のジャワ人日雇い労働者の場合、日間で多くとも〇・三グラム、たいていは〇・〇八グラムほどの少量のアヘンを習慣的に用い、日給の四分の一を費やしたとされる。後世の研究者はジャワ島でアヘンが日常生活に密着した状況を指して「邪悪な友人(sinister friend)」と喩えたほどであった。[9] 一方、相当な重度依存者になるとシンガポールでは日間三八グラム(一両)以上ものアヘンを消費したといわれる。[10]

両植民地政庁は、いずれも過度なアヘン消費が貧困や犯罪の温床となり、道徳・治安上の問題を引き起こすと考えた。しかしながら、両植民地政庁はそのことを十分に理解しつつ、

実際に住民の間で需要がある以上、それらの弊害をアヘン貿易による経済的利益の副産物・必要悪だとみなした。実際、「自由貿易」をもてはやしていた当時のヨーロッパ人の間では、「東洋」における過度なアヘン使用は「西洋」における過度な飲酒と同程度の悪徳だという考え方が表明されていたし、アヘンはまだ一般的な鎮痛剤・万能薬であった。[11] そこで、両植民地政庁は、アヘン貿易の禁止に踏み込む代わりに、アヘンの消費を抑制するという大義名分を掲げ、アヘンの生産や流通、消費を適切に管理し、密輸を撲滅することを自らの道義的な責任として正当化したのであった。

(2) アヘンの請負制度

上記の認識の下、マレー・インドネシア諸島でアヘン流通を管理するために用いられたのが、アヘンの請負制度であった。請負制度とは、世界各地で様々な形態をとって発展したが、一般に統治者が種々の徴税権や経営権、必需品や嗜好品の専売権等の特権を一定の地区ごとに一定額で請負人に付与する税制の一種といえよう。たいていは競売で最高額をつけた入札者が、期限付きの契約で請負人を務めた。

請負制度の利点は、統治者と請負人の双方にあった。例えば、統治者は請負制度を通じて現地の事情に精通する者に事業を委託し、安定収入を得ることができた。一方、請負人は請負組織を構築し、下請けから上がりを徴収することで政治経済的に大きな影響力をもつことができたのである。

オランダとイギリスの植民地政庁は、ともに一七九〇年代からアヘンを請負の対象として財源にすると同時に、経済力を持った現地在住の華人有力者を請負人とすることで間接的に流通を管理しようと試みた。以下、それぞれの請負制導入について紹介しよう。

(3) オランダ領東インドの場合

オランダの植民地政庁は、一七九〇年代にバタヴィアとその周辺部でアヘン吸飲場の場所と開設数を限定し吸飲場の管理と吸飲用アヘン(マダット)の製造を合わせた請負権を競売にかけるようになった。一八〇九年にはアヘン小売り一般も前述の請負対象に加え、バタヴィアの制度を発展させた新たなアヘン請負制度をジャワ島各地で実施した。この制度では、政庁が一括して購入した輸入アヘンの専売権を、消費を抑制するために市場価格よりも高い価格を設定したうえで、ジャワ島の行政区域ごとに請負人に委託した。[12] 一八三三年以降は、政庁は三年契約で流通量と価格を設定し、請負人に密輸や違法なアヘンの流通も監視させた。これにより、アヘン消費と流通を管理しつつ財政収入を増やそうと図った。[13]

ジャワ島以外では、一八一〇年代以降、スマトラ島やボルネオ島、スラウェシ島、マルク諸島各地のオランダがすでに植民地化した地域で吸飲用アヘンの製造と小売りが請負の対象となった。しかし、ジャワ島とは異なり、請負人は政府を通さずに輸入アヘンを調達できた。(14)

(4) イギリス領マラヤの場合

イギリスの植民地政庁も、一七九〇年代にペナンにおける吸飲場の開設と吸飲用アヘンの製造を請負の対象とした。また、イギリス領となったマラッカやシンガポールでもアヘンの流通を管理するためにアヘンの請負制度が導入された。イギリスの植民地政庁は、アヘンに消費税を付加して市場価格を引き上げることで消費を抑制できると考え、華人の請負人とその下請けに一年から三年の契約で輸入アヘンの購入と吸飲用アヘンの製造、小売りを委託した。(15) しかし、イギリスの植民地政庁はジャワ島の場合とは異なりアヘンの流通量そのものには介入しなかった。それは、イギリスが自由貿易を重視しただけでなく、イギリス領インド・ベンガル管区のアヘン競売収入が増減することの方がより重要であったからと考えられる。

(5) 植民地政庁と華人請負人の関係

上記のように創設されたアヘンの請負制度は、その他の種々の請負制度と合わせて植民地政庁が現地在住の華人有力者と結託する有力な戦略となった。十九世紀半ばまでの植民地政庁は、いまだ完全な直接統治を行うほどの支配基盤はなく、経済力をもった華人を植民地経営の代理人とすることが必要不可欠であった。そして、重要なことに、自由貿易の名の下に拡大するアヘン貿易を背景に、流通を掌握した華人のアヘン請負人らは莫大な歳入を両植民地政庁にもたらした。シンガポールでは歳入の平均約四四パーセントを占めるほどであった。(16)

また、植民地政庁にとっては華人有力者らと協力することなくして、増加する一方の華人住民を統制することも不可能であった。なぜなら中国人や華人と総称される人々の実態は福建人、広東人、潮州人、客家といった出身の異なる移民(新客)や現地生まれ(プラナカン)で異なり、国籍制度が整わない時代には彼らの帰属も曖昧であったからである。しかも世代や階層、現地文化への同化度合いなどにもかなりの差があった。そうした華人は、公館(植民地政庁が任命した華人コミュニティ代表者の準自治組織)や公司、同郷組織、秘密結社の頭家(頭領)らによって束ねられていた。

一方、マレー・インドネシア諸島を拠点とする華人有力者たちにとっても、村落レベルにいたる流通網を組織し、自身の他のビジネスや派閥を拡大するために請負制度を利用することは重要であった。例えば、ジャワ島では、各地域の華人有力者はアヘンを含む各種の徴税・専売を請け負うことで実質的に植民地政庁の代理人となった。華人には、ジャワ島での行政区分である理事州を越えた移動に制限があったが、複数の理事州の請負人を兼ねたり、派閥を形成したりすることで、理事州の枠を超えた経済活動を行うことが可能になった。[17]また、イギリス領のペナンやシンガポールでも、華人有力者は派閥を形成し、マレー半島の諸王国や海峡を挟んだオランダ領のリアウ島、スマトラ島といった植民地の枠組みを越えて各地のアヘン請負人を兼任した。彼らは、錫鉱山や胡椒・ガンビールなどの農園を経営し、広範な貿易に従事したのである。[18]

ところが、オランダとイギリスの植民地政庁は、華人へのアヘン請負に歳入を依存する一方で、華人の派閥が徐々に集約し、影響力を強めていくことに脅威を覚えるようになった。また、華人有力者の間でも有力な派閥同士で請負や縄張りをめぐる武力を伴う抗争が激化したほか、各地で現地住民と華人の間で摩擦も生じていた。くわえて、植民地のヨーロッパ人実業家も種々の特権を行使する華人を経済的な競争相手として疎んだ。このように、十九世紀半ば以降、植民地体制が徐々に強固になっていくなかで、華人を植民地権力の代理人とする請負制度の弊害が経済や政治、人種といった諸問題と絡み合いながら顕在化していったのである。

三、反アヘン運動の勃興と官営アヘン専売制度への移行

本節で概観するように、十九世紀末から二十世紀初めにかけて、各国の植民地政庁は植民地統治を強化するなかで、請負制度を廃止し、官営アヘン専売制度に移行するという共通の政策に舵を切った。オランダ領東インドでは、フランス領インドシナで一八八一年に始まった専売制度を模倣した制度が十九世紀末以降、段階的にジャワ島やそれ以外の島嶼部で導入されていった。二十世紀初頭には、イギリス領マラヤでも官営専売制度が導入された。その大きな要因となったのは、植民地社会に広がった反アヘン運動であった。もっとも、オランダ領東インドでは、請負制度への批判と反華人感情がヨーロッパ人を中心とした反アヘン運動と結びついたのに対して、イギリス領マラヤではイギリスと清朝で勃興した反アヘン運動が植民地の反アヘン運動を誘発した。以下では、オランダ領東インドとイギリス領マラヤを順に検討しよう。

(1) オランダ領東インドの場合

一八七〇年代以降、オランダの植民地政庁は、現地住民の

福祉向上を目的とする「倫理政策」と呼ばれる「自由主義的」改革を打ち出し、ジャワ島内外でオランダ人資本家の投資による大規模な経済開発を推し進めた。その結果、島嶼部各地では、軍事的侵略と一体化した経済開発が進み、ゴムやコプラ（ココヤシの実を乾燥させた工業製品の原料）、石油の生産といった新たな産業が各地で発展した。

このような植民地統治の改革と強化のなかで、一八八〇年代のジャワ島では、政庁の調査でアヘン請負の様々な問題が浮き彫りになった。例えば、華人実業家のアヘン請負人とその下請けらがしばしば業務を適正に行わなかったり、入札した請負額を支払えずに破産したり、ヨーロッパ人の植民地官吏と結託して密輸や非認可の販売所の運営に手を染めていた。とりわけ、ジャワ島のアヘン価格は、周辺の島嶼部より高価に設定されていたため、安価な密輸アヘンの流通量は政庁が公認する流通量と同等以上に上ると予測された。[19]

この調査結果を受け、植民地に居住する進歩主義的なヨーロッパ人らは、そもそもアヘンの請負制度が流通と消費を制限するという当初の目的になんら寄与していないという批判を発した。また、一八八六年に出版されたオランダ語小説『子守りのダリマ（Baboe Dalima）』（M.T.H. Perelaer著。一八八八年に英訳出版）や一八八九年に結成された反アヘン同盟（Anti-Opium Bond）が発行した刊行物は、華人の高利貸しに苦しめられるアヘン依存者の悲惨な実態や請負制度の弊害、華人請負人・ヨーロッパ人官吏の不正といった物語を世に出すことで政庁に政策の転換を迫る世論の形成を図った。[20]

その結果、オランダ本国でも変革を求める声が上がり、それまで植民地のヨーロッパ人と現地住民の間で燻っていた華人への反感と反アヘン運動が結びついた。そこで、植民地政庁も現地住民の保護を前面に出し、一八九〇年代以降、請負制度の廃止に踏み切った。新たに設立されたアヘン専売局は、アヘン密輸の摘発を管轄するとともに、全ての輸入アヘンをバタヴィアの近代的なアヘン工場で吸飲用に加工し、オランダ領東インド各地の官営販売所を通じて販売することとなった。アヘンの購入者は登録を義務づけられ、一回当たりの購入量も制限された。[21]

（2）イギリス領マラヤの場合

アヘン請負の廃止にいたる過程では、植民地での運動に先立って本国の動向がより大きな影響を持った。[22] 十九世紀後半のイギリスでは、酒や薬物の弊害を道徳的堕落として糾弾する運動が高まり、反アヘン運動もその一環で発展した。ロンドンでは、一八七四年に中国のアヘン禍を念頭に社会改良派の政治家やプロテスタント系（クェーカー教）宣教師が中心となってアヘン貿易撲滅協会（アヘン貿易反対協会：Society for the Suppression of Opium Trade）を設立し、イギリス領インドのアヘン生産と対中国アヘン貿易に反対するロビー活動を繰り広げた。この運動が一因となりイギリスでは王立アヘン委員会が設立され、インドを中心に植民地における大規模調査が行われた。一九〇六年には、清朝政府も領内のアヘン生産と消費の段階的な廃止を布告し、翌年にはイギリスと清朝の間でアヘン貿易を漸進的に制限する協定が締結された。

イギリス本国と清朝におけるアヘン政策の変化を受け、イギリス領マラヤでも植民地政庁の中で請負制度の廃止が議論された。一九〇六年にはシンガポールにおける、ある華人医師の演説をきっかけに、現地の華人団体がシンガポールやペナンを拠点にマレー半島の各地で次々とアヘン中毒者の治療所や反アヘン団体を立ち上げていった。イギリス領マラヤにおける華人の人口比は、移民労働者の流入が盛んであったことから、オランダ領東インドよりはるかに大きく、その社会的影響も絶大であった。

その結果、請負制度の廃止を渋っていた植民地政庁も一九一〇年から請負制度を廃止し、官営専売制度を立ち上げた。生アヘンの輸入は海峡植民地に限定され、吸飲用アヘンはシンガポールに設置された近代的な工場で一括して製造されることになった。しかしながらオランダ領東インドとは異なり、イギリス領マラヤ各地では政庁の専売局から免許を得ることで民間の販売所や吸飲場が存続したほか、吸飲者の登録制度も設けられなかった。

（3）官営アヘン専売制度への移行後

オランダとイギリスの植民地政庁が官営専売制度に移行したからといって、アヘン消費量が直ちに減少したわけではない。アヘン依存の問題は、新たに公衆衛生の問題になったが、治療は専ら民間団体が担っていた。(23)

一方、アヘン消費を抑制するという名目で、アヘンの小売価格が高価格に設定されたため、安価な密輸アヘンの流入が止むことはなく、また、両植民地政庁のアヘン専売収入は当初むしろ増加した。(24) 結局のところ両植民地政庁は、一九二〇年代に国際的なアヘンの管理体制が構築されるまでアヘンを有力な歳入源と見なし続けたし、東南アジア島嶼部の産業構造とアヘン消費は深く結びついていたため、強制力なくしてアヘン貿易の廃止は不可能であった。他方、それまでアヘン請負人を務めていた華人有力者らは、特権と収入源を失うことになった。しかし、この過程で生き残りに成功した一部はその後も有力な複合企業グループを形成し、東アジアから東南アジアを股にかけて経済的な影響力をますます強めることとなった。[25]

四、国際的なアヘン規制の構築からアヘンの全面的禁止まで

以上のように、オランダ領東インドとイギリス領マラヤでは、二十世紀初頭に官営アヘン専売制度に移行したが、そこからアヘンの全面的禁止にいたるまでの道のりはさらに約半世紀を要した。最終節となる本節では、両植民地におけるアヘン規制の進展に大きな影響を与えた、国際的なアヘン規制に関する展開をまず検討し、その後第二次世界大戦中にオランダとイギリスから発せられたアヘンの全面的禁止宣言と国際連合によるアヘン禁止決議までを概観しよう。

(1)国際的なアヘン規制の構築

国際的なアヘン規制の構築については、新興国として台頭しつつあったアメリカが初期の規制構築で大きな役割を果たした。[26]十九世紀、アメリカ政府は大量のアヘンが太平洋を越えて西海岸に輸入され、華人移民の間にアヘン中毒が広まっていたことを懸念していた。そこで、一八九八年以降、スペインから奪取した植民地フィリピンで厳格なアヘン禁止を施行し、国際的なアヘン貿易の規制を世界各国にも求めた。その結果、アヘン貿易との関係が深いオランダとイギリスも、国際的な圧力を受けるようになった。

もっとも、現代の視点から見れば、欧米のアヘン規制に関する行動原理は西洋中心的な正義感・人道主義・植民地主義的な統治理念にもとづいていただけでなく、多分に人種主義的な(特に中国人・華人移民を問題視した「黄禍論」の)偏見が背景にあったことも否定できない。とはいえ、国際的なアヘン規制への試みは、複雑な国際政治の力学と各国の国内事情を反映し、折衝と妥協を繰り返しながらゆっくりと、最終的なアヘン禁止の方向へと動き出した。

一九〇九年、清朝下の上海では、アヘン問題に関係する十三ヵ国(アメリカ、イギリス、オランダ、フランス、清、日本、シャムなど)が参加する国際アヘン調査委員会がアメリカの主導で史上初めて開かれた。その後、一九一二年にはオランダが主導して、同国のハーグで十二ヵ国が参加する万国アヘン会議が開かれた。この会議では、国際的なアヘンの生産や加工、貿易、流通、消費の規制方針を掲げた万国アヘン条約(ハーグ条約)が調印された。しかし、調印国の多くが批准を渋ったため条約は発効されなかった。

(2)国際連盟の成立とアヘンの国際規制

第一次世界大戦期、戦場でアヘンや麻薬(モルヒネ・コカイン・ヘロイン)の使用が増えたことで、それらの依存性が改

めて問題視された。そこで、戦後のパリ講和会議（一九一九）では、前述のハーグ条約を改めて発効させ、新たに創設される国際連盟でその他の麻薬を含むアヘン問題を扱うアヘン諮問委員会をスイスのジュネーブに常設することが決定された。「アヘン問題」は、主要な消費者であった労働者の人権問題とも関連する国際的な主要課題となったのである。

一九二四年のジュネーブ国際アヘン会議では、主要国の間で紆余曲折のうえ、ついに実効的なアヘンに関する国際的管理体制が構築されることとなった。この会議で批准された議定書では、未成年者へのアヘン販売の禁止や販売所と吸飲場の削減、生アヘンの輸入制限、アヘン吸飲者数の報告等が批准国に義務づけられた。とりわけイギリスは、アヘンの非合法貿易（密輸）が一番の問題だと訴えたが、アヘンの生産地であるインドやアヘン貿易の拠点であり大消費地でもあった香港やマレー半島、ビルマを植民地としていたため、国際的な批判を免れず抜本的な対策を迫られた。一九二六年には、イギリス領インドの植民地政庁がついに医療目的以外のアヘン輸出を十五年かけて漸進的に禁止することを宣言した。[27]

また、オランダ領東インドに比べて対策が遅れていると見なされたイギリス領マラヤにおいても、アヘン吸飲の登録制度や販売所・吸飲場の官営化といった対策がようやく始まった。イギリスのアヘン調査委員会報告（一九二四）によれば、当時、イギリス領マラヤのアヘン吸飲者の多くは、華人移民の若者たちであり、人力車の車夫や荷役、錫鉱夫といった労働に従事した。そのほとんどが、独身の寂しさを紛らわすための娯楽や鎮痛目的のために移民後にアヘン吸飲を始めたのであった。[28] マレー・インドネシア諸島におけるアヘン問題は、熱帯環境と産業構造がアヘン消費と密接に結びついていたところに、一筋縄に解決できない根深さがあった。

表1は、一九三〇年に国際連盟の極東アヘン調査委員団が東・東南アジアで行った調査に関する報告のうち、イギリス領マラヤとオランダ領東インドに関する部分を抜粋したものである。アヘン吸飲者の概算は、イギリス領マラヤが十七万六〇〇〇人であった一方、オランダ領東インドが二十一万六〇〇〇人であった。人口規模に比して、イギリス領マラヤでアヘン消費が盛んであったことがわかる。また、当時、オランダ領東インドの植民地政庁は、植民地行政区をアヘンの①完全禁止区、②登録制度区、③開放区、④混合区に分類し、徐々に完全禁止にいたる計画であったが、未だ島嶼部全体で一〇六五ヵ所にもおよぶ官営アヘン販売所を開設していた。[29] 一九三〇年代になると、アヘン消費は急激に減少していったが、それをもたらしたのは植民地政庁の規制というよりは、

むしろ世界恐慌を原因とした経済不況であった。[30]

表1　国際連盟の極東アヘン調査委員団報告（1930年）よりイギリス領マラヤとオランダ領東インドについての抜粋

	イギリス領マラヤ			オランダ領東インド
	海峡植民地	連合州	非連合州	
アヘン吸飲者数の概算	7万3,000人	5万3,000人	5万人	21万6,000人
アヘン吸飲者数の人口に占める割合	7.3%	3.5%	5%	0.4%
官営アヘン販売所の数	65ヵ所	113ヵ所	106ヵ所	1,065ヵ所
1両（38.7グラム）当たりの小売価格（スイス・フラン）	37	37	37	62
歳入に占めるアヘン専売収入の割合（1920年）	46%	14%	20-29%	13%
同（1929年）	15%	12%	17-23%	6%

出典：Diana S. Kim, *Empires of Vice: The Rise of Opium Prohibition across Southeast Asia*, Princeton: Princeton University Press, 2020, p. 60より筆者作成。
注：なお、出典ではアヘン吸飲者数の人口に占める割合がオランダ領東インドでは4.1%となっているが、誤りであるため修正した。

（3）第二次世界大戦とアヘンの全面禁止

ところが、第二次世界大戦が勃発すると、鎮痛剤であるモルヒネ（アヘンに含まれるモルヒネを化学的に抽出したもの）の需要が急増したことに伴い、その原料となるアヘンの需要が再び激増した。周知の通り、太平洋戦争中、日本軍はフランス領インドシナからアメリカ領フィリピン、イギリス領マラヤ、オランダ領東インドにいたる広大な地域を軍政下においた。その際、戦前・戦中の調査にもとづき、占領地における既存の官営アヘン専売の流通網を維持、運営する流通管理要項も策定された。[31] 一九四二年には「大東亜共栄圏各地域を通ずる阿片政策確立に関する件」という政策提言にもとづき、戦時下でベンガル産アヘンの供給が断たれた東南アジア地域にも蒙疆（内モンゴル）産アヘンを供給することが決定された。[32]

一方、連合国では、戦況の好転に伴い、アメリカ軍が日本軍から「解放」した地域における兵士の規律を守るため、連合各国に対し植民地でアヘン販売所を閉鎖するよう圧力をかけた。これを受け、一九四三年にはオランダとイギリスが、「解放」後の植民地におけるアヘンの全面禁止を宣言した。第二次世界大戦が終結すると、新たに設立された国際連合ではアヘンの国際的な規制についても議論された。その結果、一九四七年の経済社会理事会で全世界におけるアヘン吸飲の全廃が決議され、これが今日まで続くアヘンの国際規制の基盤となったのである。(33)

おわりに

第二次世界大戦後、東南アジア各地で独立闘争が激化すると、財源の乏しい独立勢力は当初アヘンを重要な財源とした。しかし、独立を達成した各国は、アヘンを植民地時代の遺物と見なし、単なる禁止に留まらない厳罰の方針を打ち出した。この結果、マレーシアやシンガポール、インドネシアでは、現在にいたるまでアヘンを含む麻薬の密輸、売買、使用を死刑に相当する最高級の犯罪とみなし、徹底的に取り締まってきた。インドネシアでは、今日でも麻薬撲滅のための終わりなき闘いが続いており、違法麻薬の摘発が大きなニュースとなって頻繁に流れている。それは、政府による麻薬への厳しい姿勢を示している一方で、飽くなき麻薬への需要とそこから得られる利益の問題が根深いことも痛感させられる。

本稿で扱ったように、オランダ領東インドとイギリス領マラヤにおける「アヘン問題」は、十七世紀以来の長い歴史に根差していた。ともすればその経緯は植民地化の歴史と一致しているように考えがちではある。しかし、実際には本稿で見たように、その四〇〇年以上の歴史に鑑みると、熱帯に生きる消費者の需要や経済的利潤の追求、統治上の財政課題、人種的偏見、道徳観が結びついた複雑な問題が横たわっていた。また、種々の東南アジア産品――砂糖、コーヒー、タバコ、錫、ゴム、コプラ、石油などの世界商品――は、華人移民やインド系移民、現地住民がアヘンも用いながら、文字通り身を削って生産したものであった。そのことに思いを馳せると、「アヘン問題」は世界各地で発達した消費社会や世界市場が作り出した経済構造の一部であったことにも気づく。そうした消費者の一部である我々も、現在までコーヒーや紅茶、酒、その他の嗜好品を摂取しながら日々の労働に従事しており、本質的には「アヘン問題」を作り出したのと同じ経済構造のなかに生きている。この点について現代社会を生きる私たちは多大な恩恵を受けており、好悪を論じることは難しい。しかし、ときに立ち止まって一考する価値はあるだろう。

その一方、歴史的にアヘン（麻薬）へのまなざしが着実に変化していったことも事実である。アヘンが問題として一般的に世間の関心を呼ぶようになった十九世紀から二十世紀前半においても、なお多くの人々にとってアヘンは有効な鎮痛薬であり続け、日々の重要な嗜好品と見なされ続けた。また、イギリスやオランダの植民地政庁は、問題の本質は過度な使用や非合法な密輸取引にあり、アヘンは東洋的な娯楽で酒やその他の嗜好品と変わらないという姿勢を長く保持した。それにもかかわらず、二十世紀前半におけるローカル・グローバルに勃興したアヘン規制に関する運動や議論は、ゆっくりとではあるが人々の意識や常識、価値観を変えていき、現代のわれわれが持つアヘンや麻薬への視点を形成したのである。アヘンの歴史は、物事の捉え方が生きる時代の社会や環境によって変わりうるのだという、ある種当たり前の歴史の教訓を、しかし強力に我々に語りかけている。

注

（1）十九世紀初頭、ジャワ宮廷の知識人ヤサディプラ二世YasadipuraIIが著書『息子らへの教えSasana Sunu』のなかで用いた記述（Ann Kumar, *Java and Modern Europe: Ambiguous Encounters*, London and New York: Routledge, 2015（初版は一九九七年）, pp. 399-401, 406）。

（2）本書の拙著コラムも参照されたい。

（3）Carl A. Trocki, "Opium as a Commodity in the Chinese Nanyang Trade," E. Tagliacozzo and W. Chang, eds., *Chinese Circulations: Capital, Commodities, and Networks in Southeast Asia*, Durham and London: Duke University Press, 2011, pp. 87-89. 太田淳「東南アジアの海賊と「華人の世紀」」（島田竜登編『歴史の転換期八 一七八九年 自由を求める時代』山川出版社、二〇一八年）一五〇～一五六頁。

（4）John Crawfurd, *History of the Indian Archipelago: Containing an Account of the Manners, Arts, Languages, Religions, Institutions, and Commerce of its Inhabitants*, Vol. 3, Edinburgh: Constable, 1820, p. 521.

（5）Diana S. Kim, *Empires of Vice: The Rise of Opium Prohibition across Southeast Asia*, Princeton: Princeton University Press, 2020, pp. 74-75.

（6）*James Rush, Opium to Java: Revenue Farming and Chinese Enterprise in Colonial Indonesia, 1860-1910*, Ithaca: Cornell University Press, 1990, pp. 37-38.

（7）アブドゥッラー（中道道子訳）『アブドゥッラー物語——あるマレー人の自伝』（東洋文庫、一九八〇年）二五三～二五四頁。

（8）弘末雅士『東南アジアの港市世界——地域社会の形成と世界秩序』（岩波書店、二〇〇四年）一四七～一五〇頁。

（9）Rush, *Opium to Java*, pp. 32, 38-39.

（10）*Carl A. Trocki, Opium and Empire: Chinese Society in Singapore, 1800-1910*, Ithaca and London: Cornell University Press, 1990, p.70.

（11）H.R.C. Wright, *East-Indian Economic Problems of the Age of Cornwallis and Raffles*, London: Luzac, 1961, pp. 181-182, 184; Crawfurd, *History of the Indian Archipelago*, Vol. 3, p. 520; ド・クインシー（野島秀勝訳）『阿片常用者の告白』（岩波文庫、二〇〇七年（原著は一八二二年出版））。

（12）Wright, *Economic Problems*, pp. 173-189.

（13）J.C. Baud, "Proeve van een geschiedenis van den handel en het verbruik van opium in Nederlandsch-Indië," *Bijdragen tot de Taal-, Land- en Volkenkunde van Nederlandsch-Indië*, 1(1), 1853, pp. 176-

177.

（14） Baud, “Proeve van een geschiedenis van den handel en het verbruik van opium,” pp. 192-194.

（15） Wright, *Economic Problems*, pp. 165-170.

（16） Trocki, *Opium and Empire*, pp. 96-97.

（17） Rush, *Opium to Java*, pp. 95-98.

（18） Trocki, *Opium and Empire*, pp. 117-119.

（19） Rush, *Opium to Java*, Ch. 8-9.

（20） Rush, *Opium to Java*, Ch. 10.

（21） Rush, *Opium to Java*, Ch. 11.

（22） 以下は、Trocki, *Opium and Empire*, Ch. 7 および後藤春美『アヘンとイギリス帝国――国際規制の高まり、一九〇六～四三年』（山川出版社、二〇〇五年）一五～一八、二四～二八頁を参考にした。

（23） Abdul Wahid, “‘Madat Makan Orang’; Opium Eats People: Opium Addiction as a Public Health Issue in Late Colonial Java, 1900-1940”, *Journal of Southeast Asian Studies*, 51(1-2), 2020, pp. 37-39.

（24） Rush, *Opium to Java*, p. 237; Trocki, *Opium and Empire*, pp. 188, 214.

（25） 白石隆「アヘン王、砂糖王、チェコン：インドネシアにおける華僑財閥の系譜」（東南アジア研究会編『社会科学と東南アジア』（勁草書房、一九八七年）二二一～二四五頁。

（26） 以下は、後藤春美『アヘンとイギリス帝国』第一章および崔学松「二〇世紀初頭の国際アヘン会議とイギリス領マレー諸州のアヘン問題」（『静岡文化芸術大学研究紀要』二一、二〇二〇年）一～二頁を参考にした。

（27） 後藤同前書、九二頁。

（28） 後藤同前書、一〇四、一一〇～一一一頁。崔同前論文、三～四頁。

（29） Commission of Enquiry into the Control of Opium-smoking in the Far East, *Report to the Council, Volume 1: Report with Comparative Tables, Maps and Illustrations*, Geneva: League of Nations, 1930, pp. 72-73.

（30） Wahid, “‘Madat Makan Orang,’” p. 46.

（31） 江口圭一編著『資料日中戦争期阿片政策』（岩波書店、一九八五年）五九〇～六一二頁。

（32） 岡田芳政、多田井喜生、高橋正衛編『続・現代史資料：阿片問題』（みすず書房、一九八六年）三六二～三六六、四〇〇～四〇一、四九三頁。

（33） Kim, *Empires of Vice*, pp. 194-195. 後藤同前書、一七三～一七四頁。

参考文献

台湾総督官房調査課『新嘉坡阿片、印度阿片（阿片調査其の一）』（台湾総督官房調査課、一九二八年）

野村亨「イギリス領マラヤ」（『岩波講座 東南アジア史　五』岩波書店、二〇〇一年）一八五～二一二頁

宮本謙介『概説インドネシア経済史』（有斐閣、二〇〇三年）

Hordouin, E. and W. Riffer, *Java: Tooneelen uit het leven, Karakterschetsen en kleederdragten van Java's bewoners in afbeeldingen naar de natuur geteekend*, Leiden: A. W. Sythoff, 1855.

Parliamentary Papers relating to the Opium Trade, viz., Extracts from Reports, &c., of Committees of the Houses of Lords and Commons, 1821 to 1832, London: T. R. Harrison, 1840.

Van Pers, A., *Nederlandsch Oost-Indische typen. Verzameling groote gelithografieerde platen in kleurdruk*, `s-Gravenhage: Mieling, 1856.

Trocki, Carl A., *Opium, Empire and the Global Political Economy: A Study of the Asian Opium Trade 1750-1950*, London: Routledge, 1999.

付記　本稿は、公益財団法人三島海雲記念財団二〇二〇年度（第五八回）研究助成を受けておこなった研究課題「インド産アヘンの消費とモラル――十九世紀初頭の東南アジアにおける植民地統治をめぐって」の成果の一部である。

◎コラム◎

十八世紀以前のアジアにおけるアヘン

大久保翔平

著者略歴は本書収録の大久保論文「オランダ領東インドとイギリス領マラヤにおけるアヘン問題」を参照。

アヘンの原料となる植物のケシは、地中海北岸からヨーロッパ中東部が原産地で、アナトリア半島で栽培が広がったと推定されている。乾燥させたケシ果汁であるアヘンは、古代エジプトやメソポタミア、ギリシア、ローマで薬として用いられ、遅くとも唐代には中国にも鎮痛などの薬効やケシの栽培方法が伝わったようである。また、阿片（鴉片）とは、アラビア語の**Afyūm**の音訛である。

ケシの主要な栽培地は徐々に東遷した。十六世紀にアジア各地を訪れたポルトガル人のピレス（一四六五〜一五四〇）やオランダ人のリンスホーテン（一五六三〜一六一一）は、エジプトやアラビア半島南部、インド亜大陸北西部のグジャラート地方やデカン地方、北東部のアッサム地方をアヘンの産地として紹介している。十七世紀半ばには、ガンジス川中流域のビハール地方が高品質のアヘン産地として有名になった。そのアヘンは、ガンジス川下流のベンガル地方から海路でインド亜大陸の他地方や東南アジア島嶼部に輸出され、ベンガル産アヘンとして知られた。インド洋におけるアヘン貿易の主要な担い手は、十七世紀まで西アジアや南アジア出身の商人であり、マレー半島南西岸のマラッカ（現ムラカ）やジャワ島北西岸のバンテンといった中継港に渡来した。もっとも中国は、まだ主要な輸出市場ではなかった。

アヘンの摂取（服用）は古くから行われていたが、吸飲（吸煙とほぼ同義）が始まった場所と起源に関しては未だ議論が続いている。十六世紀から十七世紀にかけて、インド亜大陸や東南アジア島嶼部では、アヘンが酩酊、催淫、鎮痛といった効能のためだけでなく、戦争時に恐怖を克服するため兵士たちに摂取された。

また、明朝期の中国でもアヘンは薬剤や媚薬であった。そして遅くとも十七世紀半ばまでには、東南アジア島嶼部のジャワ島でアヘン吸飲が広まった。アメリカ大陸から栽培方法が伝わったタバコとベンガル産アヘンを混ぜて煮詰めた、マダット（一説にはサンスクリット語のmadaに由来。意味は酩酊。十八世紀の中国では鴉片煙）と呼ばれる依存性の強い混合品が専用の竹製パイプで吸飲され始めたのである。このアヘン吸飲は、ジャワ島の王侯貴族や兵士（農閑期の農民含む）、華人（ここでは貿易や商工業・農業のために移住・逗留した中国系住民）の間で娯楽として習慣化した。その後、アヘン吸飲は貿易航

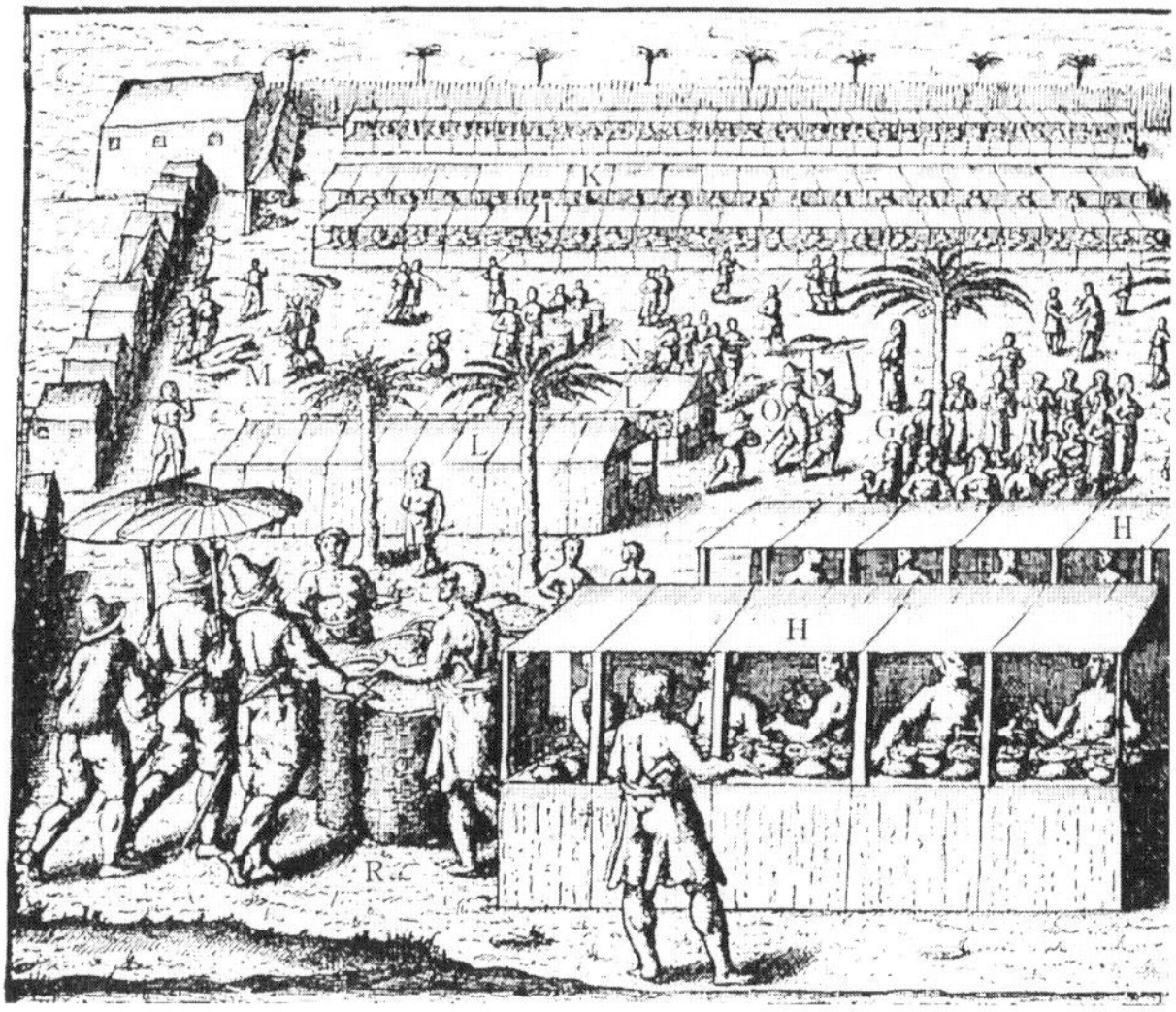

図1　16世紀末ジャワ島西部バンテン王国の大市場
出典：ハウトマン、ファン・ネック（生田滋、渋沢元則訳）『東インド諸島への航海』岩波書店、1981年、169-170頁。
注：同書の本文では香料市場（上記H）で販売された様々な薬種の1つにアヘンも数えられている。

図2　19世紀初頭のジャワ語文献に描かれたアヘン吸飲
出典：Nancy Florida, *Writing the Past, Inscribing the Future: History as Prophecy in Central Java*, Durham and London: Duke University Press, 1995, p. 16.
注：原典は、英国図書館所蔵『ダマル・ウラン物語（Serat Damar Wulan）』の挿絵（MSS Jav. 89）。同史料には、ほかにも読書する男性のそばでアヘンを吸飲する場面や兵士がアヘン吸飲する様子を描いた挿絵がある。なお、出典の著者によれば、上図では左端の男性がビンロウジを噛み、右端の女性が読書している男性にマッサージを施している。

路沿いに島嶼部各地や台湾、中国大陸南東部へも普及していった。さらに、より純度を高めた精製アヘン（チャンドゥ、煙膏）の吸飲も普及した。

ところで、前述したような十七世紀後半から十八世紀のアヘン吸飲の普及を背景に、ベンガル地方と東南アジア島嶼部との間でアヘン貿易を拡大したのは、オランダ東インド会社（一六〇二年設立）であった。会社はヨーロッパ・アジア間貿易の原資を稼ぐためにアジア域内貿易を積極的に推進した。しかし、十七世紀後半、増加する一方であった本国からの銀の持ち出しを軽減するために会社はアヘン貿易が生み出す利益に大きな期待を寄せるようになったのである。

一六七七年以降、オランダ東インド会社は砂糖や米の産地であったジャワ島や胡椒の産地であったスマトラ島東部で現地の王や首長から段階的にアヘン販売の独占権を獲得した。また、マラッカ海峡以南とスンダ海峡以東の島嶼部において、アヘン「密貿易」を取り締まった。その戦略は、会社がアジアの中心拠点としたジャワ島北西岸のバタヴィア（現ジャカルタ）にアヘン供給を集約することでアヘンの流通拠点とし、利益を最大化することであった。十八世紀を通じて、会社は主にバタヴィア在住の華人やヨーロッパ人の卸売商人に競売を通じて毎年一二〇〇箱（一箱の内容量は一ピクル＝約六二キログラム）ほどのアヘンを販売し、莫大な利益を手にした。それらのアヘンは、会社の独占下で許可状を得た現地の小型船によって、ジャワ島北東岸を中心に島嶼部各地に運ばれた。

しかしながら、十八世紀以降の東南アジア島嶼部では、徐々にアヘンの取引場所として各地の港市、供給者としてイギリス人自由貿易商人（カントリー・トレーダー）が台頭し、オランダ東インド会社と競合した。これに加えて、一七七三年以降には、イギリス東インド会社がインド亜大陸ベンガル地方で植民地統治を開始し、アヘン生産の管理とカルカッタ（現コルカタ）での競売を始めたため、自由貿易商人はアヘン仕入が容易になった。彼らは中国大陸南東岸の広州・マカオで陶磁器や茶を直接買い付けるために、取引商品として大量のアヘンを中国に持ち込むようになった。その結果、中国大陸南東部では急速にアヘン消費が増えていった。ベンガルでイギリス東インド会社に仕え、後に東洋学者として知られたコールブルック（一七六五～一八三七）によれば、一七八〇年以前の中国へのアヘン輸出はせいぜい年間五〇〇箱ほどであった。ところが、一七九〇年頃には概算で中国へ二五〇〇箱、ジャワ島へ一〇〇〇箱、スマトラ島へ八〇〇箱、マレー半島へ七〇〇箱、ボルネオ島へ五〇〇箱のベンガル産アヘンが輸出された。これらに加えて、インド亜大陸北西部のマールワー産アヘンも十八世紀末までにはゴアやスーラト、ボンベイ（現ムンバイ）から盛んに中国へ輸出されるようになった。アヘン戦争（一八四〇）が勃発する約五十年前には、中国はアジア最大のアヘン輸出市場として知られるようになっていたのである。

参考文献

大久保翔平「バタヴィアにおけるアヘン競売、一七〇〇―一七四五年――オランダ東インド会社のアヘン貿易」（『東洋学報』九九（二）、二〇一七年）

大久保翔平「バタヴィアにおけるアヘン消費――政庁の「マダット」規制（一六七一―一七四七年）をめぐって」（『東南アジア――歴史と文化』四八、二〇一九年）

島田竜登「アジア海上貿易の転換」島田竜登編『歴史の転換期七 一六八三年 近世世界の変容』（山川出版社、二〇一八年）一八～六三頁

鶴見良行『マラッカ物語』（時事通信社、一九八一年）

トメ・ピレス（生田滋、池上岑夫、加藤栄一、長岡新治郎訳）『東方諸国記』（岩波書店、一九六六年）

ハウトマン、ファン・ネック（生田滋、渋沢元則訳）『東インド諸島への航海』（岩波書店、一九八一年）

マーティン・ブース（田中昌太郎訳）『阿片』（中央公論社、一九九八年）

リンスホーテン（岩生成一、中村孝志訳注、渋沢元則訳）『東方案内記』（岩波書店、一九六八年）

Colebrooke, H.T., *Remarks on the Present State of Husbandry and Commerce in Bengal*, Calcutta: 1795.

Dikötter, F., Z. Xun and L. Laamann, *Narcotic Culture: A History of Drugs in China*, London: Hurst and Company, 2004.

Florida, N., *Writing the Past, Inscribing the Future: History as Prophecy in Central Java*, Durham and London: Duke University Press, 1995.

Marshall, P. J., *East Indian Fortunes: The British in Bengal in the Eighteenth Century*, London: Oxford University Press, 1976.

Rapin, Ami-Jacques, *Du madat au chandu: Historie de la fumée d'opium*, Paris: L'Harmattan, 2013.

Zheng, Yangwen, *The Social Life of Opium in China*, Cambridge and New York: Cambridge University Press, 2005.

フランス領インドシナのアヘン

関本紀子

せきもと・のりこ――大妻女子大学文学部コミュニケーション文化学科専任講師。専門はベトナム社会経済史。主な著書に『度量衡とベトナムの植民地社会』（創土社、二〇一八年）、『はかりとものさしのベトナム史――植民統治と伝統文化の共存（ブックレット「アジアを学ぼう」二十）』（風響社、二〇一〇年）、論文に「仏領インドシナのアヘン――東亜同文会関係刊行物および資料からの考察」（『コミュニケーション文化論集』第十八号、二〇二〇年）などがある。

仏領インドシナ連邦のアヘンについて、植民地化される前の阮朝期とフランス統治時代それぞれのアヘン政策・法整備とその効果、アヘン吸煙の実態を捉えなおす。そこから見えてくる異なる為政者による統治の方針や構造を明らかにする。さらにベトナム社会の本質的特徴に、アヘンの側面から光をあてることを試みる。

はじめに

フランス領インドシナ連邦（以下仏領インドシナ）とは、一八八七年にフランスの支配下におかれ成立した地域であり、その領域は現在のベトナム、ラオス、カンボジアの三カ国に及ぶ。仏領インドシナ政府にとって、アヘンは塩、酒とならぶ専売制の下、財政収入の多くを占める重要商品であった。仏領インドシナのアヘンを扱った研究は、代表的なものとしてフランス極東学院のルファイエ フィリップ氏による『アジアにおけるアヘンと植民地政権　独占から禁止まで――一八九七～一九四〇年』[1]がある。また、少数民族研究の視点からアヘン問題にアプローチしたものとして菊地一雅氏の『ケシをつくる人々』[2]がある。しかしながら、アヘン政策、法整備と罰則規定の適用状況や吸煙者の実態については、資料の制約上未だ十分に検討されていない。

本稿では、これまでの研究に依拠しながら、新たな文献資料を用いて仏領インドシナにおけるアヘン政策とその実態に迫る。アヘンに関してはその隠匿性上、資料中の記録や数値は実態を正確に反映しているとは言い難い。さらにはそうした資料も断片的にしか得られない。しかしながら、その断片を丹念に整理し、傾向を読み取ることで、ベトナム社会の諸相や本質的な特徴の一端を明らかにしたい。

一、阮朝のアヘン

ベトナムは南北に長い国土を有しているが、今の国土とほぼ同じ版図を手中に収め、初めて本格的な全国統治を行ったのは、阮朝という王朝である。阮朝は一八〇二年に始まり、フランスによる植民地支配の時期も保護国内でその統治機構を温存し、一九四五年まで続いた。保護国とは、フランスによる直轄支配ではなく在来の統治機構を通じてフランスが間接統治の形態をとっていた領域で、ベトナムでは北部と中部が該当する。つまり北部と中部は一九四五年まで阮朝の統治制度が形だけでも継承され、地方行政の一翼を担っていた。

フランス植民地時代について考える前に、まずベトナムにおけるアヘン吸煙の開始時期や阮朝によるアヘン政策、アヘン吸煙の実態について整理する。阮朝期のアヘン政策についての研究は、藤原利一郎氏の『東南アジア史の研究』第二部「八　阮朝のアヘン禁令について」[3]がある。しかし、それらの禁令の実行可能性や適用状況については、これまで十分に検討されてこなかった。以下、明命帝期までの動向は藤原氏の研究に依拠しながら、公布された禁令が実際にどの程度実行されたのか、社会変容の有無も含めて再検討する。

(1) ベトナムにおけるアヘン吸煙および禁令の起源

ベトナムにおけるアヘン吸煙の起源は明らかにされていないが、中国の薬用アヘンは一五〇〇年前後にアラブ人によって、さらにはタイ、ベトナムからも朝貢により輸入されていたことが分かっている[4]。

藤原氏は、『野史輯編』の黎、顕宗、景興四年（一七四三）条の、華人の商人がベトナムにアヘンをもたらしたと書かれている記事が、ベトナム文献におけるアヘン記録のもっとも古いものとしている。

当時のベトナムにおけるアヘンの実態は明らかではないが、十六世紀にはアヘンがベトナムに存在していたことは確かであろう。

阮朝に関しては、阮朝欽定の歴史書である『大南寔録』の嘉隆九年（一八一〇、嘉隆帝は阮朝の初代皇帝：在位一八〇二～二〇年）六月条でアヘンに関する記述が初めて登場する。この記事によると、ベトナム西南端でカンボジアに接する、河僊でアヘン税が設けられた。河僊は現在キエンザン省ハーティエン市を中心とする地域で、十七世紀後半から広東省雷州出身華僑の鄭氏によって開拓が進められていた。この鄭氏の後裔である鄭子添が河僊鎮守に在職中（一八〇〇〜〇九年）、アヘン税が実施されたのである。これは当時すでにアヘン吸煙がベトナム人も含めてかなり流行しており、政府はついに黙過できなくなったことが背景にあると考えられる。[5] さらに藤原氏はハーティエンは華僑集住の地であり、ここでアヘン税が最初に導入されたことはアヘンの伝染経路を推察する際有力な手掛かりとなることを指摘している。つまり、華僑がアヘンの普及・伝播に大きなカギを握っていた可能性が高いのである。

アヘンの禁令が初めて公布された時期も明らかになっていない。藤原氏によると、最初の禁令ではないが、『大南寔録』においては嘉隆十七年（一八一八）正月条に「申嘉定鴉片之禁」とあり、この時代にすでにアヘンが局地的にではあるが禁止されていたことが分かる（「嘉定」とは狭義の嘉定（ザーディン）か、広義の嘉定総鎮管内（ベトナム南部）を指すものか定かではない）。アヘン禁令は次の第二代皇帝明命帝によってさらに強力に推し進められていくことになる。

(2) 明命帝のアヘン禁令政策

アヘンの取り締まりが本格的・全国的に行われたのは、第二代皇帝の明命帝（在位：一八二〇〜四一年）の時代である。

明命帝によるアヘンの禁令は、即位直後の明命元年（一八二〇）から開始され、明命五年（一八二四）、明命十三年（一八三二）、明命二十年（一八四〇）と四回公布されている。明命元年に出された禁令は、アヘン吸煙による国民の健康・道徳・生業や社会風俗への弊害が甚大であり、それを避けることを目的とし、この姿勢は明命帝期を通して踏襲されることになる。禁令の対象はアヘンの故意の吸煙、隠匿、加工、販売にわたり、処罰の内容はすべて徒刑であった。犯人を告発したものには懸賞を与え、犯罪を知りつつ放置し、告発しなかった者にも杖刑に処すなど、厳しいものであった。ただ、在官者は帝の指示に基づき刑を課さず、免官に付すに止められた。

明命五年の禁令は、アヘンの密輸入・密売がアヘン流行の根源であることを鑑み、それらと店舗における加工、販売者、吏役軍民（官吏、役人、軍人、一般の人々、つまりすべての人々）のアヘン吸煙者に対して最高刑の流刑に処することにした。さらに吸煙の事実を知りながら放置した者や、禁令への非協力者、在官者のアヘン吸煙の処罰に関しても、それぞれ厳罰化がみられる。これは明命元年の禁令と比べてはるかに厳しいものである。また、外国水陸客商（外国人の水路、陸路による商売人）の中で禁令を知りながら故意にアヘンの隠匿や密売買を行ったものを厳重に処罰する方針も打ち出している。

次に明命十三年の禁令であるが、これは特に皇族以下内外大小官吏などの禁令違反を戒めるものであった。アヘン吸煙の悪習を打破するためには官吏の責任が重大であり、彼らが国民の模範となるべきであるという建前から定められたものである。

最後に、藤原氏の研究では言及されていないが、明命二十年にもアヘンの禁令がさらに強化されている。『大南寔録』[6]正編第二紀明命二十年冬十月の条で、アヘンを搭載した外国船と官船の処罰規定が新たに定められたことが確認できる。まず、外国船の場合であるが「初めて来たり、鴉片一斤以下に及ばざる者は、監（収監）の候（のち：後）絞（くび）り、一斤以上は各々絞もて立ちどころに決し、犯せし者の船貨は竝（なら）びに抄没（ぼっしゅう）せしむ」とあり、持ち込んだアヘンが一キロ以下の者は収監された後絞首刑、一キロ以上の者は即刻絞首刑、搭載アヘンは没収されることが決められた。

対して官船の場合は「一つ、凡（およ）そ官船もて外国に派往せしめられし官吏軍人等、私（ひそか）に生・熟鴉片を買い帯びて回（かえ）りしもの、一斤以下は監（収監）の候（のち：後）斬り、一斤以上は立ちどころに斬に決し、犯せし産（物＝鴉片）は抄没（没収）せしめよ」とあり、持ち込んだアヘンが一キロ以下の者は収監後斬首刑、一キロ以上の者は即時斬首、搭載アヘンは没収される。

つまり、アヘンの密輸入に対しては死刑をもって対処するという、厳しい姿勢を打ち出したことになる。また、同じ死刑でも、官吏の場合はより厳しい斬首の刑が課せられた。

上記の四つの禁令に加えて、アヘン禁令に関連したものとして、明命十二年（一八三一）にはベトナム官船のアヘン盗載有無に関する検査令が、明命十五年（一八三四）にはアヘンの吸煙を戒める内容を含んだ帝の訓諭が出され、明命十六年（一八三五）にはアヘン犯告補に関する条例を改定強化している。

こうした相次ぐ禁令などの発布は、禁令そのものが効果がなかったこと、アヘンの吸煙が加速度的に拡大し、弊害も増加していたことへの対処に追われていたことが示唆される。

しかしながら、これらの禁令、特に外国船に対しての厳しい処置は、果たして実行することができたのだろうか。明命二十年は、中国では林則徐が強硬手段でイギリス船籍のアヘンを破却して戦争になった時期とも重なる。国際問題に発展しかねない刑の執行を果たしてどれほど実行する気があったのか、疑問が残る。

（3）アヘン禁令が効果を得られなかった理由

度重なる禁令公布にもかかわらず、一向に功を奏さなかった背景として、藤原氏は大きく二つの側面を指摘している。一つは国内事情によるものである。吸煙者は一度アヘンの魅力に取りつかれ、常用し中毒になると禁令を犯してでも吸煙を継続せざるを得なくなる。アヘン商人にとっても、アヘンは嗜好品でありながら時に必需品にもなり、需要は減らない。さらに禁令によって価格が高騰するため、より利益が上がる構造が出来てしまう。また、取り締まる側の官憲が賄賂の授受などにより摘発が行われないケースも頻発していた。

もう一つの背景は、国家を揺るがしかねない国際問題と深く結びついていたことによる。それは、アヘンの密輸入と米の密輸出が大きく関係していたからに他ならない。当時ベトナムと清国の貿易は、厳しく制限されていた。ベトナムは米、塩、金、銀、銅、沈香、象牙、絹織物などの輸出を、清国は鉄、鋼、黒鉛、硫黄などの戦略希少金属の輸出を禁止していたが、これらの物資は互いに欲している商品でもあった。[7]これが、双方の商品を交換するという密輸出入の構造を助長させる要因にもなったのである。

阮朝は、国内消費者保護と緊急時に備えるため、米の輸出は固く禁じてきた。米が不法に大量に国外へ流出することは、国家にとっても大問題である。さらにアヘンが米の対価として不正に輸入され、国内に流入する構造は、即刻手を打たなければならない重要事項であった。しかしながら、この問題に対処するための数々のアヘン禁令も、その効果は芳しくないものであった。

前述の通り、明命五年及び二十年のアヘン禁令は外国籍の商人に対して罰則を強化したものであったが、そこで言及されている「外国客商（外国商船）」とは明らかに清国や華僑の関係する船のことを指している。記録にも一八三六年、清の商人がアヘンをベトナムに密輸入し、さらに米粒を盗載したとあり、[8]こうした状況は明らかになっていないだけで、おそらくかなりの数に上ったと思われる。

安価な米を密輸出し、交換したアヘンを高値で販売することで莫大な利益を得られることは容易に想像がつく。そうした密輸出、密輸入の主役となっていたのは華僑であった。さらに、その華僑を取り締まる役人ですら、華僑と結託して私腹を肥やしていた事例が多く見られた。また、アヘンが禁令となったことで、アヘンの価格が一層高騰したことも、商人たちにとっては好都合となったのである。

（4）明命帝期のアヘン吸煙の実態

アヘン吸煙の詳しい状況は具体的には明らかになっていな

いが、いくつかの資料の断片から検討してみたい。

ここで中国のアヘンに目を向けると、一八二七年に雲南アヘンが清代初頭の非吸煙用アヘン（薬品として経口摂取）から吸煙用アヘンに転換するという大きな技術革新が起こるが、この技術を導入できたのはベトナム南部であるコーチシナの華僑がインドから製法を学び雲南に紹介したからであった。(9)このことからも当時コーチシナでどれほどアヘンが蔓延していたか、さらに華僑が重要な役割を果たしていたかが推察される。

また、第四代皇帝嗣徳帝（在位一八四七〜八三年）の時代に編纂された歴史書『国史遺編』中集明命十六年九月の条に、明命帝期地方高級官僚グエン・コン・チュー（Nguyễn Công Trứ/阮公著、一七七八〜一八五八年）のアヘン吸煙の記事が見られる。「日夜、賓（客人）佐（下役、補佐官）の聚（多くの人々）と三（しばしば、頻繁に）鴉片を吸い」とあり、客人や補佐官、下役など多くの人々と頻繁にアヘンを吸煙し宴会をしていた様子が描写されている。(10)この状況は明命帝に報告されたが、その時の明命帝の反応として、「上笑いて曰く、狂奴の故態の豪放は比の如し」つまり「おかしな奴の有様は昔のままで、大胆で細かいことにこだわらないのは、このようである」と苦笑したとある。

グエン・コン・チューのアヘン吸煙に関しては、明命硃本（硃批諭旨：皇帝が官吏の答申書に自筆の朱筆を入れて回答した文書のこと）の中にも報告されているようである。阮朝硃本はベトナム国家第一文書館に保管されている資料であるが、この文書館ホームページに掲載されている資料紹介の論考「明命帝期一キロのアヘンを輸送したものは即時斬首刑」(11)の中に以下のように記述がみられる。

明命二十一年（一八四〇）、グエン・コン・チュー夫妻がアヘンを加工していると告発があり、自宅を調べたところアヘン吸煙用具と一ラン（約一六グラム）のアヘン片が発見された。グエン・コン・チューは裁きの場でアヘンを吸煙した理由として、重い病で薬が効かず、病の治療としてのみ吸煙したと申し開きをしている。新しい法律により、罰として一〇〇杖、刺青を入れた上で流刑が求刑されている。しかしながら、明命帝の返答までは書かれていないため、実際に処罰されていたかは不明である。

しかし、その翌年のグエン・コン・チューの動向が分かる記事が、『大南寔録』正編第三紀巻十三統治元年冬十一月の条にみられる。「領安江巡撫阮公著、署永隆提督段文策もて師を永済河に移せしむ」とあり、官職の身分のまま、地方への赴任命令が出されていることになる。もし求刑通り刑が執行されたのであれば、官吏として仕事を続けることは不可能であり、ここにも法令や処罰申請などの有名無実化が表れていると言える。

さらに、高級官吏のみならず皇族たちですらアヘンを吸煙していたことがうかがえるのが、先の明命十三年の帝諭である。この中で明命帝は皇族に対してもアヘン吸煙を深く戒めているが、これこそ当時皇族たちもアヘンを吸煙していたことの証である。ただ、その摘発については行われていなかった可能性が高いことは、藤原氏も指摘している。

以上のように、アヘン吸煙は官民のみならず皇族にも深く浸透しており、アヘンの禁令の効果が表れていなかった様子が確認できる。さらに注目すべきことは、アヘン禁令を繰り返し公布し、厳罰化を進めていた明命帝が、アヘン吸煙者に対して処罰せずに放任していた事実であろう。ここには、厳しいアヘン禁令を出し続ける反面、個々の事象に対しては、忖度する明命帝の意思が示されている。このような為政者の二律背反性も、アヘンの禁令実施が徹底されなかった要因の一つと考えられる。

筆者は長年にわたり植民地期ベトナムの度量衡について研究してきた。その中で、中央集権化を強く推し進めたことで知られる明命帝ですら、米穀の計量や土地の測量に関する計量器については、統一されていない事実を知りながらも黙認していたことを明らかにした。[12] 文書上の法整備は進める。その一方で、大きな困難や混乱が予想される分野に対しては明命帝は積極的には手を出そうとしなかった様子が、アヘンの事例からも読み取れる。明命帝期のアヘン禁令に対して一貫した厳しい姿勢を評価する論調もあるが（前述のベトナム国家第一文書館ホン・ニュン氏の論考など）、法制度だけでなく実際の取り締まりや刑の執行の状況まで含めて、様々な文献資料から勘案し、再検討する必要があろう。

(5)アヘン禁令からアヘン容認へ――嗣徳帝期のアヘン政策

明命帝以降、阮朝による史料にアヘン問題の報告は多く見られなくなる。その理由として藤原氏は、阮朝の政治力では、アヘン問題は収められないという見方が広がっていたことを挙げている。

嗣徳帝期に関しては、嗣徳十一年（一八五八）、不正な商売とアヘンの吸煙を行った中国人を国外追放することが定められ、これは華僑優遇政策を一般的傾向とする当時のベトナムの法律における唯一の例外的規定であったとされる。[13] しかしこの法も、当時すでに強大な勢力となっていた華僑を刺激する可能性が高く、実際に取り締まりが行われたかどうかは疑わしい。

ついに嗣徳十八年（一八六五）には、官職にある者以外のアヘン禁令を解除し、代わりに重いアヘン税（税率二、五パーセント）を徴収するという方向に大きく転換する。アヘン税を導入することで、間接的にアヘン吸煙者を減らしていくことが目的である。その一方で、当時阮朝はフランスとの戦争（一八五八～六二年）によって深刻な財政問題も抱えていた。つまり、このアヘン税によって、国庫の歳入増加をもくろんでいたことも否めない。こうしてベトナムは、アヘン禁令から容認へと政策が大きく変わっていくこととなった。

以上から、阮朝は数々の禁令にもかかわらず実際アヘンが蔓延していた状況は変わらず続いており、取り締まりや罰則も形骸化していたことが明らかになった。嗣徳帝時代のアヘン容認により、さらにアヘン吸煙が拡大した社会の上に、フランスの植民地統治が開始されることになる。

二、仏領インドシナのアヘン政策とその実態

仏領インドシナが成立して以降は、アヘン政策はフランスの植民地政権によって引き継がれることになる。仏領インドシナのアヘン全般に関してまとまった研究は、冒頭で挙げたフランス極東学院のルファイエ・フィリップによる『アジアにおけるアヘンと植民地政権　独占から禁止まで――一八八九七～一九四〇年』がある。この中で、世界がアヘン禁止の方向へ舵を切る中、仏領インドシナでは特に大きく変化は見られなかったこと、アヘン吸煙による弊害を人々に教育し、アヘンの社会的損失を縮小させようという動きももちろんあったが、そうした啓蒙活動が功を奏することはなかったことが示されている。

アヘンの生産者である山岳少数民族のフモン族（メオ族、現在では蔑称）については、菊地一雅の研究に詳しい。[14]

本節では、これら二つの研究を基にしながら、フランス植民地政権は阮朝の二律背反を継承したのか否かを含め、他の調査報告・記録も合わせて検証する。

（1）植民地政権によるアヘン政策

一八八七年に、植民地政府は仏領インドシナの成立とともにアヘンの輸入・販売について特許制度（徴税請負人に特許権を付与）を開始した。これは他の東南アジア諸国に倣ったものである。しかし華僑である徴税請負人が「密輸入取り締まりの口実をもって警察権を濫用する」など、あらゆる利権を手中に収め、その弊害がはなはだしいという問題もあり、一八九三年にはアヘンを政府の専売制度に改めることになった。

筆者がインドシナ官製年報（Journal officiel de l'Indo-Chine française、主に保護国であったトンキンとアンナン向けの官報）の

中に見られるアヘン関連法を調査したところ、一八八九年から一九四〇年にかけてほぼ毎年アヘンに関する法令や通達、決定などが確認できた。資料の制約上閲覧できていない年もあるが、全体的な傾向としては一八八九年から一九〇〇年にかけて毎年多くのアレテ（大臣、もしくは各行政庁のトップが発する執行的決定）が公布されている。平均するとこの期間では年五つ以上のアレテが出されている。

なかでも、最も体系的にアヘン関連の規定が定められたのが、先に述べたアヘンの政府専売制を定めた一八九三年のアレテであり[15]、全部で一〇五条で構成されている。内容は違警罪に関するもの、アヘンの輸入（薬品用、免税通過用含む）、製造、取引に至るまで多岐にわたっている。

このアレテ以外の法令は、それぞれアヘン局の管理、アヘン館、アヘン製造・販売、輸送、価格、罰則規定などについて個別に定め、さらに改正を繰り返したものである。

アヘン専売制は、当初生産者であるフモン族と、購入者である植民地政府とが直接取引をすることになっていた。政府は各州に購買部を置き、フモン族はそこまでアヘンを持参し、売り渡すことになっていた。しかし、それはあまり現実的な方法ではなかった。購入に際してはフモン族の持ってきたアヘンの精製度（モルヒネ含有量）を検査しなければならなかったが、それには数週間を要したからである。山奥から数日もかけてやってくるフモン族には、検査を行っている間、そこに滞在して待つだけの金銭的余裕はなかった。外務政務官も務めた松本忠雄氏は一八八三年フランス政府が専売制に移行した後も、華僑が官庁の名に於いてアヘンの製造、販売、徴税の権利を依然として持ち続けたことを指摘している[16]。

一八九七年、フランス当局はハノイに税関・専売総局を設置し、酒、アヘン、塩の専売を統括させた。税関と一体化させたことにも表れているように、当時毎年百万ピアストルにも及ぶ損失をもたらしているとされる密輸を防止することによって専売収益の増収を図るというのが狙いであった[17]。フランスが仏領インドシナにおいて、付加価値の高いゴムや米などのプランテーション栽培が確立する前の時期であり、アヘンで収益を上げることに力点が置かれていたことも示唆される。

一九〇一年以降は、アヘン関連法は毎年一つ程度の公布に止まっている。その中でも、一九〇七年に公職につく者に対してアヘンが禁止される法令が発布されたことは注目に値する。阮朝を通じて官職にあるもののアヘンは常に禁じられていたにもかかわらず、一九〇七年に再度公職者へのアヘン禁令が出されたということは、官職につく高級官吏のアヘン吸煙も一向に減っていなかったことが推察される。

インドシナ官製年報の中でアヘン関連法が再び多くみられるようになるのは、一九三〇年代に入ってからである。これは一九二九年の世界恐慌の影響で、世界的にアヘン市場が不安定となる中、アヘンの確保が困難になったことが一つの要因と考えられる。

財政に占めるアヘン収入を見てみると、仏領インドシナの国家予算に占める専売制アヘン税収は一九一〇年代で二〇～四〇パーセント[18]、一九二〇年度までの平均率は約三五パーセント[19]、一九四二年では九パーセントとなっており[20]、植民地統治時代一貫して重要な財源であり続けたことは明らかである。

(2) ファン・ボイ・チャウとアヘン

ファン・ボイ・チャウ（Phan Bội Châu／潘佩珠、一八六七～一九四〇年）とは、一九〇七年から始まった東遊運動（ベトナム人青少年の日本留学）の立役者であり、ベトナムの代表的な民族運動家である。

梁啓超（一八七三～一九二九年、清の変法運動を行った中国の政治家・思想家）の勧めにより、ファン・ボイ・チャウは植民地支配下にあるベトナムの窮状を訴えるため一九〇六年に宣伝文書を発表した。それが「ヴェトナム亡国史」[21]である。しかし、この中にアヘン専売制による弊害が一切かかれていない。酒や塩の税徴収によって民がいかに苦しめられているか切々と大きく紙幅をとって訴えているにもかかわらず、である。

一九二三年に発表された「天か、帝か」[22]は、フランスの悪辣な統治について告発したものである。この中で、ファン・ボイ・チャウは「酒税と阿片税はフランス政府歳入の二大項目であって、特に阿片税が最も多く、酒税これに次ぐ」とし、アヘン専売局制度や重税に対する批判や、ベトナム人吸煙者の惨状を訴えてはいる。しかし、その描写は一般的で端的な記述にとどまっている。一方で酒の専売制にかかわる弊害は、具体的な事例を交え感情豊かに描写されており、その記述量はアヘン記述部分の四倍近くに上る。本来であれば、政府歳入のもっとも多いアヘンに関して最も紙幅を割き、記述を豊かにするのが自然であると考えられ、ここにも違和感を覚えざるを得ない。

ファン・ボイ・チャウがアヘンに関して特筆大書しなかったのは、アヘン取引における華僑の勢力に対しての批判につながることを避けたいという意識が働いたのではないか。ベトナムの独立闘争に協力者を仰ぐため東奔西走していたファン・ボイ・チャウが、華僑（中国）に「気を遣った」、とも考えられる。

もう一つの見方としては、阮朝期からアヘン吸煙が官吏の中にも蔓延していた状況から考えると、ファン・ボイ・チャウ自身もアヘンの吸煙を行っていた可能性もある。それがアヘンの記述があいまいになった要因の一つかもしれない。

(3)アヘン吸煙者の実態

ここでは、仏領インドシナにおいてアヘンがどのように吸煙されていたか、少数民族と都市部ベトナム人の様子を具体的に紹介したい。

図1　少数民族のケシ栽培
出典：日本印度支那協会編『仏領印度支那概観』(丸善、1940年)「産業」章、写真59

①フモン族のアヘンの吸煙

生産者でもあったフモン族の吸煙の様子は、菊池氏の研究で詳しく取り上げられている。まず、採取したケシ液からアヘンを作り、村々のフモン族はそれを吸煙する。それは、彼らにとっては単に習慣というよりは、薬用・娯楽用、強壮剤などとして、生活に必要なものであった。医者がいない彼らの村では、薬草もあるが、アヘンが鎮静剤としてもっともよいと考えられ、病気になるとアヘンを吸煙した。また、山中の村に居住しているため、刺激があまりない。そこで娯楽用

図2　ベトナム人女性のアヘン吸煙の様子
出典：『支那』第4巻第3号 (1913年) 巻頭口絵

に、また、焼き畑労働の疲れからくる神経痛などを回復する強壮剤として、アヘンの吸煙が最良の手段とみなされていた。

しかし、薬用以外は、彼らも若者や四十歳以前の壮年には吸煙を認めなかった。これは、主に経済的理由に依るもののようである。家の主人は、アヘンを吸煙するときは寝っ転がってうまそうに吸煙した。吸煙しながらフモン族に伝わる口伝をしたりもした。この時には、聞き手はパイプに代わりを詰めてやり、それをランプがのっている金属製（銀製のものが多い）の皿の上に置いた。

また、アヘンは社交の道具としても重要であった。客が家に来ると、お茶を出すようにアヘンを勧めた。主人も客も、寝っ転がってとりとめのない話をしながら吸煙した。

②サイゴンのアヘン館

サイゴンのアヘン館の様子は、小松清（一九〇〇～六二年）の仏領インドシナ滞在記の中に詳しく紹介されている。小松氏はフランス文学者・評論家であり、ベトナムの古典文学でもっとも有名な『金雲翹《キムヴァンキエウ》』を最初に日本語に訳したことでも有名である。小松氏は、一九四一年四月から三カ月、一九四三年四月から一九四六年まで仏領インドシナ、ベトナムに滞在し、日本大使府全権公使秘書として活動、日本文化会館や仏越和平協定などにも関与した。アヘン館の様子は、一九四一年に出版された「サイゴンの印象」の中に詳しく書かれている。[23] その一部を以下に引用する（現代仮名遣い表記に修正、漢字表記などは原文のママ）。


ハノイでは、阿片の吸入の大っぴらに行われているところはないが、サイゴンではまるで喫茶店のように公然と営業されている。駅の近辺から港の方にかけて、到るところに阿片窟がある。ギィネメール通りなど、軒をならべたところがある。看板には、どこでも公煙開燈とかいて、傍らに屋号がしるされてある（それがバンコックに行くと公司煙林とか、ただ煙林という名になる）。

入口には質屋の鉄格子のようなのが張ってあって、そこで吸入券を売っている。一服四、五、六、十銭どころが大衆値段のようである。内部は窓がなく、薄暗く、にぶい電燈がついている。木製の寝床が、ちょうど病院の患者室そっくり左右にならんでいる。床の数は二、三十のところが多い。吸入者は昼となく夜となく、入れかわり立ちかわり出入りしている。それほど店――すべて華僑が経営している――は繁昌している。彼らは、番茶のはいった土瓶と茶碗を傍らに、床いっぱいに長く横臥しながら阿片をのんでいる。飾りのある大きなパイプに粘々した阿片をつめて、それを小さな豆ランプの焔でこがすのだ。じいじい音をたてて、生臭く甘ったるい匂いが、つうんと鼻をつく。虚心の境に遊んでいる魂の群。それが見る者の眼には、ほとんど昏睡《こんすい》か痴呆《ちほう》の表情にしかみえない。吸入者は支那人と安南人である。殆んどその日暮らしの労働者だが、汗水たらして手にした僅かの金の大半は、阿片にとられてしまうのだ。

上記の二つを比べると、フモン族のアヘン吸煙は伝統的な村の中でその役割、目的がはっきりとしており、節度をわきまえ、うまく生活に溶け込んでいる様子が伝わってくる。一方、小松氏によって描写されているサイゴンのアヘン館からは、なにか退廃的で、陰気な空気が感じられる。植民地時代、上流階級の人々がたしなみや社交、娯楽としてアヘンを吸煙することもあったが、多くは下層の農民や、故郷から遠く離れた場所で単身働く労働者であった。心身の疲労などを、アヘンで紛らわせて日々送っており、アヘン中毒者の痛ましい光景は、専売制の下、農村から都市部まで急速に拡大していった。

(4)アヘン吸煙者数の推移

アヘン吸煙者数や入院者数、死亡者数については断片的にしか把握できないが、ルファイエ氏の研究の中で具体的な数値が示されている。[24] これらの数値は正確に状況を反映しているとは言えないが（統計に反映されない人数も相当量あるため）、傾向は読み取ることが出来る貴重な情報である。ここでは数字の大小よりも示される傾向に着目してデータを眺めてみたい。

まず、一九〇八年におけるアヘン吸煙者数は、**表1**の通りである。

表1から、一九〇八年の時点でも四地域で総計二十五万人超というアヘン吸煙者が存在していたことが分かる。構成比を見てみると、コーチシナが全体の三三パーセント、アンナンが一〇パーセント、トンキンが五二パーセント、カンボジアが五パーセントとなっている。ここで一九二一年のベトナムにおける地域別人口構成比を見てみると（一九〇八年のものではないが、構成比は大きく変わらないものと考える）、トンキンが六八五万人（六〇パーセント）、アンナンが四九〇万人（八パーセント）、コーチシナが三八〇万人（三二パーセント）である。[25] 正確な比較はできないが、どの地域も偏りなく、ほぼ一定数のアヘン吸煙者が存在していたと言うことができよう。ただ、吸煙者に占める中国人が占める割合はコーチシナで約一八パーセント、アンナンが約九パーセント、トンキンが約七パーセント、カンボジアが約六〇パーセントと大きくばらつきがみられる。

アヘンによる入院者数と死亡者数は、一九二二年九五三人、一九二九年七六五人、一九三〇年五六二人と漸減傾向がみられるが、死亡者数については一三五人、一八一人、一九九人と増加傾向にあり、アヘンの健康被害の状況は植民地期後期も依然として深刻であったと考えられる。

植民地時代末期にあたる一九三五年から一九四八年のアヘンによる入院者数と死亡者数も増加傾向にあり、世界的にアヘンが縮小傾向にある中で注目に値する動きである。

表1　1908年におけるアヘン吸煙者数

	中国人	ベトナム人	その他	計
コーチシナ	15,000	70,000	—	85,000
アンナン	2,367	22,868	—	25,235
トンキン	9,000	123,000	—	132,000
カンボジア	7,200	2,760	1,890	11,850

出典：Philippe Le Failler (người dịch : *Trần Thị Lan Anh, Trịnh Thị Thu Hồng), Thuốc phiện và chính quyền thuộc địa ở Châu Á từ độc quyền đến cấm đoán : 1897-1940*（アジアにおけるアヘンと植民地政権、独占から禁止まで：1897-1940年）(Tủ sách Việt Nam VII), Hà Nội:, Nhà xuất bản Văn hóa Thông Tin, Viện viễn Đông Bác cổ, 2000, p.87.

最後に、羽鳥重郎氏によると、一九三八年頃の民族別アヘン吸煙者比率は中国人が五〇〜七〇パーセント、ベトナム人が二〇〜四〇パーセント、ムオン族四〇パーセント、マン族三〇パーセント、トー族三五パーセント、メオ（フモン）族が二〇パーセントとなっていた。[26] 中国人は労働者としても多くベトナムに入っているが、出身地である中国でもアヘン吸煙が盛んであったことから、ベトナムでもアヘンの吸煙が日常的に行われていたことが数字の高さにつながっていると考えられる。ここで、少数民族の中でも生産者であるはずのフモン族が吸煙比率が最も低いことに注目したい。それだけ換金作物として吸い上げられ、自らの消費に回っていなかった状況が窺い知れる。

以上から、フランスは植民地期を通じてアヘンが重要な収益源であり、利益を最大化する法整備が進められ、アヘンによる健康被害や社会的弊害を大きく改善する動きや状況は見られなかった。フランスの植民地政策は「文明上の使命」を掲げているが、その理想と反して、本国の利益追求の方向性が見て取れる。これは、阮朝とはまた異なった意味での二律背反性と言えるだろう。

おわりに

阮朝とフランス植民地政権によるアヘン政策と吸煙者の実態について、それぞれ検討した結果、互いに異なる二律背反性を確認することが出来た。

阮朝時代は、度重なるアヘン禁令にもかかわらず、禁令を犯した者に対しての取り締まりも厳格には行われず、なにより実行可能性の低い罰則規定が盛り込まれた法整備が進められていた実態が明らかになった。

フランス植民地時代は、文明国フランスの威信をかけて掲げた「文明上の使命」とは裏腹に、世界がアヘン漸減政策に舵を切る中でも、利益追求の姿勢を崩さずアヘンは植民地政府の重要な財源であり続けた。

阮朝期と植民地期は互いに性格は異なるものの、こうした「本音」と「建て前」が相矛盾しながら同時に存在していた二律背反性の構造であったことが読み取れる。

また、アヘンの社会的弊害は植民地統治によって急激に深刻化したように捉えられる傾向にあるが、フランスが来る前からアヘンは蔓延していた状況も再確認できた。だからこそ植民地政府は効率的に収益を上げることが出来たのである。

その後のベトナムのアヘン政策・対策について若干補足する。ケシの商業栽培は一九五四年に禁止され、一九八六年には栽培から売買、吸煙まで、全面的な禁止策が導入され、さらに一九九一年四月からはアヘン撲滅運動が強化された。しかしながら、フモン族にとってはアヘン吸煙は伝統的治療の側面も持っていたためか、すぐにはアヘン吸煙の習慣はなくならなかったようである。撲滅運動開始後の様子をいくつか紹介したい。ライチャウ省ホイレン村では訪問した日本人記者に、フモン族の老人は悪びれる様子もなくアヘン吸煙用の竹パイプを見せ、「役所に言われて庭のケシは引っこ抜いたが、どこでも買える」と答えたという。キン族の研究者が林業調査でフモン族の村に入ろうとした際も、「アヘンを吸わなければ村には入れてやらない」と拒否された話もある。[27]

近年の状況も、ベトナム国境におけるアヘンを含む麻薬取引は活発に行われており、密輸ルートだけでなく国内の流通網も確立しているようである（コラム「ベトナムの薬物汚染事情」参照）。こうしたことから、現在でも少数民族だけでなく、全国的な規模でアヘンの需要が一定数あること物語っている。

ベトナムには、「王の法は村のおきて（慣例）におよばず (phép vua thua lệ làng)」ということわざがある。フランス植民地時代、フランス当局の無慈悲な収奪・搾取が行われ、それに伴う人権・社会問題の深刻化があったことは明らかである。

一方で、フランスを介して西欧文明が導入されたことにより、ベトナム社会が良くも悪くも大きく変容した側面もある。

そのような激動の時代をはさみながら、異なる為政者による様々な統治政策の中で、全く変わらず存在し続けるベトナムの社会も見えてきた。ベトナム社会の特徴、あるいは「ベトナムらしさ」というものは、その中にこそ浮かび上がってくるのではないだろうか。国の法律はそれとして、自分たちの社会、やり方を当然のように維持していく社会のありようは、筆者の度量衡制度の研究からも観察されている。

ベトナムに限ったことではないが、ベトナム社会はこうした「本音」と「建て前」、あるいは相反する様々な諸相が「ゆるく」許容されるという、一見非合理にも見える空間が連綿と継承されている。それがベトナム社会のおもしろさの一つであると言えよう。

注

（1） Philippe Le Failler, người dịch : Trần Thị Lan Anh, Trịnh Thị Thu Hồng), *Thuốc phiện và chính quyền thuộc địa ở Châu Á từ độc quyền đến cấm đoán : 1897-1940*（『アジアにおけるアヘンと植民地政権、独占から禁止まで：一八九七～一九四〇年』）, (Hà Nội: Nhà xuất bản Văn hóa Thông Tin, Viện viễn Đông Bác cổ, 2000)

（2） 菊地一雅『ケシをつくる人々（三省堂選書六十八）』（三省堂、一九七九年）。

（3） 藤原利一郎『東南アジア史の研究』（法藏館、一九八六年）二八六～三〇二頁。

（4） 林満紅「清末における国産アヘンによる輸入アヘンの代替（一八〇五～一九〇六）——近代中国における「輸入代替」の一事例研究」（中村哲編『近代東アジア経済の史的構造（東アジア資本主義形成史：三）』日本評論社、二〇〇七年）六〇頁。

（5） 竹田龍児「阮朝初期の清との関係」（山本達郎編『ベトナム中国関係史——曲氏の抬頭から清仏戦争まで』山川出版社、一九七五年）五三四頁。

（6） 本稿が参考にした『大南寔録』は慶應義塾大学言語文化研究所編『大南寔録』（慶應義塾大学言語文化研究所、一九六一年）による。

（7） 竹田龍児「阮朝初期の清との関係」（山本達郎編『ベトナム中国関係史——曲氏の抬頭から清仏戦争まで』山川出版社、一九七五年）五三二頁。

（8） 「ベトナム中国交渉年表」（山本達郎編『ベトナム中国関係史——曲氏の抬頭から清仏戦争まで』山川出版社、一九七五年）六九三頁。

（9） 林満紅「清末における国産アヘンによる輸入アヘンの代替（一八〇五～一九〇六）——近代中国における「輸入代替」の一事例研究」（中村哲編『近代東アジア経済の史的構造（東アジア資本主義形成史：三）』日本評論社、二〇〇七年）六五頁。

（10） Phan Thúc Trực, *Quốc Sử Di Biên-Thượng, Trung, Hạ*（『国史遺編　上中下巻』Hà Nội: Nhà xuất bản　Khoa Học Xã Hội, 2014) p.419, p.777.

（11） ベトナム国家第一文書館ホームページ：Hồng Nhung, "Thời Minh Mạng, người vận chuyển thuốc phiện 1 kg trở lên bị xử chém ngay「明命帝期一キロのアヘンを輸送したものは即時斬

首」"http://www.archives.org.vn/tin-tong-hop/thoi-minh-mang-nguoi-van-chuyen-thuoc-phien-1-kg-tro-len-bi-xu-chem-ngay.htm（最終閲覧日：二〇二一年二月二十六日）

（12） 関本紀子『度量衡とベトナムの植民地社会』（創土社、二〇一八年）一〇二～一〇六頁。

（13） 満鉄東亜経済調査局編『仏領印度支那に於ける華僑（南洋華僑叢書第二巻）』（満鉄東亜経済調査局、一九三九年）九頁。

（14） 菊地一雅『ケシをつくる人々（三省堂選書六十八）』（三省堂、一九七九年）。

（15） Journal officiel de l'Indo-Chine française（1893）p.294-300.

（16） 松本忠雄「南洋における華僑の役割」（『支那』第三十三巻第四号、一九四二年）七三頁。

（17） 武内房司「二十世紀初、ヴェトナム西北タイ族社会の変容と抗仏運動」（塚田誠之編『中国・東南アジア大陸部の国境地域における諸民族文化の動態』国立民族学博物館調査報告六十三、二〇〇六年）二八八頁。

（18） Hồ Tuấn Dung, *Chế độ thuế của thực dân Pháp ở Bắc Kỳ từ 1897 đến 1945*（『一八九七年から一九四五年のトンキンにおけるフランス植民地税制』）, Hà Nội: Nhà xuất bản Chính trị Quốc gia, 2003）p.82.

（19） 野波静雄『国際阿片問題』（平凡社、一九二五年）一九三頁。

（20） Lê Thành Khôi. *Lịch sử* Việt Nam : *từ* nguôn gốc đến giữa thế kỳ XX（『ベトナム史：原初から二十世紀半ばまで』）,（Hà Nội: Nhà xuất bản Nhã nam, Thế giới, 2014）p.516.

（21） 潘佩珠「ヴェトナム亡国史」（長岡新次郎、川本邦衛編『ヴェトナム亡国史他』平凡社、一九六六年）三～八三頁。

（22） 潘佩珠「天か、帝か」（長岡新次郎、川本邦衛編『ヴェトナム亡国史他』平凡社、一九六六年）一五七～二〇五頁。

（23） 小松清『仏印への途』「サイゴンの印象」（六興商会出版部、一九四一年）八〇～八一頁。

（24） Philippe Le Failler, người dịch : Trần Thị Lan Anh, Trịnh Thị Thu Hồng), *Thuốc phiện và chính quyền thuộc địa ở Châu Á từ độc quyền đến cấm đoán : 1897-1940*（『アジアにおけるアヘンと植民地政権、独占から禁止まで：一八九七～一九四〇年』）, (Hà Nội: Nhà xuất bản Văn hóa Thông Tin, Viện viễn Đông Bác cổ, 2000) p.87, p.266. p.267.

（25） General Statistics Office, *Vietnam statistical data in the 20th century vol.1*, (Hà Nội : Nhà xuat bản Thong kê, 2004) pp.39-40より算出。

（26） 外務省記録E.4.0.0.13.2「佛領印度支那資源調査団派遣関係一件」。

（27） 伊藤正子『ドイモイ（刷新政策）下の少数民族：ベトナム山間部少数民族への政策を中心に』（東京大学修士論文、一九九四年度、四六頁、五一頁）によれば、前者は、水野孝昭「ベトナムに新「黄金の三角地帯」」（『朝日新聞』一九九四年四月二三日、八頁）より。後者は、伊藤の知り合いであったベトナム林業大学の講師（当時）からの聞き取りによる。

◎コラム◎

イギリス領インドとアヘン

杉本　浄

すぎもと・きよし――東海大学文化社会学部准教授。専門は近現代インド・オディシャー史、鉱山史、日本のコミュニティー研究。主な著書に『オリヤ・ナショナリズムの形成と変容：英領インド・オリッサ州の創設にいたるアイデンティティと境界のポリティクス』（東海大学出版会、二〇〇七年）、論文に「資源開発・環境・住民」（粟屋利江・井坂理穂・井上貴子編『現代インド五――周縁からの声』東京大学出版会、二〇一五年）、「もう一つのゴールドラッシュを追って――一九世紀後半の英人鉱山技師エラスムス・H・M・ガワーを事例に」（『東海大学紀要文学部』一〇五号、二〇一六年）などがある。

はじめに

イギリス領インドは十九世紀における対中国向けアヘンの生産・供給地として知られるが、インド近現代史の地方史（主に現在のインド東部・オディシャー州にあたる）を研究対象としてきた者にとっては、正直なところ一部を除き、アヘンに関する史料にあまり接したことがない。その一部というのは、マユルバンジ藩王国（一九四七年のインド独立後にオディシャー州に統合）の藩王が一九二六年に訪問先のイングランドで、ケシを原料とするヘロイン中毒になり、即刻帰国させようと政府が動いたことを示す史料である。[1]

藩王の父は王国の近代化を積極的に推し進めた賢君とされ、インド使節団の一員として一九一〇年に日本を訪れている。彼は資源開発に力を注ぎ、この地で採れる鉄鉱石や石炭は民族資本により一九〇七年に設立されたタータ鉄鋼所に供給された。父王は狩りに出かけた際に、銃が暴発したことが原因で一九一二年に四十一歳で亡くなった。ヘロイン中毒に苦しんだ息子は帰国後約二年たって、かみそりの刃で頬を切ったことが災いし、破傷風のためボンベイで亡くなっている。二十九歳の若さだった。

インド産アヘンはアジアにおけるイギリスの植民地拡大だけでなく、イギリス東インド会社を介した、アジアとヨーロッパ間における貿易の構造、いわゆる三角貿易とアヘン戦争の要因を説明する上でかならず取り上げられる。十九世紀の間アヘン販売から得られるイギリス側の収入は極めて重要とされ、インド軍の維持にも使用された。そのため、間接的な影響は筆者の研究対象地域にもあったと言わなければならない。

とはいえ、先の藩王の中毒報告から考えると、インド産アヘンについては国際的な貿易構造と植民地の財政システムに触れた研究は数多いが、インド内部の流通と消費に着目したものは極めて少ないという非対称性を表していることに気付かされる。

このことは高等学校の世界史Bの教科書を例にとっても明らかである。十八世紀半ばにイギリスがヨーロッパ諸国の中で清朝の最大の貿易相手国になったこと、イギリス側がお茶などの清からの輸入が多い反面、そこで売れる自国生産品に乏しかったこと、そのためイギリスは中国に密輸という形でアヘンを売ったことが記されている。この解説の補足に一八二五年の三角貿易の模式図が載る。イギリス本国から綿製品をインド領に輸出し、インド領からは綿花とアヘンを中国で売り、当時需要を増していた紅茶を中国からイギリス本国に輸入していたとある。またアヘンの密輸によって清朝から銀が流出していったとも書かれている。(2)複雑な内容を要領よくまとめているものの、生産地の状況はほとんど述べられていない。

そこでこのコラムでは、インドの地方史からアヘンを見る場合、どのような歴史が構想しうるのか、そのロードマップを考えてみたい。最初に、アヘン生産と交易の流れを理解するため、十八世紀末のイギリス東インド会社の質的変化を紹介し、この中でインド産アヘンの交易がどのように発展し、アジアの貿易構造を変化させたのか簡潔に触れる。その上でアヘンの販売で得られた歳入がどれほどであったのか、次にそれがどのように本国に送金されたのかについて述べる。さらに交易に使用されたインド領のアヘンの生産地はどこであったかについて、既存の二次文献をまとめる形で紹介する。最後に将来的な地方史と地続きのアヘン史に向けたロードマップを提示してみたい。

一、イギリス東インド会社の変化とアヘン交易の発展

十八世紀後半、イギリス東インド会社はベンガルでの徴税権を得ることで、貿易会社だけではない土地支配者の二面性を帯びることになった。統治機構へのシフトは、例えば社員個人による私貿易が禁じられた一七七三年の「ノースの規制法」に見られるように、一商社の社員を官吏へと変質させていった。さらに、十九世紀前半に、東インド会社はその支配領域を、数々の在地権力との戦争に勝利することにより急速に拡大化させていった。統治機構の整備と拡充の中で、十九世紀半ばには「貿易会社」としての役割を終焉させたのだった。アヘン輸出の拡大化はこうした一連の変化の中で行われていったが、同時に統治を可能にする財政面の貢献度も増したのだった。(3)

一七五七年のプラッシーの戦いに勝利

した後、東インド会社はムガル帝国にさかのぼるとされるアヘン生産の認可の権利を、主にガンジス川流域を対象とする地域について取得し、専売制を敷いた。初代ベンガル総督であるヘースティングズの代（一七七四〜八五）に入札で最も高い金額を提示した商人によってアヘンの買取りが行われた。イギリス領インドでアヘンが生産されていたのはインド東部で、当時この地域がベンガルの行政単位にあったことからベンガル・アヘンと称されるようになった。一七九七年には生産区システム制（Agency System）が導入され、アヘン生産に加え、運送・販売に官吏が直接関わるようになり、事実上の独占的な体制を確立した。また、中央および西部諸藩王国においてもアヘンが生産されており、マルワ・アヘンと称されたが、これについては後述する。

表1のように、十九世紀においてアヘンの輸出量は増加を続け、八〇年代から九〇年代をピークとしながら減少に転じていった。(4) 二十世紀に入り、アヘンに代わる商品の登場や三角貿易の終焉、さらにアヘンの国際的な規制の高まりなどにより生産量は減少していったのだった。

二、アヘンから得られる歳入と三角貿易

先述したように、イギリス側にとってインドで得られる歳入は本国にとっても、植民地経営にとっても極めて重要であり、アヘンはそうした歳入を支えた商品だった。**表2**のようにインド大反乱後の一八五八年から八九年までの三十年間、植民地政府は全歳入の一五パーセント以上をアヘンから得ていたという。(5)

十八世紀後半に東インド会社が徴税権を得た当初より、歳入の一部は本国の国庫にも納められることになり、送金手段が問題になった。銀を直接送ることは、市場の混乱を招くため現実的ではなかった。そのため十九世紀初頭までは綿織物などのインドの物産を本国へ輸出し、それによって得られる売却益を国庫に入れる仕組みが確立された。これにより、銀を本国から直接インドに持ち運んで、商品の買い付けを行わなくてもよくなった。

十九世紀にはいると、イギリス本国では機械生産による綿織物が市場に出回り、インド産のものは太刀打ちできなくなったため、インドから本国への輸出は激減することになった。東インド会社は綿製品に代わって、綿花や新たに藍の染料を開発し、本国へ輸出するようになったが、国庫へ納める額に達しなかった。そこで第三国を経由して送金する手段が取られた。その中継の相手が中国であり、取引された産物はインドからのアヘンと綿花だった。本国では紅茶を飲む習慣が家庭内にも浸透し、茶の輸入量が増加を続けていた。中国で得られたアヘンや綿花の販売収益でお茶を購入して、本

表1　輸出されたアヘン箱の10年平均数

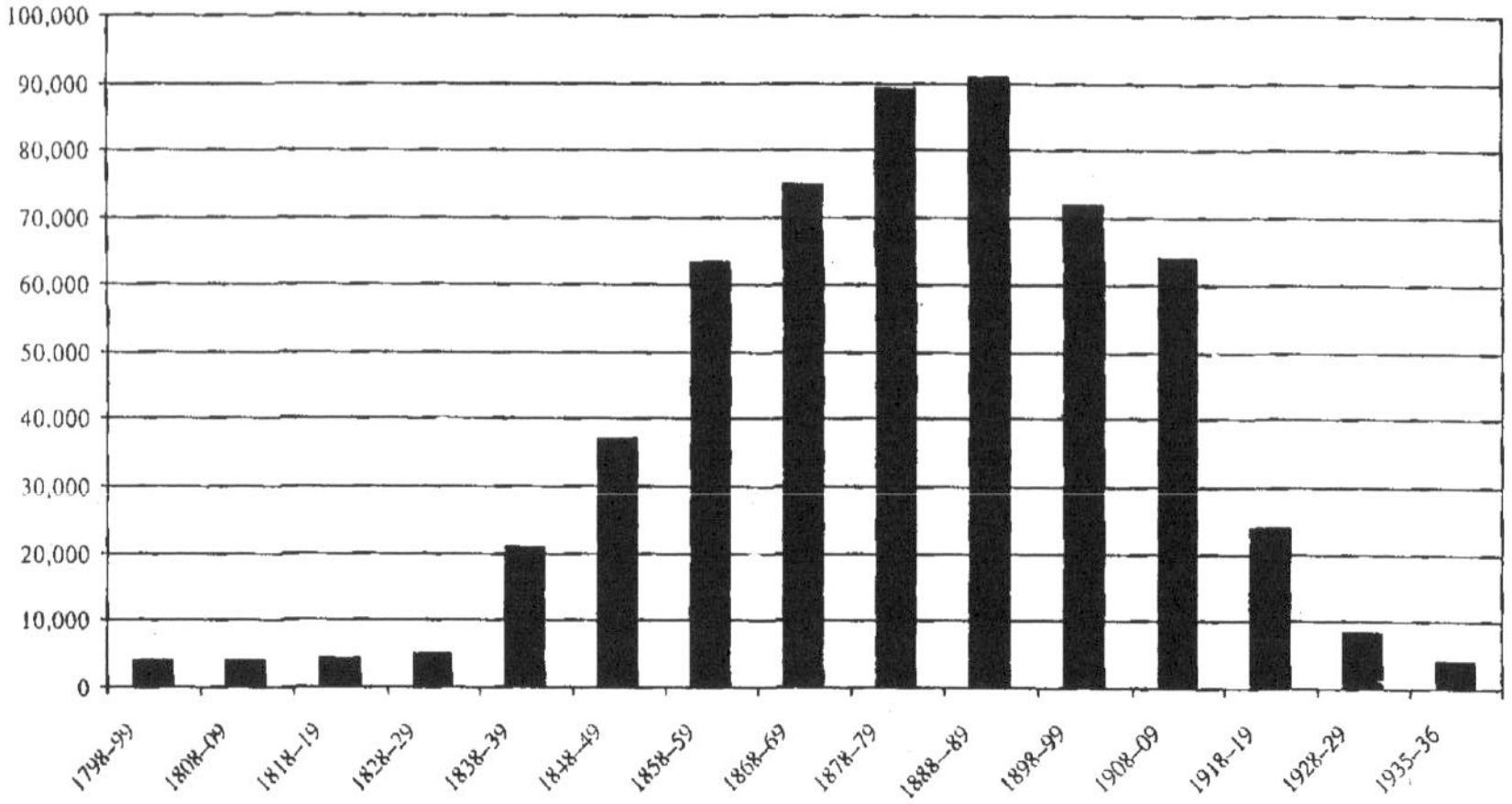

出典：John F. Richards, "The Opium Industry in British India" *The Indian Economic and Social History Review*, 39-2 & 3, 2002, p.158.

表2　地租収入と全歳入に対するアヘンの占めるパーセンテージ

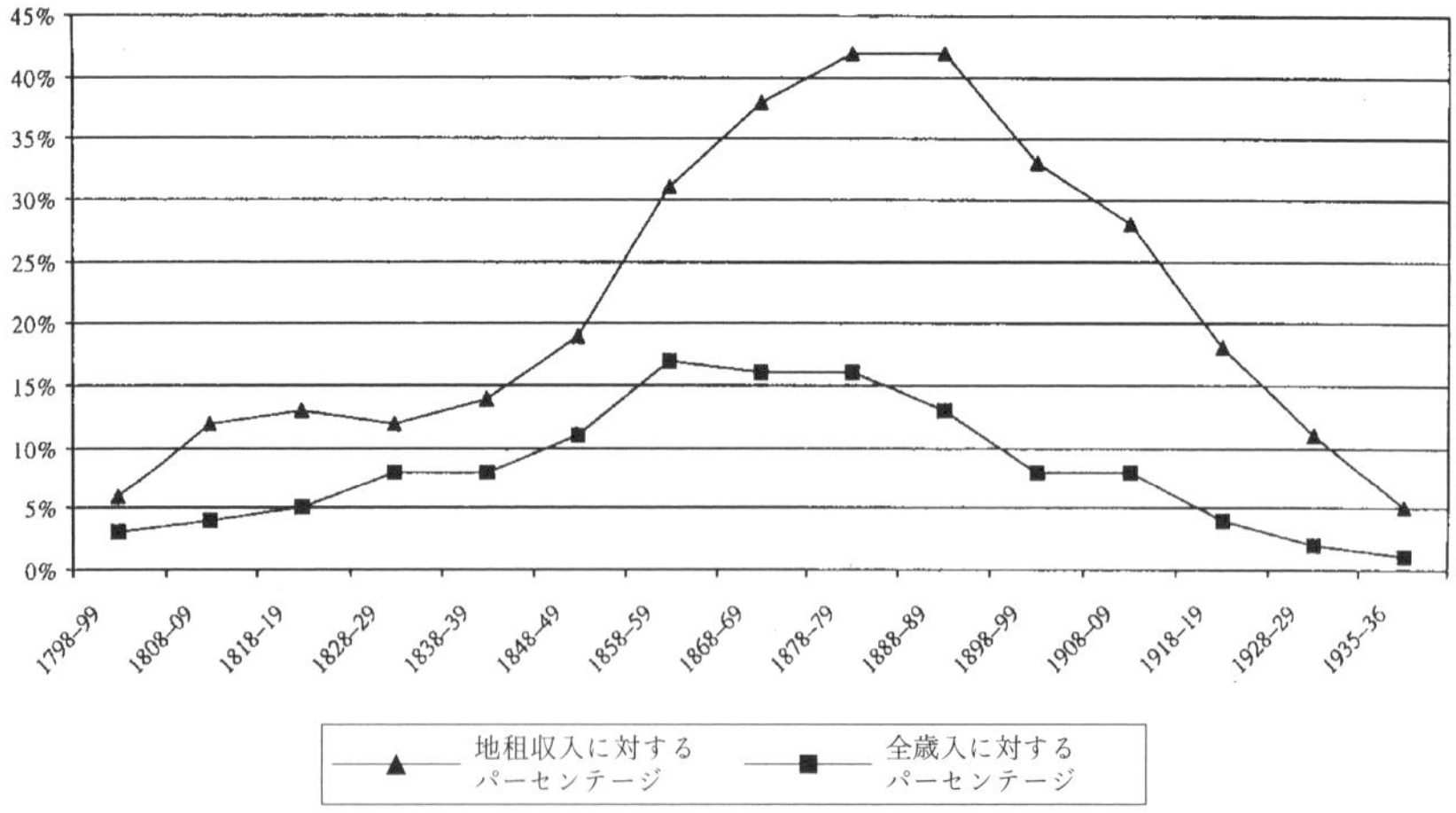

出典：John F. Richards, "The Opium Industry in British India" *The Indian Economic and Social History Review*, 39-2 & 3, 2002, p.157.

国で売却したお金を得ることで送金が完了するのだった。[6]アヘンの場合、イギリス系自由商人であるカントリー・トレーダー（ジャーディン・マセソン商会やデント商会など）が買い取り、中国へと密輸した。こうしたアヘンや綿花の支払いにカントリー・トレーダーたちは東インド会社が発行する手形を使用し、アメリカがアジア貿易に加わるようになると、アメリカの手形を購入した。[7]

これが三角貿易と称される交易の説明になるのだが、実際にはインドから中国向けの商品は変化があり、中国内で綿花が調達できるようになると十九世紀後半以降は綿糸などに変わった。そうした中にあっても、アヘンはインドから輸出され続けたのだった。インドからの送金で得られたお金は、植民地維持のための経費やインド各地での戦争で生じた負債にあてられた。十九世紀末までにそれは二五〇〇万ポンドと巨額な金額となり、これが富の流出論として批判されることになった。[8]

以上の三角貿易による送金のやり方はお茶がインドで栽培可能になったことなどから、十九世紀末に終わりを迎える。[9]また、この過程はアヘンの輸出量の減少にもつながった。

三、インド産アヘンの生産地

先述したように輸出されたインド産アヘンはベンガル・アヘンとマルワ・アヘンの二つの生産体制の異なる場所で生産されていた。前者の産地では東インド会社、後にインド政府の専売制が敷かれ、生産から製造、運搬、販売までを一貫して行っていた。より詳しく生産地を見ていけば、現在のビハール州パトナ周辺とウッタル・プラデーシュ州ワーラーナシー（ベナレス）周辺に限定された。その生産ルートはガンジス川の河川交通を利用したものであった。この二つの生産区は商務局から関税・塩・アヘン局、一八五〇年代には税務局の管轄下にあった。ここでのアヘン生産は当局と農民の代表との間の契約に基づいて行われていたという。[10]むろん、不法な生産や販売は禁じられていたが、現地で消費する分は慣習上、少量ではあるが栽培された。

このベンガル・アヘンに対しより安価な価格で流通していたのが、マルワ・アヘンである。もともとはマラーター同盟のシンディヤー家とホールカル家によってアヘンが栽培されていた場所である。イギリスによる戦争に最終的に敗れ（一八一八年）、その後は中央および西部諸藩王国としてイギリスの間接統治下にあった。ベンガル・アヘンのように専売制を敷いていておらず、安価であることから需要が伸びたため、政府はボンベイを積み出し港に定め、通関税によって収益を得るようになった。[11]

おわりに

英語小説家のアミタヴ・ゴーシュはアヘン貿易を舞台とする歴史小説三部作において、アヘン生産に関わる農民や工場労働者、アヘンを運んだ商人や船乗り、植物学者や画家、アヘン戦争に関わった兵士、官吏など、多様なアクターを通じてドラマを展開する。ゴーシュは執筆にあたって自ら史料を渉猟し、現場にも出かけたというが、(12)アヘンをめぐる様々な生業にある者たちの視点や関係性は興味深い論点を与えてくれる。

アヘン生産が現地で与えた影響とは何であるのかという問いはいまだ答えの出ない段階であるが、イギリスによる専売制から外れた、小規模なアヘン生産に注目する研究も近年登場している。(13)現在オディシャー州内にある東部藩王国連合と称された旧藩王国の中にはアヘンを生産して、主に自国内で消費していたとする記述も見られる。(14)こうした研究や記述を手掛かりに、例えば筆者が近年取り組む鉱山史とアヘンの関わりから、地方史とアヘン史をつなげる研究をはじめることは十分可能だろう。このような積み重ねの中で冒頭に述べたインドのアヘン史の非対称性を少しでも変えていくことができるのではないだろうか。

注

(1) Mayurbhanj Affairs, Apr. 1926-Dec. 1947 (L/PS/13/1040, India Office Records, British Library).

(2) 川北稔、他『新詳　世界史B』(帝国書院、二〇一九年)。

(3) 佐藤正哲・中里成章・水島司『世界の歴史一四　ムガル帝国から英領インドへ』(中公文庫、二〇〇九年)。

(4) 七〇年代、八〇年代をピークとする見方もある。

(5) 後藤春美『アヘンとイギリス帝国——国際規制のたかまり一九〇六—四三年』(山川出版、二〇〇五年)、およびJohn F. Richards, "The Opium Industry in British India," *The Indian Economic and Social History Review*, 39-2 & 3, 2002.

(6) 前掲注3『世界の歴史一四　ムガル帝国から英領インドへ』。

(7) 秋田茂『イギリス帝国の歴史—アジアから考える』(中公新書、二〇一二年)。

(8) 前掲注3『世界の歴史一四　ムガル帝国から英領インドへ』。

(9) 原孝一郎「ベンガルアヘン輸出におけるカルカッタの役割：一八七〇～一九一〇年代を中心に」(『三田学会雑誌』一〇九巻、三号)。

(10) 前掲注9原論文。

(11) 前掲注9原論文およびGunnel Cederlöf, "Poor Man's Crop: Evading Opium Monopoly," *Modern Asian Studies*, 53-2, 2019.

(12) 三部作とは『ケシの海』、『煙の河』、『炎の洪水』のこと。*Sydney Morning Herald* (6th June, 2015) に掲載されたゴーシュに対するインタビューを参照。

(13) 前掲注11のCederlöfは北ベンガルのランプール(現在はバングラデシュ)を例に、植民地政府の生産区から外れた地方におけるアヘンの生産と消費に注目している。

(14) L.E.B. Cobden-Ramsay, *Feudatory States of Orissa*, Calcutta: Bengal Secretariat Book, 1910.

植民地台湾のアヘンと国際アヘン問題

崔　学松

東アジア近代史に類例のない頻繁な支配者の交替にもかかわらず、アヘンは一貫して植民地台湾の財政を支える重要な財源であった。オランダによる領有前後に起源をもつ台湾のアヘン問題は、日本の台湾領有当時、台湾人の武力抵抗とともに、内外の注目を集めた最も重要な問題であり、植民帝国日本の植民地統治能力の試金石でもあった。アヘン吸煙の禁止を期した漸禁政策の推移には、国際阿片会議の外圧の他に、良心的な台湾知識人の運動が貢献した。

さい・がくまつ――静岡文化芸術大学文化政策学部国際文化学科准教授。専門は東アジア地域研究および言語社会学。主な著書・論文に『中国における国民統合と外来言語文化』（創土社、二〇一三年）、『変容する華南と華人ネットワークの現在』（共著、風響社、二〇一四年）、『アジア共同体――その創生プロセス』（共著、日本僑報社、二〇一五年）、『満洲の戦後――継承・再生・新生の地域史』（共著、勉誠出版、二〇一八年）などがある。

はじめに

一六二四年のオランダによる台湾占領後、一九四五年の日本の台湾放棄まで、実に四度も植民地支配の主が交代した。それは、オランダ・鄭氏政権・清国・日本の四カ国である。そして、アヘンは一貫して植民地財政を支える重要な財源であった。オランダの領有前後に端を発する台湾のアヘン問題は、日本の台湾領有当時、台湾人の武力抵抗とともに、内外の注目を引いた最も重要な問題であった。また、植民帝国日本の植民地統治能力の試金石でもあった。日本政府は、後藤新平の漸禁政策に基づくアヘン専売制度の下で、台湾のアヘン問題を巧妙に処理し、台湾領有五十年（一八九五～一九四五年）には、長い間台湾人を蝕んできたアヘン吸煙の悪習を日本内地同様、完全に根絶した。

当時は、中国本土と同様に台湾でもアヘンの吸煙が庶民の間で普及しており、大きな社会問題となっていた。また「日本人はアヘンを禁止しようとしている」という危機感が抗日運動の引き金の一つともなっていた。これに対し後藤は、アヘンを性急に禁止する方法をとらなかった。まず、アヘンに高率の税をかけて購入しにくくさせるとともに、吸煙を免許制として次第に常習者を減らしていく方法を採用した。この方法は成功し、アヘン常習者は徐々に減少した。総督府の統計によると、一九〇〇年には十六万九〇〇〇人いたアヘン常習者は一九一七年には六万二〇〇〇人、一九二九年には二万六〇〇〇人にまで減少している。

一、アヘンの台湾伝来と蔓延の原因

本来アヘンは医薬用にのみ使用されたが、これを嗜好品として用いたのは、イスラム教徒によってはじめられたと伝えられている。(1) アヘンを嗜好品として呑食する悪習は漸次ペルシャやトルコなどに伝わり、大航海時代にはオランダの貿易商品によってオランダの植民地ジャワに伝わった。(2) ジャワにおいて、中国からの出家人（華僑・華人）がアヘンに煙草を混ぜてキセルで求食するようになった。これがアヘン吸食（Opium-smoking）のはじまりである。

このアヘン吸食は中国人または漢民族の好みに合い、ジャワから北上し、たちまち中国の南部や台湾に伝わった。アヘンの吸食が台湾に伝わった経路について、二つの説がある。それは、中国経由説とジャワからの直接伝来説である。『厦門志』や『台湾府志』などの文献によれば、アヘン吸食の悪習は、中国明朝の万歴年間（一五七三〜一六一九）に、出家の華僑がジャワから中国福建の漳州、泉州、厦門地方に伝わり、厦門からさらに海を越えて台湾に伝わったものであるとしている。(3) ジャワから台湾への直接伝来説によると、一六二四年から六二年にいたる約四十年間、オランダ人の台湾領有とともに、アヘン吸食の悪習もジャワから台湾に伝わり、台湾から厦門を経て中国大陸に伝わったという。(4) ジャワから台湾に伝わる経路に関して、両説いずれが正確であるかは判断しがたいが、その伝来の本源地がジャワであることは、両説とも一致しているところである。さらに、台湾でのアヘン吸食が、福建の一部を除く、中国大陸のあらゆる場所に先立ってはじめられたことについても、意見の一致がみられる。

アヘン吸食の悪習は、台湾において蔓延する一方、中国大陸においても、燎原の火のような勢いで全国に波及した。清朝政府は一七二九年（雍正七）から、一連の禁令を公布したが、いささかも禁止の成果をあげえなかった。(5) 中国大陸でさえこのようなありさまであるから、「化外の地」である台湾にはほとんど死文同様にすぎなかった。一七七九年から、イギリス東インド会社によるベンガルアヘンの独占販売制度ができ、中国に対するアヘン輸出がいっそう増大した。(6)その結果、イギリスとの間に第一次・第二次阿片戦争が発生し、南京条約や天津条約の締結により、なしくずし的にアヘンの輸入が公認され、中国の税関もイギリス人の管理するところとなったことは、周知のとおりである。アヘン戦争以後、アヘン吸食の禁止を実行するどころではなく、むしろイギリス人に管理を任せていた関税からのアヘン収入で、台湾の財政をまかなうというのが実情であった。

清朝政府が厳しい禁令を重ねて公布したにもかかわらず、アヘン吸食の悪習は止まることを知らず、ますます蔓延する方であった。一九三〇年（昭和五）一月から同年末の間に行われた、アヘン癖者の矯正治療を目的とする台湾総督府台北抗生院の報告によると、この有害な悪習を蔓延させた原因は、治病、亭楽、煩悶、強制、社交の六項目に分けることができる。日本領有前の台湾ではアヘン吸食の恐しさを知らずに自家治療に用いられていた。その無知が、アヘン吸食の悪習を蔓延させた最も大きな原因の一つであるとされている。アヘン吸食の弊害は多く論じられているが、その多くが国家や民族の立場からのものであり、いわば巨視的なものばかりであった。国際連盟極東阿片問題調査委員会の調査報告に依拠して、アヘン吸食の弊害をより微視的な角度から整理してみると、肉体的影響、精神的影響、道徳的影響、経済的影響、社会的影響などアヘン吸食の弊害は決して短期間に表面化するものではなく、慢性中毒のように相当長時間を経なければ現われず、時間が長いほど弊害も深刻となる。(7)

アヘンがいつ頃日本に伝わったか、直接的な文献記録は見当たらないが、一般的には足利義満の頃に天竺から陸奥の津軽地方に伝えられ、さらに摂津に伝わり、伊豆三島郡に伝わったといわれる。当時は「津軽」という名で呼ばれ、専ら薬剤原料として栽培された。(8)アヘン戦争で、領土、人口ともに日本よりもはるかに大きく、かねてから先進国と仰いできた中国がイギリスに打ち破られたことは、イギリスが戦勝の余威をかりて、日本をも襲うであろうとの風説とともに、日本に大きな衝撃を与えた。(9)

日本の台湾領有に伴って、台湾アヘン問題の処理があらためて問題となった。一八五七年十二月十二日、アメリカ合衆国の初代中日総領事ハリスは、老中堀田正睦との会見において、中国のアヘン戦争の例を引用して開国の必要を説き、また中国の一連の敗戦は要するにアヘンを原因として起ったものであり、イギリスは日本に対しても、中国同様にアヘンを持ち込もうとする意図があると警告をした。(10)幕府はハリスの警告を重要視し、その後、外国と締結する通商条約にアヘン持ち込みを禁じたアヘン条項を盛り込んだ。黒船の来航から明治新政府の発足にいたるまで、幕府は外国との交渉、雄藩の国事介入や尊皇攘夷運動への対処など内外ともに多事の時を迎えた。アヘン問題は持ちこみに対する水際作戦に留まり、国内対策には手が付けられないまま大政奉還となった。明治の新政府は、東征大総督の江戸入城の翌月である一八六八年六月、徳川幕府のアヘン禁制を受け継ぎ、太政官布告を発した。(11)

日本の台湾領有に先がけ、オランダ、イギリス、フランスおよびポルトガルは、すでに東南アジアの地域にそれぞれの植民地を領有し統治していた。これらの植民地において、アヘン収入は財政上の大きな支柱であった。この点、清朝政府統治下の台湾となんらの相違もなかった。ところで、西ヨーロッパ諸国は、日本の台湾領有より先に東南アジアの各地域に植民地をもち、それぞれのアヘン制度を設けていた。これらの植民地におけるアヘン制度は、後進植民国日本が、台湾のアヘン問題を処理するにあたり、おおいに参考となるのである。

二、台湾のアヘン専売制度の特徴

アヘン専売制度は、後藤新平の独創ではなかった。専売制度は、十六世紀以来東南アジアの諸地域において、ヨーロッパの先進帝国主義国が、アヘン収入という財政目的から設けた措置であった。後藤が立案した台湾のアヘン専売制度の特徴は、先進植民国の経験を参考にしてはいたものの、財政専売のみならず、さらにアヘン吸煙者の漸減を目的とする行政専売、および植民地統治の協力者＝「御用紳士」の育成、つまり「治安専売」をも兼ね合わせたところにあった。植民地統治に台湾のアヘン専売制度が果たした役割は、先進帝国主義国のアヘン専売制度よりも重大であった。

(1) 財政・治安・行政の角度からみた台湾のアヘン専売制度

財政・治安・行政の三つの機能を託された台湾のアヘン専売制度は、領有直後の台湾植民地経営において重要な役割を果たした。財政面においては、アヘン収入が一般会計からの補充金を軽減させ、台湾財政の独立を早めた。治安面では、台湾領有直後に編成された「保良局」に代って、アヘン煙膏販売人が御用紳士になった。(12)彼らは、積極的に官憲に協力して、抵抗する台湾人の動向を官憲に通報し、台湾の治安回復に大きな貢献をした。しかし、専売の行政目的は、他の二つの目的、ことに財政目的が優先されたため、著しく阻碍された。そこで、漸禁政策の最終目標の実現、すなわちアヘン吸煙禁止の時期は大幅に遅れることとなった。

(2)アヘン専売制度を通じた「御用紳士」の育成

専売制度の実施に際して、アヘン煙膏の仲売人・小売人への営業特許権付与を通じて、従来から総督府に協力的な人々を「身元慥(まこと)なる者」として選び、権利をあたえて統治体制のなかに組み込んだ。台湾全土の仲売人はほぼ六十人前後で推移した。警察署または警察文書ごとに一人の割合で、地方では、郡警察課を単位に警察課ごとに一人の仲売人が指定された。[13]彼らは総督府に買収も強制もされないで、反日台湾人の情報を官憲に提供し、台湾人の民族運動に反対する官制運動を起こして、植民地統治に協力した。

三、後藤新平に対する歴史的評価と台湾人の反応

日本のアヘン政策に対して被統治者であった台湾人は、前後二回、いずれも民族運動の立場から、反対運動を展開した。一八九五年の第一回目の運動は武力抵抗の時期に行われた。アヘン吸煙の禁止への反対を掲げて、日本の統治に抵抗するよう台湾人に結束を呼びかけた。一九二九年の第二回目の運動は政治運動の時期に行われた。総督府が新たにアヘン吸煙特許を交付しようとしたことに対して、国際間の連帯を求めて、激しい反対運動を展開した。アヘン政策をめぐる、前後二回の台湾人の対応は正反対の方向性をもっていた。これは日本統治下における近代的教育による民族的自覚の覚醒であった。[14]

後藤新平は、[15]一八九〇年、ドイツに留学し、西洋文明の優れた部分を強く認める一方で同時にコンプレックスを抱くことになった。帰国後、留学中の研究の成果を認められて医学博士号を与えられ、一八九二年十二月には内務省衛生局長に就任した。一八九八年三月、児玉源太郎が台湾総督となると後藤を抜擢し、自らの補佐役である民政局長(一八九八年六月二十日に民政長官)とした。そこで後藤は、徹底した調査事業を行って現地の状況を知悉した上で経済改革とインフラ建設を強引に進めた。こういった手法を後藤は自ら「生物学の原則」に則ったものであると説明している。

台湾における調査事業として臨時台湾旧慣調査会を発足させ、京都帝国大学教授で民法学者の岡松参太郎を招聘し、自らは同会の会長に就任した。また、京都帝大教授で行政法学者の織田萬をリーダーとして、当時まだ研究生であった中国哲学研究者の狩野直喜、中国史家の加藤繁などを加えて、清

朝の法制度の研究をさせた。これらの研究の成果が『清国行政法』で、その網羅的な研究内容は近世・近代中国史研究に欠かせない資料となっている。アメリカからは新渡戸稲造を招き、新渡戸は殖産局長心得、臨時台湾糖務局長として台湾でのサトウキビやサツマイモの普及と改良に大きな成果を残している。

当時は中国本土と同様に台湾でもアヘンの吸煙が庶民の間で普及しており、大きな社会問題となっていた。また、「日本人は阿片を禁止しようとしている」という危機感が抗日運動の引き金のひとつともなった。これに対し後藤は、アヘンを性急に禁止する方法をとらなかった。

後藤は、アヘンに高率の税をかけて購入しにくくさせるとともに、吸煙を免許制として次第に常習者を減らしていく方法を採用した。この方法は成功し、アヘン常習者は徐々に減少し、総督府の統計によると、一九〇〇年には十六万九〇〇〇人いたアヘン常習者は一九一七年には六万二〇〇〇人、一九二八年には二万六〇〇〇人にまで減少している。その後、総督府では一九四五年にアヘン吸引免許の発行を全面停止し、施策の導入から五十年近くをかけて台湾ではアヘンの根絶が達成された。(16)

しかし、後藤のアヘン政策には後藤自身が杉山茂丸らをパートナーとして阿片利権・裏社会との関わりを深めていったという見方も存在する。後藤は、台湾総督府のアヘン専売収入増加を図るために、アヘン吸煙者に売るアヘン煙膏のモルヒネ含有量を極秘裡に減らして、より高いアヘン煙膏を売り付けることを行った。さらに、その秘密を守り通すため、総督府専売局が後藤と癒着した星製薬（創立者の星一が後藤の盟友である杉山茂丸の書生出身）以外の製薬業者による粗製モルヒネの分割払い下げ運動を強硬に拒んだことから、星製薬をめぐる疑獄事件である台湾アヘン事件が発生したことが、明らかにされている。(17)

三〇〇余年も続いた台湾人のアヘン吸煙の悪習が日本統治時代に禁止されたことは、後藤新平の功績とされている。しかし、これは必ずしも公平な評価ではない。確かに、後藤はアヘン吸煙の禁止を期した漸禁政策の立案者であり、漸禁政策の基礎を築いた。しかし、後藤は自ら設計した政策を執行するにあたって、決してアヘン吸煙者の漸禁に積極的であったわけではなかった。むしろ、財政収入の維持ないし増大により多くの配慮をはらった。

四、国際アヘン問題と台湾総督府専売局

一九〇九年二月、上海において開催された「国際阿片調査

委員会」は清国におけるアヘン禁止に向けて関係諸国が参加した国際会議として画期的な意義を有するものであった。会議においては、清国のアヘン禁止政策、インド産アヘンを輸出してきたイギリスの政策転換、フィリピンを領有したことによりアヘン問題に直面したアメリカのアヘン対策、台湾のアヘン行政などが主な議題となった。(18)

出席した日本にとっては、台湾のアヘン政策がはじめて国際会議の俎上に載せられたという意味において歴史的な会議であった。アヘン対策は日本の台湾統治の成否を問われかねない重要な懸案であり、台湾総督府は漸禁主義を掲げ、専売制度を施行することにより台湾のアヘン行政を推進してきた。その実績は、東南アジアの植民地を支配する欧米諸国においても注目され、日本政府を通じて資料を総督府に請求し、現地を視察する国なども現れた。そして、十カ国を超えるいずれの国もその植民地においてアヘン問題と直面している統治国であった。清国において開催されたこの国際会議は、台湾総督府の推進してきたアヘン政策の実情を包括的に知らしめる重要な機会であった。アメリカから呼びかけられた日本政府にとって、アヘンの輸出国ではないと認識していた日本におけるアヘン問題とは台湾の問題であると捉えられていた。

そのため、日本政府は内地の厳禁政策とともに、台湾におけるアヘン専売制度についての詳細な報告書を提出した。(19)

会議の開催に先たち、日本側の当事者は、「アヘンは台湾に限られた問題であり、その台湾では漸禁主義を掲げて専売制が施行されて以来、成果を挙げている日本はアヘンの輸出国ではない」という認識をもっていた。そして、会議の意義や日本への影響についての積極的な見通しはほとんど見られなかった。しかし、会議においては、満洲・関東州・韓国における日本の密輸問題が具体的に取りあげられた。また、台湾のアヘン行政についても、吸煙量の制限や吸煙者の減少と煙膏生産の関係が問われ、未成年者への蔓延防止を課題としていた。総督府も会議終了から間もない、一九〇九年四月二十七日「阿片吸食特許鑑札改正及引換之件」を決裁し、専売制度の厳密な施行を命じた。(20)

ハーグ国際阿片会議(一九一一~一九一四年)とジュネーブ国際阿片会議(一九二四年)などの席上においても、日本は中国大陸におけるアヘンや麻薬の密売人として、常に被告席に立たされた。その汚名を挽回するため、日本政府は、しばしば台湾でのアヘン漸禁政策の成果を例に引き、アヘンの利益を貪っていない証拠とした。(21)これは問題のすりかえであったが、台湾の漸禁政策の強化には、少なからぬ寄与をした。

一九一五年度から総督府は粗製モルヒネの生産を開始した。

これを医薬用モルヒネ塩酸類の原料として星製薬へ独占的に払い下げした。モルヒネの抽出にあたっては、第一に、インド・アヘンよりも買入価格が安く、モルヒネ含有量が一・五倍以上もあるトルコ・アヘンを原料とした。第二に、常用者の趣向を三等煙膏から一等煙膏へと誘導して、アヘン収入の増加を狙った。第三に、粗製モルヒネの払下げによって、副収入の獲得を狙った。星一（小説家星新一の父）は後藤新平とは親交があり、その関係で星製薬は総督府から粗製モルヒネの独占的払下げを受けることができた。一九二三年に後藤新平（政友会）と加藤高明（憲政会）とは政敵となったが、一九二四年、憲政会系の伊沢多喜男が台湾総督に任命されると、伊沢は星製薬への粗製モルヒネ払下げを中止してしまった。一九二五年には、星製薬が「台湾アヘンの密売買を行い、台湾阿片令に違反した」という濡れ衣を着せて星一を被告とする訴訟が始まった。最終的には、星の無罪確定判決（一九二六年）となったが、訴訟中に星製薬の経営に対する官憲の妨害工作が行われ、星製薬は倒産してしまった。(22)

ジュネーブ国際阿片会議後、アメリカを国際阿片会議や国際条約から追い出したイギリスは、重苦しい立場から脱出し、ジュネーブ国際会議で好評を獲得し、一躍して阿片問題の「模範国」になった日本の馬脚をさらすため、一九二八年八月国際連盟事務総長に覚書を送った。日本政府としては、台湾の阿片専制制度は、若干の改正を加えればジュネーブ第一阿片条約の規定に合致し、阿片収入が一九二八年現在で台湾の歳入に対して、三・七パーセントと、以前に比べてはなはだ低下していることなどを考慮して、このような決定を下したものであろう。(23)

一九二八年九月の国際連盟総会は、イギリス政府の提案に同意し、理事会に三名の調査委員を任命する権限を授与した。調査方法は、各植民地当局による文書の提出、実地の視察、関係者とのインタビューであり、ことに関係者とのインタビューに重点がおかれた。日本の領域である台湾、関東州、朝鮮でのインタビュー人員は一九三名に達し、全体の三分の一弱になっており、台湾だけでも一四〇名を占めている。したがって台湾は最も重点的な調査地域とされていた。台湾に関しては、報告書は阿片吸食の漸禁の措置が他の地域の追随を許さぬほど進んでいる先進地域であると報告した。(24)

調査委員に見せるため、慌てて作り上げた「阿片矯正所」は報告書に報告されたような「官立病院の特別阿片病室」ではなく、実は総督府中央研究所衛生部付属のマラリヤ研究病棟を三十ベット空け、阿片吸食特許者から三十名を選んで入院させたものであった。一方、台湾では調査委員一行の台湾訪問とタイミングを合わせて、台湾人の「阿片吸食新特許反対運動」が起こっていた。総督府は台湾人が調査委員とのインタビューに際して、「阿片矯正所」の急造の事実を告げ口することを恐れ、様々な対策を講じた。その中でも矯正所の医局長に台湾人に信望があり、台湾人が誇りともしていた台北医学専門学校教授杜聡明を任命したことは、最も賢明な措置であった。[25] 阿片矯正所の開設は、国際阿片会議や国際連盟の阿片諮問委員会から圧力の産物にすぎなかった。

おわりに

東アジア史に類例のない頻繁な支配者の交替にもかかわらず、アヘンは一貫して植民地台湾の財政を支える重要な財源であった。オランダによる領有前後に起源をもつ台湾のアヘン問題は、日本の台湾領有当時、台湾人の武力抵抗とともに、内外の注目を引いた最も重要な問題であり、後発植民帝国日本の植民地統治能力の試金石でもあった。日本政府は、後藤新平の漸禁政策に基づくアヘン専売制度の下で、台湾のアヘン問題を巧妙に処理し、台湾領有五十年後には、長い間台湾人を蝕んできたアヘン吸煙の悪習を日本内地同様、完全に根絶した。

後藤が立案した台湾のアヘン専売制度の特徴は、先進植民国の経験を参考にしていた。しかし、財政専売だけでなく、さらにアヘン吸煙者の漸減を目的とする行政専売、および植民地統治の協力者＝「御用紳士」の育成、つまり「治安専売」をも兼ね合わせたところにあった。[26]

アヘン吸煙の禁止を期した漸禁政策の推移には、国際阿片会議の外圧の他に、良心的な台湾知識人の運動（杜聡明医師らの献身的な努力など）が貢献した。

しかし、杜聡明医師らの献身的な努力など良心的な台湾知識人の具体的な運動や、台湾におけるアヘンなど薬物をめぐる戦前と戦後の連続性の問題などについては、現在明らかにするだけの資料がなく、今後の課題としたい。

注

（1）アヘンはケシ（Papaver Somnuferum）の未熟な果実を傷つけて分泌する乳液を自然乾固して得た淡褐色のかたまりである。ほぼ二十種類ほどのアルカロイドをメコン酸塩として含む。ほぼ二十五パーセントのアルカロイドのうち、モルヒネが主で、ナルコチン、コデイン、パパベリン、テバインなどが含まれている。中国語では、阿芙蓉、鴉片、阿片とも称されている。麻薬としての作用は、一般的には中枢神経を下行性に麻痺する。大脳、延髄、脊髄の順に麻痺が進行する。さらに、下方脊髄に始まって反対に上行性に中枢神経を興奮する。本質的には抑制機能の麻痺である。種々のアルカロイドは、各々固有の作用とともに相乗作用もし、また粘液の存在のため作用は緩慢であり、下痢止め、痛みやけいれんの抑制薬として用いられる（田沢震五『阿片資料』田沢化学工業研究所、一九三二年、一～三、四二～四六、五〇～五三頁、守中清『阿片中毒の話』満洲文化協会、一九三四年、三～一四、一五～一八頁、三箇功『阿片の話』一九二四年、等を参照）。

（2）馬場虎『阿片東漸史』（満洲国禁煙総局、一九四二年）七二頁。

（3）日本語訳は、伊能嘉矩『台湾文化志』中巻（刀江書院、一九六五年復刻版）三〇五頁を参照。

（4）王育徳『台湾——苦悶するその歴史』（弘文堂、一九七四年）二八頁。

（5）于思徳『中国禁煙法令変遷史』（中華書局、一九三四年）一五～七〇頁。

（6）衛藤瀋吉『近代中国政治史研究』（東京大学出版会、一九六八年）九二～九五頁。

（7）国際連盟極東阿片問題調査委員会『極東阿片問題』（国際連盟協会、一九三三年）一八～二八頁、劉明修『台湾統治と阿片問題』山川出版社、一九八三年）一一八～一三〇頁。

（8）荒川浅吉『阿片の認識』（一九四三年）一五一頁。

（9）植田捷雄『東洋外交史』上（東京大学出版会、一九六九年）一〇六頁。

（10）外務省『日本外交年表主要文書』上（原書房、一九六五年）一〇～一六頁。

（11）内閣府報局編『法令全書』第一巻（一九七四年復刻版）一三三頁。

（12）台湾総督府警務局『台湾総督府警察沿革誌』第二篇上巻（一九三八年）一六六～一六九頁。

（13）謝春木『台湾人の要求』（台湾新民報社、一九三一年）一八三頁。

（14）許世楷『日本統治下の台湾——抵抗と弾圧』（東京大学出版会、一九七二年）一六一～一六六頁。

（15）後藤新平（一八五七年七月二十四日～一九二九年四月十三日）は、日本の医師・官僚・政治家である。仙台藩水沢城下に、仙台藩一門留守家の家臣・後藤実崇と利恵の長男として生まれた。位階勲等爵位は正二位勲一等伯爵で、台湾総督府民政長官、満鉄初代総裁、逓信大臣、内務大臣、外務大臣、東京市第七代市長、ボーイスカウト日本連盟初代総長、東京放送局（現在は日本放送協会）初代総裁、拓殖大学第3代学長などを歴任した。計画の規模の大きさから「大風呂敷」とあだ名をもっている。植民地経営者で都市計画家であった。台湾総督府民政長官、満鉄総裁を歴任し、日本の大陸進出を支え、鉄道院総裁として国内の鉄道を整備した。関東大震災後に内務大臣兼帝都復興院総裁として東京の帝都復興計画を立案した（鶴見祐輔『後藤新平』全四巻、後藤新平伯伝記編纂会、一九三七～一九三八年を参照）。

（16）杜聡明『杜聡明第八報告』（杜聡明博士奨学基金管理委員会、一九六四年）を参照。

（17）星新一『人民は弱し官吏は強し』（新潮社、一九七八年）、前掲注7劉著書、一九〇頁。

（18）前掲注9荒川著書、八五頁。

（19）栗原純「上海における『国際阿片調査委員会』と日本のアヘン政策——台湾総督府のアヘン専売制度を中心として」（『特集 近代日本の外交』（二十八）、慶應義塾福沢研究センター、二〇〇一年）三～五〇頁。

（20）同前書、三～五〇頁。

（21）前掲注9荒川著書、一二二～一三〇頁。

(22)　星新一『人民は弱し官吏は強し』（新潮社、一九七八年、二反長半『戦争と日本阿片史』すばる書房、一九七七年）六三～八一頁。
(23)　宮島幹之助『国際阿片問題の経緯』（日本国際協会、一九三五年）を参照。
(24)　前掲注7国際連盟極東阿片問題調査委員会著を参照。
(25)　台湾総督府警務局『台湾ノ阿片制度』、一九三九年を参照
(26)　一九二八年の改正阿片令の改正の要点は、第一に、輸入国の輸入証明書がある場合は、台湾外に仕向けられた生アヘン・薬用アヘンの台湾領内における積替・通過を認めること、第二に、アヘン煙館を閉鎖すること、第三に、政府がアヘン吸煙者に対する矯正治療を施すことができることである（台湾総督府警務局『台湾ノ阿片制度』、一九三九年を参照）。

参考文献

永野耕造『支那阿片煙廃止論・附　新領臺灣阿片煙廃止論』（一八九五年）
台湾総督府警務局衛生課『臺灣ノ阿片制度』（台湾総督府警務局衛生課、一九三九年）
鶴見祐輔、一海知義校訂『〈決定版〉正伝　後藤新平』全八巻・別巻一（藤原書店、二〇〇四～二〇〇七年）
浅野豊美『帝国日本の植民地法制——法域統合と帝国秩序』（名古屋大学出版会、二〇〇八年）

植民地朝鮮におけるアヘン政策

権　寧俊

著者略歴は本書収録の権論文「アヘンをめぐるアジア三角貿易とアヘン戦争」を参照。

アヘン戦争後、清国ではアヘンの生産や輸入が合法化され、その影響が朝鮮にも及ぶことになった。朝鮮では、開港前には腹痛などの赤痢《せきり》の治療薬として知られていたアヘンが、開港期には清国商人によって流入・拡散されて吸煙者が増加し、日本植民地期にはアヘン生産地または、アヘン供給地にまで転落してしまった。本稿ではこれらの問題を実証的に考察する。

はじめに

朝鮮において「阿片」という用語が初めて使用されたのは、一六一〇年頃刊行された『東医宝鑑』(許浚著)の「湯液篇」である。この本では明国の『医林集要』および『医学入門』を引用してアヘンの薬剤効果を紹介しているが、これが朝鮮では文献として初めて「阿片」を紹介したものであった。「阿片」は腹痛などの赤痢の治療薬として紹介されている(1)。すなわち、朝鮮伝統社会での「阿片」とその原料になる「ケシ(罌粟)」は単なる農家で栽培される薬剤の一部に過ぎなかったのである。

次に、アヘンを吸煙するものとして初めて文献で紹介したのは、『憲宗実録』(一八四〇年三月二十五日)である。この文献では、当時中国に派遣された朝貢使(朝鮮燕行使)により、清国人のアヘン被害が紹介されている。西洋人から密輸されたアヘンによって、清国がいかなる被害を受けているのかが詳しく伝えられていた。これによって朝鮮政府はアヘンの吸煙問題に対する厳しい警戒感をもつようになった。それは清国のアヘン戦争の敗退によってより深刻化した。

しかし、一八七六年に朝鮮が日本との「日朝修好条規」締結により開港し、一八八二年に清国と「商民水陸貿易章程」（以下、「章程」）を締結すると、朝鮮においても清国の商人によってアヘンが流入するようになり、アヘンの吸煙問題が発生した。また、一九一〇年に日本の植民地になってからはアヘン生産地または、アヘン供給地へ転換され、朝鮮におけるアヘン問題は深刻化していった。

そこで本稿では、近代朝鮮におけるアヘン問題について考える。特に、開港期におけるアヘン流入と拡散問題を清国商人との関係から検討し、その後、日本植民地時代に実施したアヘン政策を取り上げ、その背景と要因について考察する。

一、植民地以前のアヘン流入・拡散の背景とその要因

（1）開港期の清国商人によるアヘン流入問題

アヘン戦争後、戦争で敗退した清国は、イギリスの要求によりアヘン輸入を合法化しなければならなかった。その結果、一八四二年以後、清国国内でのアヘン生産は急速に拡大し、「品質」も向上していった。また、アヘン戦争前には約二〇〇万人いた吸煙者が、戦争後の一八五〇年には三〇〇〇万人に増加し、一八八〇年には二〇〇〇万人までに増えた。[2] これは当時の清国人口の五パーセントに達しており、アヘン問題は清国社会の深刻な問題となったのである。

これは清国だけの問題にとどまらず、隣国朝鮮にもその影響を及ぼした。とくに、朝鮮へのアヘン流入に対する憂慮は、朝鮮が開港される時期からより深刻化していった。一八八二年十月には朝鮮と清国とのあいだに「章程」が締結され、清国の商人たちの朝鮮における経済活動が許認された。それによりアヘンが清国商人によって朝鮮に持ち込まれることになった。「章程」には両国商人によるアヘンの取引活動は固く禁じると明記されていたが、領事裁判権、朝鮮国内の通商権などアヘン取引活動の取締りを妨げる規定が含まれていた。「章程」第二条（領事裁判権の規定）の内容をみると、朝鮮において清国人が罪を犯しても、それを朝鮮側が処罰することはできず、清国側が審議・判決することになっていた。[3] 清国商人たちはこれを利用して朝鮮半島の全土にわたってアヘンの取引を進めたのである。

さらにアヘン戦争後、アヘンの輸入および清国国内生産・消費が事実上合法化され、朝鮮においてのアヘン禁止策は清国商人にとっては形式的なものにすぎなくなった。彼らはア

ヘン吸煙が合法化された清国と同様に考えていた。そのため、清国人だけでなく、朝鮮人においても吸煙者が増加するようになった。清国人は自国でのアヘン吸煙の習慣を捨てずに朝鮮に来た。清国人のアヘン吸煙する姿は朝鮮人の好奇心を誘発し、朝鮮人吸煙者を増加させる原因ともなった。

(2) 大韓帝国期のアヘンの取締り

一八九四年十月一日に法務衙門により「阿片烟禁戒條例」が規定された。これは朝鮮で初めてのアヘン禁止規定である。同条例では、アヘンを輸入・製造・販売する者は三年、アヘンの吸煙道具を輸入・製造・販売する者は二年の懲役に服すこととされ、これを放置または協調する者も一〇〇両以上二〇〇両以下の罰金とされた。また、吸煙者は二年以上三年以下の監禁に処するとされていた。しかし、実際の規定違反者に対する処罰は、法令ではなく訓示で施行されていたため、吸煙者の拡大を防ぐことはできなかった。

法令により処罰を行うようになったのは、大韓帝国(一八九七〜一九一〇年)時代になってからであった。一八九八年に「阿片烟禁戒條例」が「阿片禁止法」に転換され、アヘン吸煙に対する取締りが強化された。しかし、取締りはアヘンを吸煙する朝鮮人に対するものであって、実際にアヘンを販売する清国人は処罰されなかった。一八九七年七月六日の『独立新聞』は「清国商人らが平壌に多くきてアヘンを販売したところ警察に検挙されたが、刑罰も受けずにそのまま解放された」と伝えた。また、同年八月三日には「ある朝鮮人が清国商人からアヘンを購入して持ち運ぶところ警察に検挙された。また、清国商人の家でアヘンを吸う人が警察に検挙された。しかし、両方とも清国商人は処罰されなかった」と報じた。清国人に対する処罰は依然として「なし」または軽いものであった。そのため、朝鮮におけるアヘンの被害はますます増加の一途をたどった。

一九〇一年八月十二日の『皇城新聞』は、漢城(当時のソウル)市内にはアヘン販売店が四十三か、四十四カ所もあり、一日のアヘン販売量は三万人分にあたると伝えている。また、アヘンは「薬」として伝わり、多くの朝鮮人が使用していた。一九〇八年十月一日の『大韓毎日新報』は、清国人が経営する「薬局」では赤痢の治療薬としてアヘンが使用され、一〇〇パーセントの治療効果を上げ、多くの朝鮮人が買いに来ると伝えている。清国人によるアヘン拡散問題は、朝鮮においては日々社会問題化していった。そして清国人によるアヘン流入・拡散問題は韓国併合が実行された一九一〇年になっても改善されず、朝鮮社会に大きな影響を与え続けた。

このように当時の朝鮮におけるアヘン流入・拡散には清国

人が大きく関与していた。清国人の朝鮮への移住は一八八二年からはじまり、一九一〇年の日韓併合後には大規模な移住が行われた。**表1**をみると、一八八三年の清国人の人口は一一二人（漢城で四十九人、仁川で六十三人）であるが、一九一〇年には一万人を超えている（一万一八一八人）。このような

表1　韓国における華僑人口

年　度	人　口	年　度	人　口	年　度	人　口	年　度	人　口
1883年	112	1911年	11.837	1923年	33.654	1935年	57.639
1884年	666	1912年	15.517	1924年	35.661	1936年	63.981
1885年	264	1913年	16.222	1925年	46.196	1937年	41.909
1886年	468	1914年	16.884	1926年	45.291	1938年	48.533
1891年	1.489	1915年	15.968	1927年	50.056	1939年	51.014
1892年	1.805	1916年	16.904	1928年	52.054	1940年	63.976
1893年	2.182	1917年	17.967	1929年	56.672	1941年	73.274
1906年	3.661	1918年	21.894	1930年	67.794	1942年	82.661
1907年	7.902	1919年	18.588	1931年	36.778	1943年	75.776
1908年	9.978	1920年	23.989	1932年	37.732		
1909年	9.568	1921年	24.695	1933年	41.266		
1910年	11.818	1922年	30.826	1934年	49.334		

出典：王恩美著『東アジア現代史のなかの韓国華僑』（三元社、2008年）46頁、66頁より作成。

清国人の移住人口増加は朝鮮におけるアヘン拡散問題にもつながっていた。清国人移住者の多くは商人が占めていたからである(4)。

朝鮮はもともとアヘンの吸煙習慣がほとんどない地域であったが、清国との国境地域に居住する人々のなかに相当のアヘン吸煙者が増加するようになる。**表2**は、一九一二年の朝鮮人と清国人のアヘン吸煙者の分布数を示したものである。清国人が一番多く居住していたソウルと清国との国境地域である平安南・北道に吸煙者が集中していたことがわかる。咸鏡南・北道も清国との国境地域ではあるが、この地域と接している中国東北地域は一八八三年までには満州族の発祥の地とされ、「封禁の地」であった。また、朝鮮に移動・移住している清国人の主な出身地は山東省であったため、距離的な問題から咸鏡南・北道に渡ってくる清国人は数が少なかったと思われる(5)。

朝鮮と清国との「章程」ではアヘン流入禁止を強調していたが、実際には清国商人は領事裁判権など朝鮮において清国人が保護される法があったことから、朝鮮官憲の取締りを怖れなかった。とくに、一九〇五年には「第二次日韓協約」によって朝鮮は外交権を日本に奪われ、国権を実行することができなかった。一九〇七年十一月には「第三次日韓協約」に

表2　朝鮮人と清国人のアヘン吸煙者数（単位：人）

地　域	吸煙者数	地　域	吸煙者数	地　域	吸煙者数
ソウル	8,000	咸鏡南道	500	忠清道	130
平安南・北道	20,000	咸鏡北道	600	全羅北道	150
慶尚南道	600	京畿道	350	合計	35,730

出典：「鮮清人吸煙者数」（『毎日新報』1912年1月16日）より作成。

図1　近代の朝鮮半島全図（8道）
出典：筆者作成。

よって朝鮮の軍隊が解散され、警察権も日本に奪われた。それゆえに、清国商人は、朝鮮人警察官が日本の警察と連携して取締りを実施しない限り、朝鮮人警察官の力をなんとも思わなかった。彼らは朝鮮全土でアヘン取引を行なったのである。

二、植民地朝鮮におけるアヘン政策の展開

（1）日本植民地初期のアヘン政策

一九一〇年八月に朝鮮を植民地とした日本は、経済的な次元で朝鮮にいくつかの役割を期待していた。その一つが国際社会で規制されているアヘンと麻薬の生産・供給地としての役割であった。それは、日本植民地圏内でもアヘン吸煙者が極めて少なかった朝鮮は、日本本土とともにアヘン生産地として最も適した場所だったからである。

しかし、植民地初期の日本のアヘン政策は取締りを強化する強硬な姿勢をとっていた。その背景には、当時のアヘンに関する国際情況の変化があった。一九〇九年に上海で国際アヘン委員会（Shanghai Opium Conference）が開催され、アヘン問題が初めて国際問題として取り上げられた。また、一九一二年一月、オランダのハーグで開かれた国際アヘン委員会の会議では、アメリカ、イギリス、日本、中国、ロシア、ドイツ、フランス、イタリア、オランダ、トルコ、ポルトガル、タイなど十二カ国によって「ハーグアヘン協約（Hague Opium

Convention)」が制定された。これは初めての公式的なアヘン禁止協約であり、日本も参加国の一員としてこの協約に調印した。これによってアヘンに関する国際社会での関心が高まってきた。そのため日本は、今までアヘン吸煙者が極めて少なかった朝鮮においてアヘンが蔓延すると、国際社会から非難を受け、植民地支配の妨げになると判断したのだった。(6)

韓国併合以降の朝鮮におけるアヘンの取締りは、朝鮮総督府によって実施された。朝鮮総督府は一九一二年から一九一四年まで「朝鮮刑事令」を発布し、アヘンに関する制裁を厳格化した。他方で、中毒者に対しては漸減の方針をとり、救済・治療を行った。一般吸煙者に対しては絶対禁止の方針を採択し、中毒者の場合は半強制的に治療を受けさせた。(7)

この政策により朝鮮半島ではその弊害が顕著に減少した。しかし、アヘン吸煙の因習は長く続き、完全に根絶させるのは困難であった。とくに、原料であるアヘンは中国から密輸入されたり、中国と朝鮮との国境付近で密かに栽培されたりしていた。また、アヘンをめぐる諸政策を行うのには財政の負担が重かった。特に第一次世界大戦が勃発すると外国産アヘンの輸入が困難となり、価額も急騰して日本の植民地統治に大きな財政負担が襲った。そのため、日本のアヘン政策は第一次世界大戦後に大きく急転換することになるのである。

(2) アヘン生産地への転換

一九一四年七月に第一次世界大戦が勃発したが、この戦争はアヘンをめぐる重要な環境変化の要因となった。特に日本のアヘン需給状況が大きく変化した。もともと日本内地でのアヘン生産は、気候とケシの対抗作物である大麦・豆類の価格および賃金の急激な上昇により、難しくなっていた。日本の内務省の栽培奨励にも関わらず、日本内地のアヘン生産量は増加しなかった。そこで、トルコ・インド・イラン等の外国産アヘンを輸入することになった。従来、アヘンを原料とする薬品すなわちモルヒネやアヘンアルカロイドなども、全て外国からの輸入に依存していた。第一次大戦は、先ず外国産アヘンの輸入条件を悪化させた。戦争の影響で外国産薬品の輸入が困難になり、インド、イラン産アヘンの価額が急騰したのである。そのため日本は、台湾・関東州・満洲などの日本占領地・植民地で消費されるアヘンをインド・イラン・トルコだけでなく朝鮮からも輸入して供給することにした。国際アヘン価格が上昇して日本のアヘン輸入が難しくなると、朝鮮は日本の勢力圏内のアヘン生産地域として注目されるようになったのである。(8)

美しい妖艶な花を咲かせるケシは、朝鮮では「楊貴妃」と称されていた(**図2**)。ケシが開花すると、子房(カプセル)

図2　「罌粟」　出典：wikimedia commons

をつける。青いうちのカプセルに、傷をつけて汁をとると、その汁がアヘンに精製される。(9)輸出商品になるためには、ちょうど幼児の頭ほどの大きさにならなければならない。朝鮮は、このようなケシを栽培するのに気候と地質から最も適したところであった。主な栽培地方は**表3**の通り、江原道・咸鏡南道・咸鏡北道の三道であった。(10)この三道はアヘンの消費がほとんど無かった地域でもあった。アヘンの消費が極めて少ないという事実も、朝鮮をアヘン生産地として選定した要因であった。

しかし、朝鮮をアヘン生産地とするのは、容易なことではなかった。アヘンに関する国際的な視線を避けることは極めて困難であった。そこで日本は、一九一九年から一連のアヘン関連法規を公布し、政府主導の極めて厳密なアヘン政策を行うことになった。

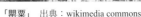

(3)「朝鮮アヘン令」の公布

日本は一九一九年に「朝鮮アヘン令」を公布して厳格なアヘン政策を推進した。同年六月に公布された「朝鮮アヘン令」は以下のような内容であった。

> 大正八（一九一九）年、更に朝鮮阿片令を発布して阿片を政府の専売とし、個人の輸出入を厳禁しその売買授受並びに使用についても一層厳重なる制裁を加え、また罌粟の栽培は一定の地域を限りとくに指定せられたる者に対し周密なる管督のもとにこれを許可し、生産品は総てこれを政府に買収することとせり。製薬用阿片については、指定会社に限り政府払い下げの原料をもって麻薬類の製造に当らしめ、その原料並びに製品の出納を記録せしめて取締を劣らず。更に大正九（一九二〇）年「モルヒネ」「コカイン」及びその塩類の取締に関し規則を設け、麻薬類の売買授受並びに輸出入に対し一層厳重なる取締を励行する等阿片及びその他麻薬類の取締については総て内地と同様の措置を採れり(11)

このように日本は、国際的な批判を避けて朝鮮をアヘン生産地にするために、アヘンを日本政府の専売とし、栽培地域も政府が管理し、製品をすべて日本政府に納入させる方針を採った。また、アヘンの製造・収受等に関する根本的な取締り方針を加える必要があり、一九一九年六月十五日に「アヘン取締令」および同施行規則を発布した。その内容をみると、アヘン製造の許可を受けた者以外はケシの栽培を禁止すること、栽培区域を限定し、製造したアヘンは毎年全て政府に納付し、自由売買を禁止すること等、極めて厳密な取締規定が設定された。とくに注目されるのは、ケシの栽培において区域指定が行われたことである。この指定地は山村地区を中心に京畿道の七郡内の二十面（村）、忠清北道の五郡内の十七面、全羅北道の三郡内の十面、黄海道の十郡内の二十八面、江原道の六郡内の十面で総面積は三五〇町歩に達した。[12] 栽培許可地と面積はその後も拡大されていった。『朝鮮専売史』（朝鮮総督府、一九三九年刊行）によれば、一九三四年の栽培面積は二一九六町歩に増えた。さらに**表3**の通り、一九四〇年には一万二〇六〇町にもなっていた。「朝鮮アヘン令」が公布されてから約二十年間で栽培面積が三十四倍にも増えたのである。アヘン関連事務も、栽培許可および一般取締りは警務局の管轄とされ、収納・乳液採取指導および売下に関しては財務局に業務が移管された。

表3　1940年度の生アヘン収納高

道名	栽培指定面積（町）	生アヘン収納高（kg）	道名	栽培指定面積（町）	生アヘン収納高（kg）
京畿道	115	156	忠清南道	150	93
全羅北道	235	134	全羅南道	50	36
慶尚北道	350	114	慶尚南道	170	103
黄海道	550	401	平安南道	790	512
咸鏡北道	4,505	15,214	江原道	2,300	1,655
咸鏡南道	2,845	14,870	計	12,060	32,929

出典：朝鮮総督府財務局司計課『重要書類』（1940年4月）、『第79回帝国議会説明資料』（専売局の部、1941年12月）により作成。
注：1町＝約9917平方メートル

（4）アヘン供給地としての朝鮮

一九三二年に満州国が樹立されると、翌年一月に台湾・関東州と同様の漸禁主義に基づくアヘン専売制度が導入された。[13] 漸禁主義とは、一般人には禁止であるが、中毒者などには「治療用」として吸引を認める方策である。漸禁主義によるアヘン専売制度は後藤新平によって台湾で初めて実施され、満州、蒙疆（内蒙古）、中国本土、東南アジアなど日本の勢力圏内に広がり、そこで得た収入は、軍の機密費、占領地の行政費にまで充当された。満洲国の専売過程で必要なアヘンは原則的に日本の勢力圏内の地域で調達するようになり、その

表4　朝鮮におけるアヘン生産

年度	栽培農夫数（人）	ケシ栽培面積（町）	生アヘン生産高（kg）	年度	栽培農夫数（人）	ケシ栽培面積（町）	生アヘン生産高（kg）
1935	14,254	2,501	18,160	1940	52,198	7,354	32,928
1936	18,582	2,468	27,085	1941	69,142	8,502	50,734
1937	23,349	2,578	27,608	1942	65,117	6,720	25,970
1938	30,670	5,049	26,538	1943	79,360	7,566	39,433
1939	40,678	6,649	26,702	1944	82,640	7,688	37,810

出典：「検察側証拠書類（64）」（早稲田大学図書館所蔵『極東国際軍事裁判記録』）、友邦協会所蔵『日本人の海外活動に関する調査』（「原稿」（2）専売事業の部）、江口圭一『資料日中戦争期阿片政策』（1985年）、18頁、長田欣也の論文により作成。

主要地域として植民地朝鮮が注目された。すなわち、日本の中国侵略戦争が始まると、アヘンの生産が殆んどない台湾、関東州、満州国におけるアヘン専売制度を維持するために、朝鮮は原料アヘンの供給地となったのである。

一九三三年四月、朝鮮で生産される生アヘンを台湾総督府と関東庁の専売アヘンとして供給することが決定された。そこで一九三二年に七六三四キログラムであった朝鮮の生アヘン生産量は、一九三三年にはその二倍に当たる一万四〇五九キログラムに伸びた。栽培面積も、一九三二年の一〇六八ヘクタールが一九三三年には二二四〇ヘクタールになった。[14] 一九三七年七月に日中戦争が勃発すると、朝鮮のけし栽培もさらに増加した。**表4**をみると一九三八年度のけし栽培面積は、前年度に比べ二倍に増えていることがわかる。これは日中戦争の勃発により海外からのアヘン輸入が困難であったからである。第二次世界大戦勃発後の一九四一年にはアヘン生産量が五万七三四キログラムまで伸び、栽培面積も八五〇二ヘクタールとなった。一九四一年は、生アヘン生産量と栽培面積とも最大の年となった。

このように、両戦争の影響により外国産のアヘン輸入ルートの遮断とともに外貨管理の強化が行われる時期に、台湾・関東州・満州国のアヘン消費地域の専売制を維持するためにアヘンの供給地として一番最適なところが朝鮮であった。朝鮮では、アヘンの大規模な生産とともにモルヒネのような麻薬類の生産も急激に増加した。

（5）麻薬消費の増加

一九一九年に発表された「朝鮮アヘン令」によれば、朝鮮で生産されたアヘンはほとんど民間製薬会社に払い下げられ、モルヒネ類を生産するために使用されることになった。朝鮮総督府は民間で生産されたアヘンを全て政府に収納し、政府は指定した大正製薬株式会社にそれを払下げ、モルヒネの生産および販売を独占させた。大正製薬は東京に本社を置き、京城（現ソウル）支店および工場を設置してモルヒネの生産と販売業務を遂行した。(15)

しかし、予想外に早く第一次世界大戦が終息し、モルヒネなどの麻薬類がヨーロッパから再び輸入できる状況になった。麻薬類の価格は下落し、その結果、大規模な設備投資を行った大正製薬は毎年大きな損失を受けた。そのため大正製薬は、当初中国や南洋等への輸出を計画していたが、朝鮮総督府の方針によって輸出は制限を受けた。そのため大正製薬には密売するという方法しかなかった。一九二五年から二七年にかけて大正製薬による麻薬類の密売事件が相次いで発生した。(16)その結果、朝鮮総督府は麻薬類の製造・販売はすべて政府が直接管轄するのが最も適切であると判断し、一九三〇年三月からその事業を官営に変更した。これによって朝鮮における麻薬類生産の最大の企業は朝鮮総督府専売局となり、同局は朝鮮で生産された麻薬を日本（移出）、「満州」などに輸出した。

一九三〇年代の朝鮮では、アヘンの大規模生産と合わせてモルヒネの生産が急激に増加した。その要因は朝鮮国内での治療用麻薬の必要性であった。一九二〇年代から朝鮮では、モルヒネ中毒者が増加し、麻薬患者に対する取締りと治療が行なわれていた。

当時モルヒネ中毒者が増加した原因の一つに「寛大な法律」があった。モルヒネはアヘンと比べて比較的値段が安く、使用も容易であり、検挙されても処罰は軽いものであった。当時のアヘン吸煙に関する処罰は、アヘン煙の場合は購入・製造・販売あるいは販売を目的として携帯している者は六カ月以上、七年以下の懲役に服することになっていたが、モルヒネの場合は三カ月以下の禁固または五〇〇ウォン以下の罰金に過ぎず、比較的寛大な処罰であった。朝鮮総督府のこのような政策は朝鮮においてモルヒネによる被害を一層増加させる要因にもなっていた。当時モルヒネ中毒者の数は、一九二〇年には約一万人であったが、一九三〇年には約七万人に増加した。また、中毒者とまでは言えないが時々モルヒネ注射を受ける人を加えると約七十万人を超える患者がいたという。(17)

一方、朝鮮総督府はその人々の治療にも力を入れていた。そのために、その人々を治療する治療用の麻薬が必要となっていたが、当時の朝鮮総督府はその麻薬を製造するのに充分な生アヘンを保有していなかった。その反面、台湾では吸煙用アヘンを生産しながら作られる粗製モルヒネを大量に保有していた。そこで日本は、朝鮮で必要なモルヒネの数量を台湾と関東州から輸入して充当しようとした。その結果、朝鮮は台湾と関東州に生アヘンを輸出し、その地域から粗製モルヒネを輸入するようになった。一九三五年度からは満州国にも生アヘンを輸出し始め、日中戦争の勃発以降、朝鮮は台湾、関東州、満州国に対するアヘンの生産・供給地となっていった。

おわりに

本稿では、近代朝鮮におけるアヘン問題を、開港期と日本植民地時代を中心に考察した。近代朝鮮におけるアヘン拡散問題は日本植民地政策と関連が深いものであった。一九一九年に「朝鮮アヘン令」が公布され、植民地朝鮮でも本格的にアヘン政策が推進された。もともと朝鮮では清国商人によって清国人が一番多く居住していたソウルと清国との国境地域である平安南・北道においてアヘンが密輸され、中毒者が多く発生した。韓国併合後、朝鮮総督府はアヘンの吸煙が「朝鮮植民地開発」の妨げになると考え、アヘンを取締る政策をとった。しかし、第一次世界大戦の勃発によって日本のアヘン政策が大きく変化した。日本は第一次世界大戦期に植民地朝鮮を東アジア地域の麻薬市場掌握のための主要供給地とする計画を立てた。しかし、大戦の早期終結により海外販売が思い通りにいかなくなると、朝鮮内での麻薬の消費が急激に増加する結果を招いた。また、朝鮮内の麻薬取締りに関する寛大な法律のために、麻薬中毒者が増加し、朝鮮社会に深刻な麻薬問題を招くことになった。

一方、一九三〇年代に入ると大規模なアヘン消費地域である満洲が新たに日本のアヘン政策地域に含まれ、朝鮮は外国産アヘンの輸入大替地となり、台湾、関東州、満州国での専売制度の維持のための原料アヘンの供給地となっていった。

注

(1)『東医宝鑑』(許浚著)の「湯液篇」では、長期間治らない痢疾(赤痢)には「毎回小豆サイズの(阿片)一粒を空腹に温水と飲む」と記されている。

(2) 박강『아편과 20세기 중국』(朴橿『阿片と二十世紀中国』)(선인출판、二〇一〇年)四四~四五頁。

(3)「韓清通商条約が締結された」(『高宗実録』一八九九年九月十一日)、「韓清通商条約の批准文が締結される」(『高宗実録』一八九九年十二月十四日)。

(4) 例えば、一八八六年の清国人人口は計四六八人であったが、そのうち、商人は四〇七人であった。王恩美『東アジア現代史のなかの韓国華僑』(三元社、二〇〇八年)四六頁の「表1―1」、五五頁の「表1―8」を参照。

(5) この状況については、権寧俊「東北アジアのコリアン・ディアスポラと日本」(朱永浩編著『アジア共同体構想と地域協力の展開』文真堂、二〇一八年)と権寧俊「韓国における

『華僑』の定義と中国朝鮮族」（『東アジア日本学研究』創刊号、東アジア日本学研究学会、二〇一九年）を参照されたい。

(6) 朝鮮半島におけるアヘン吸煙者は日本植民地下になる前から清国人によって増えてはいたが、その数は**表2**の通り、アヘン禁止協約が調印されていた一九一二年一月で三万五七三〇人であった。当時中国の二〇〇〇万人と比して極めて少ないものである。また、日本植民地圏内（台湾・関東州・満洲など）のなかでも一番少ない地域であった。

(7) 朴橿（小林元裕、吉澤文寿、権寧俊　訳）『阿片帝国日本と朝鮮人』（岩波書店、二〇一八年）六一頁。

(8) 박강『20세기 전반 동북아 한인과 아편』（『20世紀前半の東北アジアにおける韓人とアヘン』）（선인출판、二〇〇八年）一〇七～一一〇頁。

(9) 加藤祐三『イギリスとアジア――近代史の原画』（岩波新書、一九八〇年）一六〇頁。

(10) 佐藤弘『大東亜の特殊資源』一九四三年（岡田芳政他編『続現代史資料（一二）阿片問題』みすず書房、一九八六年、一八頁）では、主な栽培地方を、京畿道を入れて四道であると記されているが、実際に京畿道は栽培面積もアヘン生産量も多くなかった。当時、京畿道が京城（ソウル）と近い「首都圏」であることが考慮されていたと考えられる。

(11) 賀来佐賀太郎「日本帝国の阿片政策」一九二八年（岡田芳政他編、同上書）三四～三五頁。

(12) 朝鮮の地方行政区域をみると、朝鮮半島が八道に分かれ、道の下には市・郡が置かれている。また、市の下に区・洞があり、郡の下には邑・面がある。ケシの栽培の指定地については、樋口雄一「朝鮮総督府の麻薬政策と朝鮮人の麻薬患者」（『中央大学政策文化総合研究所年報』第二〇号、二〇一六年）を参照。

(13) 満洲帝国政府編『満洲建国十年史』（復刻版）（原書房、一九六九年）二六七頁。

(14) 朴橿『日本の中国侵略とアヘン』（第一書房、一九九四年）五七頁。

(15) 前掲書『20세기 전반 동북아 한인과 아편』一一一～一一二頁を参照。

(16) 朝鮮総督府専売局『朝鮮専売史』三巻（京城、一九三六年）四九八～四九九頁。

(17) 조석연（チョソクヨン）「한국 근 현대 마약문제 연구（韓国近現代麻薬問題研究）」（韓国外国語大学博士論文、二〇一八年）を参照。

参考文献

江口圭一『資料日中戦争期阿片政策』（岩波書店、一九八五年）
岡田芳政ほか『続現代史資料（一二）阿片問題』（みすず書房、一九八六年）
倉橋正直『日本の阿片戦略――隠された国家犯罪』（共栄書房、一九九六年）
長田欣也「植民地朝鮮における阿片生産」（『早稲田大学大学院文学研究科紀要』第二〇集、一九九四年）
王恩美『東アジア現代史のなかの韓国華僑』（三元社、二〇〇八年）
朴橿（小林元裕、吉澤文寿、権寧俊　訳）『阿片帝国日本と朝鮮人』（岩波書店、二〇一八年）
박강『20세기 전반 동북아 한인과 아편』（선인출판、二〇〇八年）
박강『아편과 20세기 중국』（선인출판、二〇一〇年）
박강「개항기（1876～1910）조선의 아편확산과 청국 상인」（『한국민족운동사연구』第八〇号、二〇一七年）

関東州及び満洲国のアヘン政策

朴　敬玉

ぱく・きょんおく――一橋大学経済学研究科特任講師。専門は東アジア社会経済史、中国近現代史。主な著書に『近代中国東北地域の朝鮮人移民と農業』（御茶の水書房、二〇一五年）、『歴史・文化からみる東アジア共同体』（共著、創土社、二〇一五年）などがある。

日露戦争以降、日本の支配下に置かれた関東州と満鉄付属地及び傀儡政権であった満洲国におけるアヘン政策について考察する。日本は人道的配慮という名目で漸禁政策を基にしたアヘン専売制度を実施し、表面的にはアヘンの根絶を表明した。しかし、アヘンの消費地と生産地の分離原則の基で、日本は最少の費用で、密売に対抗しながら最大の利潤を追求した。

はじめに

日本は日露戦争（一九〇四〜〇五）に勝利して関東州（旅順・大連地区）を租借地にした。関東州は一九〇六年八月に成立し、統治機関として関東都督府（一九一九年以降は関東庁に名称変更。以下、関東庁）が設けられた。アヘン消費地である同地域でも、日本はアヘンの吸引を漸次、禁止して行くという名分を掲げ、アヘンを専売した。後進的帝国主義として成長した日本は脆弱な経済構造であったため、専売を通したアヘン収入の確保は財源を調達する重要な解決策であった[1]。

一般的にアヘン政策は大きく二つに区分される。一つはアヘンの吸煙を一切厳禁する「厳禁政策」であり、もう一つは、一般人には吸煙を厳禁するが、既存の中毒者に対しては吸煙を許可する「漸禁政策」である。この漸禁政策は、吸煙に必要なアヘンは政府が専売して供給する政策であった。漸禁政策は、植民地でのアヘン専売制度を維持し、少ない費用で高い専売収入を得ることができる効果的な方策であった。漸禁政策を施行すればアヘンの専売による莫大な収入が保証されていた。それで日本は、財政収入の確保のために厳禁政策を諦め、人道的な配慮という名目で漸禁政策にもとづくアヘン専売制度を施行したのである。関東州では、植民地当局が直接アヘン専売を運営したのではなく、個人または特定団体に特許権を与え、それによってアヘンの購入、製造、販売を担当させていた。

このように、日本は関東州で漸禁政策を取って人道的な配慮であるかのように装ったが、実際には植民地を維持するための財源確保が主目的であった。当時の日本は日露戦争などで財政事情が厳しかったからである。日露戦争の臨時軍事費は十五億円に達しており、そのうち七億円が外債の外貨であった。そのため、日露戦争で関東州を確保した日本は、当時植民地であった台湾のアヘン収入に関心をもつようになった。台湾はアヘン専売制度によって年間二四〇万円（一八九七年台湾の財政規模は一一三〇万円程度）のアヘン収入を得ていた。それは当時の日本の財政事情からみると大変魅力的なものであった。

関東州の場合、日本の支配以来、アヘン収入を目的とする専売制度が維持された。それから約三十年後の一九三四年と一九三五年における収入はそれぞれ約六三七万円と三〇〇万円で、歳入全体の一六パーセントと一〇パーセントを占めていた。満洲国の場合も、建国初期の歳入全体予算の六四〇〇万円のうち、アヘン専売収入が約一六パーセントの一〇〇〇万円に達し、アヘン収入に対する依存度が高かったことがわかる。[2]

一、関東州のアヘン政策

(1) 個人特許制度から団体特許制度へ移行

一九〇六年十一月、後藤新平が南満洲鉄道株式会社の初代総裁および関東都督府の顧問に就任した。これは関東州にも財源確保のためにアヘン専売制度が行われる可能性をみせるものであった。後藤新平は一八九八年三月に台湾民政長官に就任してから台湾全体歳入の四六パーセントに当たるアヘン専売収入を上げた実績がある人であった。しかし、台湾と関東州のアヘン制度には大きな違いがあった。台湾では専売局がアヘンの購入、製造、販売などをすべて管理する方式であったが、関東州では植民地当局が専売するのではなく、個人にアヘンの購入、製造、販売をする個人特許制度を実施していた。それは人力と経費を少なくし、より多くの収入を確保するとともに、外国支配に対する中国人の抵抗感を弱める方法だと考えたからである。

一九〇六年六月十日に中国人の潘忠国に関東州内のアヘンの購入、製造、販売を特許し、翌年五月十六日には、日本人の石本貫太郎にも特許権を与え、二人の共同事業として運営するようにした。

しかし、当時の中国と国際社会ではアヘン禁止策をとっていた。一九〇八年九月に清朝政府は「アヘン禁止十年計画」を発表し、十年以内にアヘンの栽培を根絶するアヘン禁止政策を施行した。また、一九〇九年二月には上海で国際アヘン会議が開催され、日本を含む八ヵ国が「中国の禁煙」に積極的に協力するという内容の議定書が成立していた。そのため、関東州でも吸煙の取締りを行ってはいたが、アヘン供給を個人に許可してからは取締りの効果は無くなった。

(2) 宏済善堂と関東庁

一九一五年に関東庁はアヘンの個人特許制度を廃止した。そして日本は国際条約に違反する犯罪を隠蔽するために、中国人が設立した慈善団体である大連の宏済善堂に特許を与え、アヘン業務を代行させ、国際社会からの非難を免れようとした。宏済善堂は、アヘンの販売で得た純収益を特許料として関東庁に納付し、同庁はその特許料を地方費雑収入としてそれを受納した。その収入は、年間約四〇〇～五〇〇万円という巨額に達していた。

宏済善堂の事業部は、慈善部と戒煙部に分かれていた。関東庁は、戒煙部にアヘンの購入(輸入も含む)と販売を担当させ、その純収益は大連民政署を経由して関東庁に納入するようにした。戒煙部の事務は、大連民政署長が指揮、監督をした。

このように、関東州ではアヘン根絶は最初から意図されておらず、財源確保がより重要視されていたことが分かる。

一九一九年、日本の閣議は「関東州および青島で施行したアヘン制度の実際運用は、その根本主義である植民地に居住する中国人のアヘン吸煙漸禁方針に違反して事実上歳入を得る目的だけに利用された側面がある」との訓示を出し、関東州のアヘン制度が収入を目的にしていたことが示されている。

また、一九一九年六月から一九二〇年九月まで関東州からアヘン特許事業を委任された宏済善堂の戒煙部が、アヘンの払下げ過程で故意に払下げ価額を低めて利益をはかったことが明るみとなった事件があった。この事件の弁護を担当した大井静雄も、彼の著書『阿片事件の真相』で、「関東庁は関東州租借以来、予算の関係上、アヘン中毒者の救済の名目としてアヘンの購入・販売を特許し、我国においても関東州および青島の租借以来、欧米各国のアヘン政策に倣って租借地の地方予算の大部分をアヘン収益に依存している」と書いている。[3]

(3) 外部供給方式の採択

関東州地域でも台湾と同様に、外部供給方式を採択した。支配力が不確定なアヘン消費地でアヘンを大量に生産すれば、密売が広がる可能性が高く、これを取締るには莫大な経費と人力が必要になる。関東州は台湾と同様に警察制度が未整備で、アヘン中毒者が存在していたので、ケシの城内栽培が禁止され、アヘンは主としてイラン・トルコなどから輸入されていた。したがって日本が、かつてイギリスが東南アジア地域で行なったように、消費地の需要量のほとんどを外部から調達する方式を採択したのは、密売を効果的に取締り、独占的な専売価格を維持するためであった。外部からの輸入は、満洲国でも同様の方式で実施されていた。[4]

(4) 専売制への移行

関東庁は一九二一年に当時のアヘン中毒者の数を約五〇〇〇人と予測していたが、実際の調査では二万八二一一人（一九二二年二月調査）、三万四五四六人（一九二二年八月調査）という結果が出た。すなわち、予測より約六倍に達する中毒者がいたのだ。さらにその過半数が密輸アヘンを吸煙していたことが明らかになった。

そこで一九二四年三月二十六日、「関東州アヘン令」が公布された。これによってアヘンの吸煙や売買・携帯などに関する厳しい規定が定められた。煙館の開設・維持およびアヘンを製造する目的でのケシ栽培などは厳重な処罰が適用された。関東庁に認許されたアヘン中毒者のみがアヘンの吸煙を許可される漸禁政策が実施された。この法令は同年九月に施行された。

関東州のアヘン制度は、一九二四年十一月のジュネーブ国際アヘン会議以後、特許制度から専売制に転換した。その会議で関東州のアヘン政策が批判され、日本は信頼性を回復するためには、提議されたアヘン関連協定にすべて調印しなければならなかった。すなわち、「ジュネーブ第一アヘン条約」には「生アヘン、煙膏の輸入、分配は政府の独占事業」と定められており、関東州で行われていた特許制度を通したアヘン制度は改正するしかなかった。こうして、一九二八年七月に「関東州アヘン令」と「同施行規則」を改正した。関東庁専売局を大連に設置して、アヘンの購入、販売、薬用アヘンの製造販売をすべて管理するようにした。それによって団体特許制度が完全になくなり専売制に移行された。

(5) 大連海関の密輸システム、密輸ルート
——満鉄付属地繁栄の背景

関東州と満鉄付属地は、日本商品、とりわけ「日本内地モ

ルヒネ（アヘンに含まれるアルカロイド）」を満洲や中国内地へ密輸出するための回廊であった。日本国内ではモルヒネの輸入・輸出・売買にはなんの規制もなかったので、大連の日本人商人は主にイギリスより輸入されたモルヒネを日本から自由に輸入・輸出できたので、一九一〇年代以降、大連は満洲内地・華北・山東一帯へのモルヒネの一大密輸出中継の拠点となった。(5)

一九〇六年九月、関東都督府は関東州租借地を関税自由地域とし、大連港を自由港として開放した。この方針に基づいて「大連海関協定が結ばれた。この海関協定の趣旨は「関東州を関税自由地域とし、大連港に総税務司指揮下の日本人税関吏によって運営される大連海関を設置する」ということだった。(6)

「海関協定」締結後の一九〇七年七月、関東都督府は「関東州租借地税関仮規則」を制定施行した。これは抜け穴が多い法律で、中国の内水航路を航行するジャンクの沿岸交易に関する規定がなかった。ジャンク無関税の外国輸入品を大連港から中国内地に運ぶ際に税関をもつ開港場に陸揚げすれば中国の「輸入税」を徴収された。しかし、ジャンクを利用することで脱税が可能だった。大連港のジャンク埠頭の管理は満鉄が、移輸入貨物の調査などは関東庁港務局が担当したので、管理はルーズだった。関東都督府は密輸防止を励行するどころか、関税をはらわない日本商品の満洲内地への密輸出を積極的に促した。(7)

大連港から満洲内地への密輸ルートは三つあった。第一は、大連港で荷物を積み込んだジャンクが黄海側の貔子窩（ヒシカ）で陸揚げし、馬車で関東州境をこえ、州境から二つ目の駅、瓦房店で満鉄線に積み替えて奉天方面に向かうルート。第二は、渤海側の復州沿岸に陸揚げし、馬車で瓦房店に運ぶルート。第三はより大胆なルートで、大連埠頭で積み込んだ貨物を関東州内の州境の駅、普蘭店で降ろし、ここから馬車で瓦房店に運び、そこから満鉄線を北上するルート。第三は「関税自由＝関税不要の州内の駅」＝普蘭店で降ろすことにより関税を支払わず、その後最も近い「付属地」内の満鉄線の駅＝瓦房店から荷積みをして北上するというもの。大連を代表する貿易商が密輸に従事しており、普蘭店や瓦房店には大きな店舗をかまえていた。密輸は大連の商人の主要な事業であり、満鉄も関東庁もこれを後押ししていた満鉄が北上への密輸貨物を歓迎したのは、満鉄線の南行貨物の大宗は北満大豆と撫順炭だったが、北行貨物は少なかったからだった。(8)

ジャンクを利用したもうひとつの密輸として、大連港のジャンク埠頭から山東省、華北地方への密輸があった。ジャンクは開港場に陸揚げしなければ関税は徴収されないですんだ。[9]

二、満洲国のアヘン政策

(一) 満洲事変以前と直後におけるアヘン問題について

①張学良の東北政権(一九二八〜三一年)によるアヘン禁止政策は実効性があったのか

張学良は、父・張作霖が関東軍による爆殺で死亡すると、奉天軍閥を掌握し、亡父の中国東三省(奉天省・吉林省・黒龍江省)に対する支配権を継承した。張学良政権時代の東三省政府の禁煙取締はかなり厳しかったが、秘密裡に吸煙する者はたえなかった。東北政権によるアヘン禁止政策は実効性がなかったわけである。①黒河地方北方の黒龍江沿いの地域と、吉林省東北部の三江地方では秘密栽培が引き続き行われていた。②隣接の熱河省でアヘンは公然と栽培されていた。③大連からハルビンにいたる広大な「満鉄付属地」では、関東州と同じく、アヘン専売制によってアヘンが公然と販売されていた。また付属地を基地として日本人・朝鮮人の手で東北各地にアヘンが密輸出されていた。④朝鮮産のアヘン・ヘロイン・モルヒネが鴨緑江の鉄橋をわたり、安東〜奉天の鉄道線で奉天の「満鉄付属地」に密輸出されていた。これを担当したのは日本人・朝鮮人だったが、東北政権に摘発されても治外法権であったため、逮捕・裁判ができなかった。[10]

②旧満洲のアヘン・フリーマーケットの繁栄(満洲事変勃発から一九三三年三月のアヘン専売まで)

満洲事変が勃発し関東軍が満洲全土を占領すると、旧東北政権のアヘン厳禁政策は反古にされ、東北全土でアヘンのフリーマーケットが生まれた。満鉄付属地で経営されていた「煙館」は付属地外に進出した。一九三二年三月、満洲国建国時の奉天市内では、それまでひそかにアヘンやヘロインを売っていた「普通の商店」が公然と煙館に転向し、その数は六〇〇店以上に達した。奉天市外の大西関・小西関には新規に一五〇軒の「アヘン館」が開店した。ハルビンでも一九三二年二月以降、市内の目抜き通りに五〇〇店の「煙館」が進出し、市全体でアヘン及び麻薬販売店は一〇〇〇軒に達した。「煙館」及び麻薬店は次々と増え、吉林市では八〇〇軒、チチハル市では五〇〇軒、営口市では五〇〇軒に達した。関東軍の占領下で、満洲の各都市にアヘンと麻薬のフリーマーケットが生まれた。[11]

③大連海関の満洲国による接収(一九三二年六月)

一九三〇年五月、日中関税協定が締結された。アメリカ・イギリス・ドイツなどがすでに中国の関税自主権を承認したので、この協定によって、中国の関税自主権が回復した。一九三一年初め、国民政府はそれ以前の釐金《りきん》（清末から中華民国にかけて実施された地方税）徴収を廃止して統税徴収を宣言した。これに対応して、国民政府は輸入業者から統税を徴収するために、大連海関に駐在員の常駐を要求してきた。これまで輸入貨物の密輸を放任してきた日本人海関吏が関税を徴収するかたわらで、中国側の徴税吏が輸入業者から統税徴収事務を行うことになった。大連海関における密輸システムが露見し、満鉄も関東軍もにっちもさっちも行かなくなった。[12]

満洲事変後の一九三二年三月、満洲国が発足した。満洲国は三月十一日、大連税関長を通じて「全満の海関は満洲国の統轄に属する」とメーズ総税務司に伝えた。そして、在満各海関収入の上海の総税務司への送金を停止した。六月四日、関東軍は参謀本部宛に「大連海関の強制接収の決意」を伝え、六月十一日、日本の衆議院が満洲国承認を可決した。六月二十四日には、メーズ総税務司が送金命令を拒否した大連税関長を服務規律違反で罷免したが、二十六日、大連税関長以下の日本人海官吏は満洲国に寝返った。二十七日、満洲国は大連海関を接収し、「大連税関」として業務を開始した。三十日までに満洲の全海関（ハルビン、営口、安東、琿春、龍井村）が満洲国に接収され、総税務司に対する外債担保分もふくめた全ての送金を停止した。こうして満洲国は一九三二年七月以降、関税収入をすべて入手することになった。日本政府にたいしては、英米両国から「九ヶ国条約違反」とする抗議があったが、これは黙殺された。[13]

（2）満洲国における「アヘン専売制度」

①満洲国内でも日本国内でも知らされなかった満洲国の「アヘン専売制度」開始

満洲国は一九三二年（大同元）十一月三十日に「国務院総理」の名で「阿片法」を公布し、翌三十三年一月一日に同法を施行した。ここでいう公布と施行の日付は戦時に編纂された『満洲建国十年史』と戦後に編纂された『満洲国史』のなかの記述による。これによって満洲国の「アヘン専売制度」が開始されたことになっている。しかし、この法律についての報道は、満洲国及び日本国内でも禁止されていたので、満洲国内の多くの官吏・人民・在住日本人及び日本国内の日本人も知らなかった。[14]ひそかに施行された法律だったので、関係者によって事業開始をめぐる記憶には違いがある。のちになって満洲国のアヘン政策を担当することになる古海忠之の「供述書」では「一九三三年二月にアヘン専売制が立案された」とあるのはそうした理由による。

②満洲国アヘン専売制を発案した石原莞爾関東軍参謀

石原莞爾は関東軍作戦参謀として、板垣征四郎らとともに柳条湖事件・満洲事変を起こした首謀者である。満洲国のアヘン専売は、関東軍が満洲事変勃発に先立ってまとめた占領地統治の財政方針のなかで、すでに予定されていた。一九三〇年九月、兵要地誌班主任の佐久間亮三大尉が関東軍参謀部に提出した「『満蒙ニ於ケル占領地統治ニ関スル研究』の抜粋」では、その財政方針を占領地統治のための諸費用は占領地において自給すべきだとした。これに、石原莞爾参謀が、占領地中央政府の費用は間接税（関税・官業・専売・彩票）に頼り、軍政署（地方政府）の費用は直接税に頼るとコメントした。一九三一年十月一日付けで石原莞爾が起案した「満蒙統治方策案」では、「満蒙総督府」すなわち満洲中央政府は八〇〇〇万円の間接税による歳入を見込んでいたが、うち一〇〇〇万円をアヘン専売益金により得る計画であった。関東庁が三〇年度に一〇四万円の専売益金を得ていたアヘン専売を満洲全土で実施すれば、その十倍の専売益金が見込めたわけである。アヘン専売法の施行は一九三三年一月、実際のアヘン専売開始は一九三三年三月だった。(15)

③アヘン法及びアヘン施行令

一九三二年十一月三十日に、満洲国ではアヘン政策の実施に必要な「阿片法」と「阿片法施行令」が公布されたが、一般にはアヘンの吸煙を禁止し、未成年者でない中毒者だけが治療を目的に吸煙できるとした。ケシの栽培は許可制として、生産されたアヘンは直接または購入人を通じて政府に納入するようにした。政府に納入されたアヘンはアヘン卸売人を通じて小売人に、アヘン小売人を通じてアヘン吸煙者に譲渡された。これらのアヘン卸売人は専売公署長が、アヘン小売人は管轄省長が指定するとした。

満洲国の「阿片法」と「阿片法施行令」に現れた内容は初期段階のアヘン制度として、直接専売よりは間接専売の性格が強かった。この段階では政府による完全な官営の形式で実施されるのではなく、既存の商人たちを専売制度のなかに吸収して、アヘン卸売人、小売人として活用する、準アヘン専売制度の形式を帯びていた。(16)

④アヘン専売制度下のアヘンの購入と販売

一九三三年一月から満洲国のアヘン専売制度が発足した。専売公署はこの年の収納予想量を約六六〇余万両（一両三六グラム）とみて、熱河省または興安西省でその重要部分の供給を受け、残りは吉林省で手に入れる計画を立てた。しかし、法令が徹底されなかったことや支配力が完全ではなかったことから、購入量は半分程度で終わってしまった。専売公署は一時しのぎの便法として密栽培されていたアヘンまで有償で収納する決定を行い、最善を尽くして購入させようとした。にもかかわらず、購入量はわずか三四二万余両と収納予想量の半分程度を確保するだけに終わった。

専売公署に収納されたアヘンは、卸売人と小売人を経てアヘン吸煙者に販売された。専売制度の創設当初、アヘン吸煙者に販売されたアヘンは収納もしくは没収された生アヘンで、いかなる加工も経ないまま供給された。したがって品質は同一でなく、含有水分量も一定でなかった。このことは専売品の価格を落としただけでなく、密売アヘンとの判別を難しくさせ、販売政策上或いは取締上の問題を惹起した。そこで満洲国は、政府で販売する生アヘンを規格として試験製造した。一九三三年八月に奉天専売署、試験室並びに作業場を設置し、一〇〇両包のアヘンを規格として試験製造した。一九三四年から一両包の製造にも着手し、製造能力を拡大した。一九三六年からは度量衡の改定（一両を三六グラムから五〇グラムに）とともに、規格品も五〇両包、半両包の二種類を製造した。このように製造された専売アヘンは、一九三六年三月末日まで、「阿片法」並びに「阿片法施行令」に明示されていたように、専売署から卸売人、小売人を経て吸煙証を所持したアヘン吸煙者に販売された。(17)

⑤抗日勢力とアヘン政策

満洲国の場合、一九三六年以前まで熱河省と興安西省のほかにも多くの地域がアヘン栽培地域に指定されていたが、一九三六年には栽培地域の数を大幅に縮小した。これは満洲国が推進した「治安工作」との関連が深い。一九三五年九月中旬、関東軍を中心として日満軍警及び関係機関が一体となって「秋期治安粛正工作」を決行した。この「治安工作」では、武力討伐である「治標工作」と抗日勢力の生活根拠地を根元から排除する「治本工作」とが並行して行われた。「治本工作」の目的の一つは、アヘン栽培を取締まり、抗日勢力の財源を失わせることにあった。このために一九三六年度には、奉天、吉林、間島、濱江、三江省の各県がアヘン密栽培「特別清掃地域」として指定され、取り締りが強化されたのである。(18)当時満洲国で必要とするアヘンの量が莫大であったにもかかわらず、満洲国でのアヘンの生産を一定の地域だけに限定したのは、満洲国全域での日本の支配がまだ確立されていなかったのと、アヘンが抗日勢力の財源として活用されることを警戒したためであった。(19)

⑥朝鮮人のアヘン・麻薬密売と満洲国の対策

満洲国の樹立以前から、満洲地域の主要都市にはアヘン・麻薬の密売買とアヘン煙館業に従事する朝鮮人がいた。満洲居住朝鮮人の全体の数と比較してみると、数的には少数であったが、彼らの活動は日本の手先として映り、満洲地域の中国人と中国当局の非難を受けることとなった。

満洲国はアヘン専売制度の実施のためにアヘン小売人を指定する過程で、朝鮮人も満洲人と同様に主要都市の小売人に指定された。それは主要都市の朝鮮人がアヘン密売に多く従事していた点と、アヘン密売が朝鮮人の生計維持と密接だった点、そして朝鮮人のアヘン密売を日本が従来から暗黙に承認ないしは支持してきた点が考慮されたからであった。そのうえ、密売取締りを通じてアヘン専売制度を速やかに確立するためにも、朝鮮人を制度化した枠組にうまく入れる必要があった。ここでいう朝鮮人とは「帰化朝鮮人」を意味する。朝鮮人は「日本国臣民」の身分を持っていたため、そのまま満洲国のアヘン小売人として指定すると法的な問題が発生する恐れがあった。朝鮮人の帰化を認めなかった日本は、アヘン問題に限って例外的に「帰化朝鮮人」を認めた。

治外法権の撤廃を控えた一九三七年十月、満洲国は突然「阿片麻薬断禁方策要綱」を発表し、アヘン根絶の意思を強調した。アヘン小売人制度の廃止と公営制への転換を含む要綱の発表と、麻薬法の公布と実施、治外法権の撤廃などが進められた。さらに一九三七年から一九三九年にわたって、大々的にアヘン・麻薬不正業者に対する検挙を行った。検挙対象に朝鮮人が多数含まれ、この場所でのアヘン・麻薬業従事はこれ以上困難となった。その結果、一九三七年の専売アヘンの販売実績は予想値の六〇パーセントを上回り、その前年に比べて二五パーセントも増加した。このようななかで、一部の朝鮮人麻薬密造業者たちは、日本の華北侵略とともに日本軍にしたがって華北へと移動した。[20]

（3）古海忠之の陳述からみる満洲国のアヘン政策

①古海忠之のアヘン政策への関与

古海は、一九三三年二月にアヘン専売制が立案された当時、満洲国総務司主計処一般会計科長の地位にあった。一九三六年十月には主計処長に昇任し、一九三七〜一九三九年度の「アヘン専売予算」を編成した。一九四一年十月には、経済部次長として、ドイツにたいして七トンのアヘンを売渡す交渉の当事者であった。一九四一年十二月からは総務庁次長として、アヘン政策の責任者の地位にあったのである。一九四五年春には、二回にわたり華中地域へのアヘン輸出に関与した。[21]

②一九三三年、アヘン専売制開始時における原料アヘンの調達

アヘン専売制度実施にあたっての困難は、アヘンの不足であった。熱河省のアヘンはもちろん、国内他地域のアヘンの

入手もできなかった。そこで、一九三三年の二月、担当者の難波経一（元神戸税務署長、二月下旬から新京に赴任）は華北地方のアヘンの購入と外国アヘンの輸入という任務を持って天津に派遣された。これは極秘の任務であった。難波は一カ月余りにわたり天津で約五〇万両（一両＝五〇グラム）のアヘンを入手した。満洲国内集荷の約二〇万両と合わせて、計七〇万両の手持ちをもってアヘン専売を開始した。[22]

③熱河省におけるアヘン栽培

一九三三年三月中旬、全満洲のアヘン栽培を禁止し、アヘンの栽培は熱河省に限定する方針を決定し、アヘン栽培の許可制、販売許可制、国家の完全購入等を内容とする専売法が実施された。アヘンの栽培を熱河省に限定したのは、主として治安維持及び取締上の関係であった。一方、熱河省におけるアヘン栽培促進の措置が講じられたのである。[23] このように熱河省はアヘン中心という奇形的な産業経済に陥った。

④一九四三年春、日本政府、東京にてアヘン会議を開催

一九四三年春、日本政府は東京で大陸諸地域のアヘン関係者を召集してアヘン会議を開催した。満洲国からは禁煙総局副署長・梅本長四郎などが出席した。会議では、日本軍占領地におけるアヘン需要の増大に対応して、主なアヘンの生産供給地を満洲国と蒙彊地区とすることを決議した。満洲国はアヘン会議の決議を承認したのである。そして、禁煙総局はこのアヘン会議の決議にもとづいてアヘンの増産計画を樹立した。増産計画は、正式手続きによらず、総務庁企画処の原参事官、高倉企画処長、古海次長、および武部総務長官の決裁によって決定し、関東軍の承認を経て実施された。[24]

⑤一九四三年春、満洲国におけるアヘン増産計画の実施

増産計画の重点対象地域は、奉天省、四平省および吉林省の平地々区であり、それらの地域に「アヘン栽培試験園」を設置するという趣旨であった。すなわち、従来熱河省に限定されていたアヘン生産地を、その他の地域のしかも平地に拡張することとなったのである。増産計画の成果について、古海は次のように推定していた。「当時は熱河地域のみで大体六〇〇万両（一両＝五〇グラム）程度のアヘンを蒐荷していたので、平地方面の増産量は五十万ないし一〇〇万両程度となる」。つまり、一〜二割の増産が期待されていた。

⑥満洲国アヘン政策の本質

一九三九年ごろから満洲経済も各方面にわたり統制を強化することとなった。一九三九年のアヘン政策の方針は、アヘン断禁政策を強化徹底させ、新しい吸煙者の発生を絶対的に防止するとともに一九三八年以降の十年以内にアヘン吸煙者の根絶を図るとした。また、アヘンの密作、密輸入、密売買、密吸飲などは徹底的に弾圧するとした。さらに、アヘン断禁政策の進展にともないケシ栽培地の減少によって生じる農家生計の急変を避けるため、ケシ作の転換に関して、政府は適当な代用作物の調査研究をし、指導奨励の措置を講ずる方針であった。しかし、アヘン断禁の看板を掛けた禁煙総局は旧専売署時代の諸悪を引継いだ上に、断禁のための戒煙所が公認された吸煙場所となり、登録制度もどこかへ消え去った。特に、一九四一年末、太平洋戦争が勃発すると、満洲国は戦時緊要物資の緊急増産、対日援助の強化という一方向に突進した。減るはずのアヘン作付面積がいつの間にか増加し、熱河省から他省にまで拡がっていった。アヘンの購入量が増え、戒煙所が繁盛し、吸煙者は当然増加するという結果を招いた。また、アヘンの国外への輸出も平気で行われていた。満洲国のアヘン政策は中国人民を虚弱にし、加えて財政上利用したものであった。[25]

おわりに

日清戦争以来、日本の対外侵略の過程でその支配下に置かれた台湾、関東州、満洲国はもともとアヘンが蔓延していた地域であった。日本はこれらの地域で漸禁政策をとって人道的な配慮だと強調したが、実際は植民地を維持するための財源確保が目的であった。

関東州の場合、警察制度が整っていないうえ、アヘン中毒者が存在して取締りが困難であるという理由で、地域内でアヘン栽培は禁止された。そして、これらの地域の需要には、主にイランやトルコなどの外国から調達するのは困難であった。そこで一九三六年から次第に、日本が指定する満洲国内の一定地域に限ってアヘンを集中生産させた。このような方式を通じて日本は密売を抑えながら、独占的なアヘン専売を維持しようとしたのである。

関東州のアヘン政策はアヘンの購入、製造、販売を特定の個人や団体に特許する特許制度を実施し、植民地支配後二十年が過ぎてから政府の専売制に転換した。特に、関東州では宏済善堂という伝統中国の慈善団体を設立してアヘン業務を代行させ、国際社会からの批判を免れようとした。しかし、密輸などの嫌疑で「関東州のアヘン政策」が中国内外で厳しく批判され、ジュネーブ国際アヘン会議以後には専売制に転換することになる。

満洲国成立以前、東北三省では満鉄付属地を中心にアヘン栽培が行なわれていた。満洲国成立以降においては、財政収入を確保するために「アヘン専売制度」が実施されるようになった。一九三九年には、アヘン断禁政策を実施し、アヘン吸煙者の根絶を図ろうとしたが、実態としては戒煙所が繁盛し、吸煙者が増加する結果となった。それはやはり、財政上の利益を最優先し、中国民衆の身体の弱廃に無関心であったからである。

本稿では、関東州及び満洲国のアヘン政策について、政策の施行過程や財政的な背景、政策の本質を、既存研究成果を基に分かりやすくまとめることに努めた。関東州及び満洲国期のアヘン専売についての研究は、関東庁及び満洲国上層部の財政状況と支配の特質が覗ける非常に重要な問題である。しかも台湾では比較的に成功したとも言えるアヘン専売制度が満洲国ではかなり異なる様相が見られたのは、日中戦争や太平洋戦争の勃発など戦争のさらなる拡大と深く関連していると考える。これをきっかけに、今後はアヘン栽培が盛んに行われた北満地域や熱河省の生産農家が置かれた状況の変化など農民生活史の一環からアヘン問題を検討したい。

注

(1) 朴橿(許東粲訳)『日本の中国侵略とアヘン』(第一書房、一九九四年)四七頁。
(2) 朴橿(小林元裕・吉澤文寿・権寧俊訳)『阿片帝国日本と朝鮮人』(岩波書店、二〇一八年)一九頁。
(3) 前掲注1朴著書、五二頁。
(4) 前掲注1朴著書、五三頁
(5) 山田豪一『満洲国の阿片専売』(汲古書院、二〇〇二年)三六頁。
(6) 同前書、九八頁。
(7) 同前書、九八~九九頁。
(8) 同前書、四~六、一一二頁。
(9) 同前書、一一二~一一三頁。
(10) 同前書、一九三頁。
(11) 同前書、一九三~一九四頁。
(12) 同前書、一二二~一二三頁。
(13) 同前書、一八九~一九一頁。
(14) 同前書、二九七~二九八頁。
(15) 同前書、一四五~一四六頁。
(16) 前掲注2朴著書、九七~一〇〇頁、隠岐猛男「満洲に於ける阿片類」(『満鉄調査月報』十二巻十二号、一九三二年)一七~二二頁。
(17) 興亜院「支那に於ける阿片麻薬政策の確立に関する件(一九四〇年十一月二五日)」三五七頁、興亜院連絡委員会「支那に於ける阿片及麻薬政策指導腹案(一九四〇年十二月二七日)」、三六〇頁、前掲注2朴著書、一〇〇~一〇一頁。
(18) 専売総局『阿片事業概況』(一九三八年)二一頁、加藤豊隆『満洲国警察小史(第一編)満洲国権力の実態について』(元在外公務員援護会、一九七八年)九七~一〇五頁、満洲国治安部警察司編『満洲国警察史(復刻本)』(一九七六年)三九三頁。
(19) 前掲注2朴著書、一八頁。
(20) 前掲注2朴著書、一一三~一一四頁。
(21) 古海忠之「満洲国亜片政策に関する陳述」(新井利男・藤原彰編『侵略の証言——中国における日本人戦犯自筆供述書』

岩波書店、一九九九年）一二三～一二八頁。
（22）同前書、一二三～一二四頁。
（23）同前書、同前、一二四頁。
（24）同前書、一三〇～一三一頁。
（25）同前書、一二六～一二九頁。

蒙疆《もうきょう》政権のアヘン

堀井弘一郎

日中戦争勃発後、日本は内モンゴルの「蒙疆」方面に相次いで対日協力政権を樹立した。これら諸政権を財政面で支えるとともに他地域への輸出も狙って、蒙疆アヘンは重要な戦略物資として栽培が推進された。しかし市場価格の乱高下、密植・密売の横行、収買機構の転変などの状況が続いた。アジア太平洋戦争勃発後は東南アジアでの需要も拡大したが、蒙疆アヘン政策はいっそう混迷の度合いを深めていった。

（本稿では「満洲」は歴史的呼称として用いた。本来「満洲」と表記すべきだが、煩を避けるため引用文中を除いて「　」を外し、満州と略記する）。

ほりい・こういちろう――日本大学非常勤講師。専門は日中関係史。主な著書に『汪兆銘政権と新国民運動――動員される民衆』（創土社、二〇一一年）、『「満州」から集団連行された日本人技術者たち』（創土社、二〇一五年）、『戦時上海グレーゾーン――溶融する「抵抗」と「協力」』（共編著、勉誠出版、二〇一七年）、『上海の戦後――人びとの模索・越境・記憶』（共編著、勉誠出版、二〇一九年）などがある。

はじめに

本稿では、「蒙疆」と呼ばれた地域における日本のアヘン政策の経緯について概観し、日中戦争・アジア太平洋戦争期において蒙疆アヘン政策が果たした役割と、それが孕んでいた本質的な矛盾について考察する。「蒙疆」とは、端的に言えば内モンゴル地区のうち満州国境に近い察哈爾《チャハル》省（以下チャハル省と表記）、綏遠《すいえん》省、それに山西省北部などの地域をさす（コラム「「満蒙」、「蒙疆」とはどこか」参照）。はじめにこれまでの研究状況を概観しておきたい。

蒙疆アヘンの研究に資する資料集としては、すでに一九八〇年代に江口圭一『資料　日中戦争期阿片政策』（岩波書店、一九八五年）、及び岡田芳政・多田井喜生・高橋正衛編『続・現代史資料十二　阿片問題』（みすず書房、一九八六年）が豊富な資料を提供している。前者は蒙古連合自治政府経済部次長沼野英不二《てるふじ》の旧蔵資料等を中心に収録したもので、江口は同書の「解説」の中で、日中戦争とアヘンの関係、とりわけ蒙疆アヘンについての詳しい分析を行った。さらに『日中アヘン戦争』（岩波新書、一九八八年）を著し、その中で蒙疆を含む中国占領地全体を視野に入れたアヘン政策の全体像を整理している。朴橿も独自資料をも駆使して『日本の中国侵略とアヘン』（第一書房、一九九四年）の中で、特に蒙疆アヘンに関わる農家経済や収買機構などに着目し、議論を深めた。内田知行は、共著『日本の蒙疆占領一九三七－一九四五』（研文出版、二〇〇七年）において、農村地域におけるケシの栽培の状況やアヘンの収買の仕組みなどの分野で江口の研究を発展させた。小林元裕は、『近代中国の日本居留民と阿片』（吉川弘文館、二〇一二年）において、日本人居留民研究の視点から蒙疆や天津などの居留民と蒙疆アヘンとの関係についても論究している。こうした諸研究によって、蒙疆アヘンについては以下のような点が明らかにされてきた。

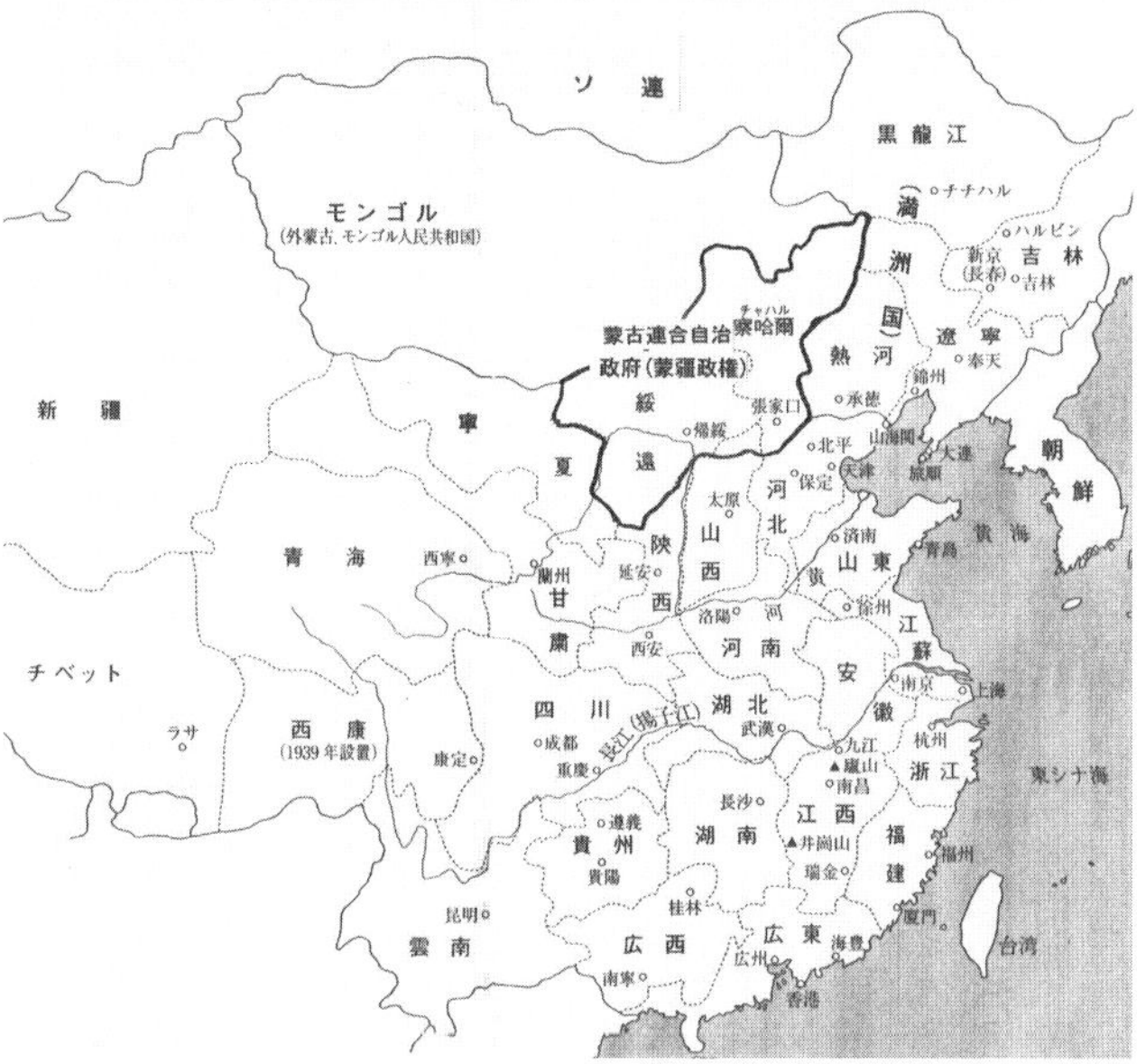

図1　蒙古政府（蒙疆政権）の位置（石川禎浩『革命とナショナリズム1925－1945』岩波新書、2010年の地図（XiV ～ XV頁）の一部を加筆補整したもの）

図2 「蒙古聯盟自治政府」の門前に立つモンゴル兵（財団法人善隣協会調査部『昭和13年版　蒙古大観』改造社、1938年より）

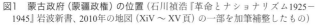

すなわち、蒙疆地域は日本が対日協力政権を当地に樹立する以前の軍閥時代からアヘンの生産地であり、同時に西方の寧夏・甘粛地方から北京・天津などのアヘン消費地に移送される中継地でもあった。蒙疆地域の中でも、特に綏遠省は四川省や雲南省などと並ぶ中国でも有数の生産地であった。蒙疆の対日協力諸政権は、その財政基盤にアヘン収入が組み込まれた。さらに、イラン産など外国産アヘンの輸入によって円ブロック外への外国為替資金が流出するのを防ぐためにも、またイラン産アヘンの輸入が制限されるようになると拡大する中国占領地のアヘン需要を賄うためにも、蒙疆アヘンがいっそう注目された。

蒙疆アヘンの最大の移出先は華中とりわけ上海であった。対日協力政権である中華民国維新政府（一九三八年三月樹立）と、それに続く汪兆銘（汪精衛）政権（一九四〇年三月樹立）がその受け入れ先であり、それらの政権を支える貴重な財源ともなった。アジア太平洋戦争勃発後は、それに加えて「大東亜共栄圏」内の東南アジア方面のアヘン需要にも応える一大供給地として蒙疆がさらに重要な位置を占めた。しかし、ケシの栽培は天候に左右されやすく、また日本側の政策の転変、耕地をめぐる他の食糧農産物との競合、密取引・密貿易の横行などによって所期の生産目標額を上げられず、アヘン生産は減少していった。

本稿ではそうした研究を踏まえ、時系列的に蒙疆アヘンをめぐる経緯を整理し、アジア太平洋戦争後半期の状況にも論及しながら蒙疆アヘンの役割、とりわけアジア太平洋戦争期の状況について検討する。

一、日本の内モンゴルへの進出と蒙疆政権の誕生

(1) 内モンゴルへの進出

一九三一年（昭和六）に満州事変をおこした日本は、一九三二年、東北三省（黒龍江省、吉林《きつりん》省、奉天省）を領域として「満州国」を建国し、日本の勢力を中国の東北部に広げた。その後もチャハル省や綏遠省などの内モンゴル地方にも勢力を伸ばした。これらの地域には漢民族だけでなくモンゴル族も居住していたが、蔣介石率いる国民政府による漢民族の統治から自治、自立を目指そうとするモンゴル族による独立運動が盛んになってきた。すでに外モンゴル地域は一九二四年、ソ連の影響下にモンゴル人民共和国として独立していた。日本の関東軍はこのモンゴル族の独立運動に介在し、それを利用しながら勢力の浸透を図った。特に蒙疆地区は「特殊防共地区」であり、かつアヘンのほかにも鉄鉱、石炭、羊毛など

豊富な資源の供給地でもあるため、地政学的にもきわめて重要な戦略拠点であった。そのためにモンゴル族のリーダーの一人であった徳王などに接近し勢力の扶植を目論み、徳王もまた関東軍の支援を得て政治的立場の強化を図ろうとした。

(2) 対日協力政権の樹立

一九三七年七月の日中戦争勃発後、関東軍が蒙彊地区にも占領地を拡大していく中で、相次いで日本と協力するモンゴル族の政権が樹立された。まず同年九月、チャハル省南部(察南)の張家口を攻略し察南自治政府ができ、翌十月には山西省北部(晋北)の大同を占領して晋北自治政府が成立した。関東軍は蒙古軍とともにすぐにさらに西方の綏遠省に進軍し、同月中に蒙古軍政府を改組した蒙古連盟自治政府を立ち上げた。翌十一月、蒙彊におけるこれら三つの自治政府(察南、晋北、蒙古連盟の各自治政府)を束ねる連絡調整機関として蒙彊連合委員会が張家口に設置された。後の蒙古連合自治政府などを含めて、これら蒙彊地区にできた対日協力諸政権を総称して「蒙彊政権」と呼んでいる。蒙彊地区の総面積は約五十万平方キロメートル、日本の面積の一・三倍以上になる。

蒙彊連合委員会は次第に中央政府的性格を強め、興亜院蒙彊連絡部(後述)の強い指導の下、一九三九年九月には改編され、徳王を主席として蒙古連合自治政府が成立した。前掲『資料　日中戦争期阿片政策』が指摘するように、それは「〝蒙古〟を名乗り、ジンギスカン紀元を用い、蒙古人が政権首脳部を占めたが」、一九四三年三月末の調査で総人口約五五二万人中の蒙古人はわずか二・八七パーセントほどにすぎず、他は漢民族であった。徳王が形式上主席とされたが、実権は日本側が握った。まさに「蒙彊の〝第二の満州国化〟の完成を意味」するものに他ならなかった。蒙古連合自治政府は一九四一年八月に蒙古自治邦政府と改称した。

二、蒙彊政権の初期アヘン政策

(1)「漸禁主義」の表看板

アヘン政策に関して近代日本は、国内では厳禁政策をとりつつ、植民地や関東州などの租借地では「漸禁《ぜんきん》主義」という看板を掲げた。「漸禁主義」というのは「徐々にアヘンを禁止していく」というのが言葉の本来の意味であろうが、それは表向きの看板で実際には完全禁止は「窮局の目標」として棚上げされ、既に中毒になっている者には吸煙を認めて事実上現在の生産・販売体制の維持、拡大を図ることをカモフラージュするものでしかなかった。すなわち日本は国内と、国外とでダブルスタンダードな政策をとった。

蒙彊地区も例外ではなかった。綏遠省では一九三五年度の同省地方財政収入のうち、アヘン販売税やケシ栽培税が五一・三パーセントを占めていた。内田知行が指摘するように、「内モンゴル地方の統治を始めた日本側にとっても、之に抵抗する国民党政権や共産党政権にとっても、アヘンは域内統治力を強化し敵を打倒するための重要な戦略的商品となった」（「内モンゴルの抗日政権とアヘン政策」、参考文献参照）。このため蒙疆地区はこれら三勢力が入り乱れてその覇を競い合い、しかも漢民族とモンゴル民族とが混住していたこともあって錯綜した政治空間ができ、アヘンの統制管理も一筋縄ではいかない状況があった。

(2)「阿片公会」の実態

蒙疆連合委員会もまた、財政収入の有力な財源にしようとしてアヘンに目を付けた。まず最初に、アヘンの仲買商人（アヘン商）を統制しようとした。一九三七年末、統率下にある先述の三自治政府それぞれにアヘンの購入・販売の機関として政府の認可団体「阿片公会」を組織させ、自治政府の許可を得た在来のアヘン商たちをそこに加入させた。翌一九三八年半ば以降、ケシ栽培農民からのケシの購入権と小売商への販売権を有するアヘン商らを阿片公会の会員とし、同公会を通して管理する体制が作られた。会員には営業税やアヘン税などが課せられた。阿片公会に属さないアヘン商を排除し、北京・天津方面のアヘン商も許可を得て阿片公会より収買することのみが許された。こうした方法は旧来の国民政府時代の当地域におけるアヘン政策を踏襲したものではあったが、国民政府は他方では一九三五年から「六年禁煙計画」をすすめつつあった。チャハル省と晋北地区は直ちにアヘン栽培の絶対禁止区域とされ、綏遠省では陝西《せんせい》・甘粛・四川省などと同様に段階的にアヘン栽培を削減し、一九三九年までに完全禁止の運びであった。日本による蒙疆政権の樹立とそのアヘン政策はそれを断ち切ることとなり、逆に増産が目指された。

しかし、日本の統制下におかれた蒙疆のアヘンであったにもかかわらず、日本側が把握したアヘンの取引量は、実際の十分の一以下と推定されている。アヘン小売商は、阿片公会からアヘン煙膏（精製されたアヘン）を購入するきまりだったが、実際には自分で生《しょう》アヘンを買い入れ、アヘン煙膏を作ったりしたからであった。私製のアヘン煙膏は禁止なので、賄賂でお目こぼしを乞うか密輸するしかなかった。

(3) 蒙疆アヘンへの期待

一九三八年十二月、日本は中国に対する占領地政策を担う組織として「興亜院」を設けた。アヘンの統一的な管理も興亜院が仕切った。翌年三月、中国各地にその出先機関が置かれ、蒙疆には蒙疆連絡部ができ蒙疆政権への指導等を担った。

同年七月には「阿片に関する打合項目」を定め、「断禁を窮局《ママ》の目標とする漸禁主義に依り、支那側に対し所要の内面指導を加え、速に制度の確立」を図った（前掲『続・現代史資料十二　阿片問題』所収）。この「打合項目」では「支那ニ於ケル需給推定」を**表1**のように見積もった。中国本土では華北は供給不足、華中はイラン産に依存という状況は明らかであり、その不足分を補うことが他地域に求められた。それゆえに「右地域（蒙疆、華北、華中―引用者補注）を通ずる自給策確立を方針として速に増産計画を樹立すると共に、一定の期間満洲国の協力を要請するものとす」とされ、満洲産阿片の協力を想定するとともに、特に華中地域が大量に輸入していたイラン産に依存しない「自給策確立」を急いだ。同文書は続けて「蒙疆に於ては最大生産可能量の確保を目標とする」と綴る。蒙疆アヘンへの期待は高まった。

表1　「支那ニ於ケル需給推定」（興亜院、1939年7月）（単位千両。1両は36ｇ）

	蒙疆	北支	中支（漢口、厦門、広東を含む）	計
需要	7,000	20,000	10,000	37,000
供給	17,000（生産）	10,000（蒙疆ヨリ流入） 6,000（満洲国ヨリ密輸入）	（注）	23,000
過不足	（＋）10,000	（－）4,000	（－）10,000	（－）14,000

注：「中支ハ「イラン」産阿片ノ輸入ニ依リ賄ハル。昭和十四年度輸入量 三六五〇箱（一〇、〇〇八千両）」
（「注」は原注のまま。前掲『続・現代史資料12　阿片問題』290頁より一部表記法を変えて引用。「北支」「中支」の表現は本来避けるべきだが、歴史用語として原文のままとした）

三、アヘン専売制度の確立

(1)アヘン政策の転換

一九三九年六月から七月、興亜院蒙疆連絡部のイニシアチブの下、蒙疆連合委員会は従来のアヘン政策を大きく転換した。すなわち一九三三年に中華民国が制定した禁煙法（この「煙」はアヘンの意味）を援用して、政府が完全なる管理統制を行うアヘン専売制度を蒙疆の地にも確立しようとしたのである。その狙いについて蒙疆政権は率直にこう言う。察南、晋北、蒙古連盟の「三政権に分立せる阿片行政を一元化し、断禁を目標とする漸減政策を採り、阿片の生産配給及輸出入の完全なる統制を断行し、以て阿片制度の確立を期すると共に、皇軍占拠地区内に於て必要とする阿片供給源泉地としての使命達成、生産阿片の輸出に依り為替資金の獲得並財政収入の確保に在り」と（蒙古自治邦政府経済部煙政塩務科「蒙疆ニ於ケル罌粟《ケシ》阿片〔抄〕」一九四三年、前掲『資料　日中戦争期阿片政策』。同資料は以下「蒙疆罌粟阿片」と略記）。まさに「皇軍占拠地区内」でのアヘン自給を実現し、蒙疆政権の財源確保を狙ったものであった。

（２）土《ど》薬《やく》股《こ》份《ふん》有《ゆう》限《げん》公《こう》司《し》の設立

従来の阿片公会を通したアヘンの統制に代えて、政府が完全に直接管理統制しようと乗り出したわけである。そこで「蒙疆土薬股份有限公司法」などを公布し、一九三九年六月、アヘン収買業務を担う政府代行機関として「蒙疆土薬股份有限公司」（以下、土薬公司と略記）を張家口に設立した。各地にはその分公司が組織された。「土薬」はアヘン、「股份有限公司」は株式会社の意であり、資本金を一五〇万円、蒙疆地区内のアヘン商人二〇六人を出資者とした株式会社組織であった。そして、「各地区には相当資本を有し且生産者と密接なる関係にある土商（アヘン商人―引用者補注）存在し居るを以て政府は直ちに之等中間商人を排除し……従来の土商を糾合すると共に京津（北京と天津―同）地方並満洲に於ける阿片に関する経験者を包含し……土薬公司を設立せしめ、政府代行機関として彼等の持つ独特なる手腕を活用し疆内生産阿片の収買に専念せしめた」（「蒙疆罌粟阿片」。「……」は引用者による省略を示す。以下同じ）。すなわち、京津、満州をも含めて流通を仕切る資本と組織を握っていたアヘン商人を淘汰糾合して、彼等をこの土薬公司の元で勤務させた。彼らはいわば土薬公司の俸給者として組織されることとなった。農家には作った生アヘンを土薬公司に納入する義務を負わせた。それを収納し配給する部門として清査総署ができた（「清査」とは徹底的に調べるという意味）。アヘンの輸送・配給・輸出入やアヘン煙膏の製造は清査総署の許可を得たアヘン配給人のみ可能とし、配給価格も清査総署が決めた。こうして七月一日、蒙疆政権がアヘンの生産・流通を直接統制する専売制度が正式に始まった。

（３）「全く成果に見るべきもの無し」

こうした政策によって、アヘンはそのケシ栽培農民→土薬公司→清査総署→土薬店（卸売商）→小売人・アヘン館→アヘン中毒者というネットワークが作られていった。蒙疆政権は「漸禁主義」を掲げながら、実際には大量にアヘンを輸出するための増産を狙った。従来はほとんどケシ栽培が行われていなかった察南・晋北両地域でも栽培が推進された。国民政府側の推計によれば、一九三八年と三九年の二年間の蒙疆政権の税収のうち最も大きな比重を占めていたのはアヘン税で、全税収のうち約二六・四パーセントを占めた。他の税収源である田賦（農業税）一三・六パーセント、統税（製品出荷税）九・九パーセントなどを超えていた。

しかし、それでも一九三九年度の実績は「現地清査官署職員を総動員し関係各機関と密接なる連繋の下に本制度の普及徹底を図り献身的繳《きょう》土《ど》工作（アヘンの集荷督励工作のこと―引用者補注）を強行実施すると共に、土薬公司を指導啓蒙し蒐荷に万全を期したるも全く成果に見るべきもの無く、当初予想数量の一〇パーセントに満たざる実績を以て所定の収買期間を終了」という惨憺たる結果に終わった。当初予想量は七〇〇万両で、集荷実績は九十万両以下であった（「蒙疆罌粟阿片」）。その原因について蒙古自治邦政府では水害等の自然的悪条件に加え、新制度初年度で民衆の認識が欠けていたこと、治安不良等により農家が故意又はやむを得ず期間内に納入しなかったことを挙げている。より本質的には、「個人主義的利潤の感情最も強度なる土商群をして……阿片の国家追求統制理念の下に利潤関係を唯一定の蒐荷手数料制に限定せられたる為商業的甘味を全く喪失し、勢い之が業務の積極性を欠き且機構外に残されたる土商は反制分子として盛に暗躍宣伝を為し或いは大規模の密輸」（「蒙疆罌粟阿片」）をなしたからに他ならなかった。すなわち、生産減のために大市場の北京や天津などで高騰した市場価格と土薬公司の蒐荷手数料制による公定買い上げ価格との大きな格差、売り惜しみや闇取引、密輸の横行などがまねいた事態であった。

四、蒙疆土業総組合の設立

(1) 蒙疆土業総組合の設立

蒙疆アヘンの減産と輸入アヘンの杜絶という一九三九年の苦境に直面して、蒙疆政権は再び方針を転換する。すなわち土薬公司・清査総署といういわば公的機関の設立によってアヘン専売制度を作り運営してきたのを止め、それ以前のやり方に戻して「制度の理念を顧慮せず当面の対策とて……蒙疆阿片に（アヘン商を―引用者補注）指定収買人として指定し、各地に於ける地盤に夫々復帰せしめ現地農民との間に金融資本関係を含めたる従来の極めて封建主義的商業関係を再び確立せしめ、相当の利益を容認し積極的阿片蒐荷活動を為さしむべく各収買地区毎に右指定収買人を以て土業組合（拾組合）を結成せしめた」（「蒙疆罌粟阿片」）。「土業組合」とは「土」すなわちアヘンを扱う商人の業界組合の意であった。

こうして制度本来の理念である政府による一元的直接的管理統制方式を後退させてまでして一九四〇年三月、土薬公司をわずか九カ月で解散し、北京・天津を含めた従来のアヘン収納人を指定し彼らによって各地に「土業組合」を結成していくこととなった。具体的には一九四〇年六月、土薬公司に代わるアヘン収納の新機構として張家口に「蒙疆土業総組合」が設立され、各地十カ所に地方土業組合が設立された。そして「収買価格を固定せず、密買価格並に……京津市場価格と睨合わせ、収買価格を適時更定出来得べく最低価格のみを定め……随意に収買せしめ」る方式、すなわち「可変式収買価格制」に改められた（「蒙疆罌粟阿片」）。北京・天津の市場価格に順応した価格で、アヘンの収買や土業組合への払い下げを認めたわけである。その上で、組合側は収買価格と配給価格との差額から得られる利益（一両あたり七〜八円）の約三分の一を蒙疆政権に納め、残り三分の二を土業組合に留めた。それは、蒙疆政権が土業組合の稼ぎの中から上前をはねることで収益を確保する間接的統制方式への転換であった。

(2) アヘン輸出の「飛躍的好成績」

こうして間接的統制方式が始まった。一九四〇年度は自然条件の好転に加えて収買価格の大幅引上げが生産者の意欲を引き出し、六七一・八万両の好成績を上げて収買を終えた。蒙疆政権は前年度に比して、約七・六倍のアヘンを収納し、約五・三倍のアヘンを管外へ配給することができた。さらにその後の展開について、興亜院蒙疆連絡部は一九四二年八月の「蒙疆ノ阿片事情ニ関スル報告竝ニ意見」（前掲『資料日中戦争期阿片政策』。以下同資料は「報告竝ニ意見」と略記する）の中でこう述べる。一九四一年度（一九四一年七月〜翌年六月）は「単位面積の増収、煙地の把握、密作密取引の防遏、適正収納価格の決定、収買人制度の強力なる管理統制に依る運用等生産竝に収納に万全を期し」、天候も悪くはなかったこともあり、一九四〇年度の収納実績六七一・八万両に比し、一九四一年度のそれは一一一四・五万両で、「飛躍的好成績を挙げ得たり」と（前掲『続・現代史資料十二　阿片問題』）。それに伴い蒙疆政権のアヘン収益は増大した。

蒙疆政権の財政でみてみると、一九四〇年度一般会計歳出予算五九七一万円のうち、アヘン収益は一五六二万円という巨大な額で約二六パーセントを占めた。一九四一年度もまた自然条件もよく不正業者の取締も比較的厳正に行われたので、収買工作は好成績を収めた。一九三八年から一九四一年までの蒙疆における総輸出額とアヘン輸出額の比率は**表2**のとおりである。一九三九年はアヘン輸出額が落ち込んだが、一九四〇年、一九四一年と急速に回復していったことが知られよう。特に一九四一年は蒙疆政権側が「未曾有の好成績」と自賛するほどの収買と輸出の実績だった。蒙疆の経済、貿易がいかにアヘンに頼った歪《いびつ》な構造になっていたかも明らかである。

（3）蒙疆アヘンの配給先

では、輸出高の増えたアヘンはどこに供給されていったのか？　一九三九年から四一年までのトータルでみると大消費地上海を中心とした華中に一〇九八・〇万両（五五・四パーセント）、北京・天津を中心とした華北に四八二・五万両（二四・三パーセント）、満州に二三八・〇万両（一二・〇パーセント）、そして日本にも八四・二万両（四・二パーセント）、それぞれ輸出された。蒙疆地域内に供給したのは三・六パーセントに過ぎない（前掲『日本の中国侵略とアヘン』の表V―5より）。地元よりも中国各地に大量に供給されていったわけである。

表2　1938～1941年度蒙疆からの総輸出中のアヘン輸出額（単位：千円）とその比率

	1938年度	1939年度	1940年度	1941年度
総輸出額	108392	97056	123647	183770
アヘン輸出額	43821	26866	64345	77598
同比率（%）	40.43	27.68	52.04	42.23

（前掲『日本の中国侵略とアヘン』219頁より）

上海へは三井物産が蒙疆アヘンの輸入を担った。その最大の受け入れ先は一九三八年三月樹立の中華民国維新政府や、その二年後に樹立された汪兆銘政権であった。維新政府の場合、日本軍の南京占領（一九三七年十二月）から十カ月後の時期において市収入の二〇パーセントをアヘン販売でまかなった。一九三八年十二月末、維新政府は蒋介石国民政府が一九三六年六月に公布した六年禁煙計画の条例を廃止する政府令を公布し、国民政府の禁煙政策を否定した。汪政権は税制は基本的に国民政府のものを継承したが、アヘン税に関しては一九四四年まで中央法令は整備されず、ほとんど無法状態ともいうべき事態が続いた。

一九四一年度の中国本土各地への配給実績でみてみると、配給高は蒙疆品四五二・三万両、イラン品四二・五万両、「其ノ他品」二十・五万両で計五一五・三万両であった。それとは別に翌年度への繰り越しが蒙疆品一五八・八万両、「其ノ他品」二十・五万両、計一八六・三万両あり、総計七〇一・六万両であった。配給高五一五・三万両の地区別配給先は**表3**のとおりであった。日本軍の占領下にある「中支三省」すなわち江蘇省、浙江省、安徽省の三省と、漢口地区などの表中の諸地域こそが汪政権の実質的な支配地域であり、それを主要に支えたのがまさに蒙疆アヘンで、イラン品が途

表3　1941年度の中国本土各地への蒙疆・イランアヘンの配給実績（単位：万両。1両は36ｇ）

	中支三省	漢口	広東	厦門	汕頭	海南島	計
配給高	327.6	71.0	76.7	28.1	7.2	4.7	515.3

（興亜院華中連絡部「昭和十七年度支那阿片対策打合会議資料」1942年8月19日、前掲『続・現代史資料12　阿片問題』所収）

絶えた後はさらにそれに全面的に依存することとなった。華中に輸出された蒙疆アヘンの決裁は物資で支払われ、綿布、茶、小麦粉などが華中から移出され、支払残高で麻袋、葉煙草、麵袋などの購入にもあてられるというバーター方式であった。アヘンによる収益が華中からの物資購入資金として使われただけでなく、蔣介石政権地域からの食糧や物資の購入にも使われた。

五、アジア太平洋戦争の勃発と蒙疆アヘン

（1）「大東亜」への供給地としての蒙疆

一九四一年十二月、アジア太平洋戦争勃発以降の南方占領地の拡大に伴って、当地域におけるアヘン政策の策定が急がれた。おそらくは興亜院華中連絡部が作成に関与し、時期は一九四二年の三月以前のものと推定される「南方占領地ニ於ケル阿片政策暫定要領」は、日本の南方占領以前に各国がとっていたアヘン政策について、「一応其の題目は断禁政策と称すれども、寧ろ吸煙者の漸増、財政収入確保を計る為の販売方策等」や、「南方占領地に於ける阿片収入は各地財政収入の主要なる地位を占むる点より見る」と「右政策は単にお題目たるに過ぎざるものなり」と見ていた。そして、代わって統治者となった「我が方の施策としては当分の間右政策を踏襲し、各占領地に於ける財政収入確保の為、左記阿片制度を実施するを可とする」としている。こうして、各国が占領地で行っていた「断禁政策」が「単にお題目たるに過ぎ」ないと言い放ちつつ、身に覚えのあるその方式を日本も「踏襲」すると称して、中国、満州、蒙疆からさらに南方地域へと敷衍させていくこととなった。

そのことは、日本の蒙疆アヘンへの依存を一層深めた。蒙古自治邦政府経済部煙政塩務科の奥野重敏は、こう述べている（「蒙疆罌粟阿片」）。戦争の勃発で外国産阿片の輸入が杜絶したことに伴う「適地適作主義に則り」、蒙疆は栽培経験もあるので、「当地域（蒙疆―引用者補注）は大東亜共栄圏内各地域に対する阿片供給源泉地として阿片生産の重大責務を負荷せしめられたり。更に加えて当政権の財源は極めて乏しけ

れば、財政収入を計らんが為、……茲に罌粟を栽培し阿片を以て財政経済の根幹とすべき政策を採用しあれば、目下罌粟の栽培を厳禁して絶対的断禁はなし得ざる現況にあり。」蒙疆はまさに「大東亜共栄圏内各地域に対する阿片供給源泉地として」も、また蒙疆政権自体の財源確保のためにも「絶対的断禁」は遠ざけられ、一層「阿片生産の重大責務を負荷せしめられ」ることとなった。

そのため、従来の「収買成績向上を主眼とする収納阿片の組合払下制を廃止し、阿片制度の本来の理想とする政府買上制を実施し、可及的多量且敏速に阿片を共栄圏内に供給する一方、為替資金の獲得操作を容易ならしむると共に、政府財政収入の増大を図」ることとなった（「蒙疆罌粟阿片」）。それはすなわち、指定された収納人（土業組合）が生産者から買い上げる買付単価に粗利益を加算して収納単価とすることを基本とする方式で、こうして一九四二年度は再び組合払下げ制から政府が直接収買を統制する政府買上制への転換をはかった。アヘン政策は二転、三転し、混迷の度合いを深めていった。

(2) 四年間の収納実績と総括

一九三九〜四二年度の間、アヘン収納予想量と収納実績量とでは大きな開きがあり、それがほぼ常態となっていたことが**表4**から見てとれる。また年度によって実績量に大きな開きがあることも示されている。この時期、アヘン政策の制度的枠組みは概観してきたようにアヘン公会、蒙疆土薬股份有限公司、蒙疆土業総組合、そして組合払下制から政府買上制への変更と、めまぐるしく転変を重ねてきた。アヘンの収納実績は、まさに天候や制度のあり方によって大きく左右されていたといえよう。天候に関して言えば、ケシの作付けの「指定面積」に対して、「作付不能面積」を含む「災害面積」は実に二五パーセントを想定し、天候不順によってはその分の収量減を見込まざるをえない状況があった（「大陸連絡会議ニ基ク阿片蒐荷緊急対策案」一九四二年と推定）。一九四一年五月、満鉄・北支経済調査所も「蒙疆ニ於ケル阿片」なる文書の中で、それまでの蒙疆アヘン政策を総括してこう述べている（前掲『資料　日中戦争期阿片政策』）。

　現実的政策としての財政策として財源の基礎を阿片に置くことは已むを得ないとして、阿片の及ぼす社会的影響

表4　蒙疆アヘン収納量の推移（単位：万両）

	収納予想量	収穫実績量
1939年度	750.0	88.7
1940年度	528.5	671.8
1941年度	755.0	1124.3
1942年度	1090.8	398.7

（前掲『資料　日中戦争期阿片政策』169頁の第22表の表記を一部改変して引用。表4では「収納実績」については原表の百両の位を四捨五入して示した。）

> 及国際的観点からしても一時的方策たるべきは勿論、阿片それ自身自然的条件に支配せらるること大なる作物を財源の基礎とし之に期待を持つことは、蒙疆国家将来の健全なる発展を約束し得るものではなく、不安定極まるものと謂わなければならない。此の意味に於て飽く迄過渡的性質のものとして阿片依存の危険性を充分認識してかかり、他に代る何等かの財源の確保により健全財政の確立を図り、他面積極的阿片禁絶政策に乗り出すべきであろう。

(3)満州の「過去の失敗」と蒙疆

満鉄側のこの認識は当時の状況の中では、当を得たものであったといえよう。もっとも、満鉄とて「他に代る何等かの財源」など具体的な妙策があったとは思えない。その結果が**表4**に示されているような必ずしも意のままにならぬ収納実績であったが、蒙疆アヘン政策の舵をとってきた人びとは、おそらく舵をきりながらどこか既視感を覚えていたことであろう。それは満州でのアヘン政策の体験である。一九四一年六月から四二年十月まで蒙古連合自治政府経済部の次長沼野が所持していた文書の一つ「満州国ニ於ケル阿片政策」(一九四二年作成のものと推定)はこう述べる(前掲『資料　日中戦争期阿片政策』)。

> 阿片収買機構は当初の収買人制より農事合作社制へ、納入組合制へ移行せるも、蒐荷不振に鑑み一部以前の収買人制を採用すべしとの論台頭せる……。……阿片政策上最も慎重を要すべき収買機構に対する急激なる改廃は極力避く可きものなるを、満州の実体は深く我々に示し居るものと云うべし。満州国の阿片政策に関連して我が蒙疆に於ける阿片政策を思うとき、蒙疆は満州における過去の失敗に鑑み少なくとも前者の轍を踏まざる如く、急激なる阿片政策の改廃等は極力避け、漸進的に改善を加えつつあり。

アヘン政策の前例は隣接した満州にあったが、しかし、その「過去の失敗」に学び、「前者の轍を踏まざる如く」という教訓が生かされたとはとうてい思えない蒙疆アヘン政策の蛇行はその後も続いた。

前述のとおり、一九四二年度は組合払い下げ制から政府買上制へと「最も慎重を要すべき収買機構に対する急激な改革」が行われた。しかし、その結果は惨憺たるものとなった。同年度の収買は興亜院が決めた移出割り当て最低額の一〇〇〇万両を大きく下回り、「遂に四百万両に達せざる不成績を以て収買を終了」した。「旱魃、風害、雹《ひょう》害」等の天候不順もあったが、主要な原因は前述の奥野重敏が言うように、「華北、満洲の凶不作に伴い俄然京津市価並各地の密売買価格高騰し、従って密売買不正業者の暗躍は活発化し、農民は生産阿片の組合納入を嫌い、或いは先高を見越し売惜み」（「蒙疆罌粟阿片」）をしたからであった。蒙疆政権は元来買い付けとアヘン館などへの販売という二つの業務をもっていた土業組合の販売権を取り上げ、土業組合への払い下げを止めて政府が買い上げる制度に変えた。そのためにアヘン販売権を失った土業組合が猛反発したことも収買量低迷の一因となった。この大不作は蒙疆政権にとって「当政府資金関係其他に甚大なる影響を及ぼしたるを以て……一大決意のもとに同組合を解散せしめ」ることとなった（「同」）。こうして土業組合は一端解散され、一九四三年には収買人等を入れ替える大改革を行った上で再発足させるなど、日本側と一体で生産量、収買量の回復を図った。

六、大東亜共栄圏の「大アヘン政策」

（1）余剰阿片の消費地としての「大東亜」

一九四二年八月、「昭和十七年度支那阿片対策打合会議」が開かれたが、そこに出された興亜院蒙疆連絡部の前掲「報告並ニ意見」は、一九四二年度の収納予想量の激減が見込まれる中こう述べる。華北について「華北向相当量の密輸行われ之が地域内収納に及ぼす影響看過し得ざる状態に在り」として、「需要側に於ても特別の事情等発生せざる限り円滑に引取る様」、既決計画に沿った確実な「地域内収納」すなわち華北が購入することを求めた。このころ華北では一部の指定された地域でのケシ栽培以外は原則禁止とされていたが、実際には大規模な密栽培が行われ、それが統制に服さない「私土」となって華北・華中に大量に出回った（「現地状況報告並意見開陳」前掲『資料　日中戦争期阿片政策』所収。同資料は以下「現地状況報告」と略記する）。そうした状況の中、蒙疆側が華北側に確実な購入をあえて求めたのは、「阿片は蒙疆に於て貿易上重要且特殊的存在なるのみならず、財政収入上亦主要部門を占め、移出の円滑なる実施如何は直ちに蒙疆財政経済に重大なる影響を及ぼす」からであった。さらに蒙疆阿片の華北、華中への取引量が一九四二年度は相当減額する見込みの中、八月十九日の「打合会議」で蒙疆連絡部はこう意見した（「報告並ニ意見」）。

> 之が為蒙疆阿片は相当量余剰を生ずるものと予測せらるる次第なり。而して目下の蒙疆財政状態より長期に亘る余剰阿片の手持は困難なるを以て、何等か他に之が消費地を見出さざるべからず。事情右の如くなるを以て蒙疆は余剰阿片を挙げて南方に進出したきも、之が為には従

来の取引価格非常に低廉なるため、見返り物資に依り価格差を補填するか、或は調整料を以て之を補う等、特別操作を加えざるべからざる実情に在り。（傍点は引用者）

実際一九四二年度の蒙疆アヘンは大幅な減産となり、その分は前年度の余剰分でまかなったが、それでもなお約三〇〇万両が一九四三年度に持ち越された。急減産した年でさえ余剰となる状況は、蒙疆財政を揺るがす事態であり、たとえ価格差補填などの負担をしてでも、華北・華中の代替消費地を求めて「南方に進出」することを計った。この「打合会議」で華中連絡部から出された「昭和十七年度支那阿片対策打合会議資料」（前掲『続・現代史資料十二　阿片戦争』所収）は、「南方共栄圏各地域」在住の華僑の需要量と比べつつ「南方諸地域所要阿片数量」をおよそ年七〇〇〜一〇〇〇万両と推定している。その供給は「域内生産の外は差当り支那産品に之を仰がざるべからず」と見ていた。南方諸地域は石油等の戦略物資の供給地としてのみならず、余剰阿片の需要地としても日本の国策遂行上重要な役割を担う存在となっていた。その需要とは「阿片の補給は宣撫上将亦華僑工作上焦眉の問題」とされたものであり（「現地状況報告」）、蒙疆と南方占領地とはまさに相互依存の関係となっていった。

（2）蒙疆アヘンの衰退と汪兆銘政権

一九四二年十一月、大東亜省が発足し、アヘンの統制も同省が管轄することとなった。そして東南アジア占領地の財政収入の確保のため、専売制を柱とする「大東亜共栄圏を通ずる大アヘン政策」の確立が目指された。蒙疆政権はその中枢に位置づけられた。しかし、蒙疆アヘンの東南アジアへの販売は、収買量の激減によって一九四二年末までは実現しなかった。一九四三年度は一九四二年度に実施された政府買上制を廃止し、一九四一年度以前の組合への払い下げ制度が復活した。一九四三年九月、大東亜省は「昭和一八年度蒙疆阿片配分計画」を策定したが、それによればこの年度の収納量は一一一〇万両、蒙疆外への移出高六一五万両とされた。六一五万両のうち華中華南向けが一九五万両（約三二パーセント）、南方向けが一一〇万両（約一七パーセント）で、南方向けの輸出計画高は華中華南に次ぐ大きな比重を占めていた（前掲『続・現代史資料十二　阿片問題』）。

しかし、この一九四三年以降の蒙疆アヘンの生産は衰退していった。その理由として、第一に公定収買価格が一両（三六グラム）八・二元（円）であるのに対して「私土」価格が十九・七五元（円）にもなったので農民が「私土」に走ったこと、第二に食糧価格が高騰し、農民がケシ栽培をするメリットがなくなったこと、第三にケシ栽培の高額な税が高粱の三・二倍、小麦の二・四倍となっただけでなく、ケシ栽培は各種の取り立てがあったこと、第四に抗日武装勢力の対日協力政権側への攻撃で蒙疆アヘンの生産が委縮したことなどがあった（蘇智良『中国毒品史』上海人民出版社、一九九七年）。

それに加えて、一九四三年末には汪兆銘政権が学生らの激しい反アヘン運動に見舞われた。上海や南京を中心とした華中は汪政権の主要支配地域であったが、その華中の諸都市で起こった反アヘンの街頭行動であった。汪政権は学生や国民の支持を調達するためにも、アヘン取締政策に乗り出さざるを得なくなった。その影響も受け一九四三年も市場が縮小し、蒙疆での収量も半減した。戦後の東京裁判に出された検察側最終論告では、日本政府は「汪政府が阿片は蒙古政府（蒙疆政権―引用者補注）の主要財源であることを考慮すると云う条件で、汪政府が中国の戦前の阿片禁圧措置に復するのを援助する約束をした」という。その後の汪政権側と日本側との交渉に基づき、具体的なアヘン禁止の措置がとられていき、一九四四年四月から年末までの蒙疆からのアヘン輸入月平均は一〇万オンス以下で、宏済善堂（一九三九年五月、対日協力政権の維新政府下で組織された阿片販売機関）の時の毎月の輸入の四〇パーセント以下となった。

（3）「人道上由々しき悲惨事」

一九四三年十一月、大東亜省は本土や各植民地の機関で構成する新たな阿片協議会を開き、占領地の拡大に伴って阿片の管理調整の範囲を拡大して行うことや、より純度の高いアヘンを作るための原料の供給確保などについて協議を行ったもようであるが（参考文献中の刘成虎らの論文）、一九四三年以降の蒙疆アヘンの生産・収買実績額は不詳である。華中での反アヘン運動などもあり必ずしも順調であったとは思えない。しかし、少なくとも一九四三年はケシの栽培面積は前年に比しておよそ一万ムーほど増加して十四・四万ムーとなっている。蒙疆政権の一九四四年度一般会計予算の第四次補正後の規模は二億二〇二八万円だったが、その歳入内訳は租税六八〇七万円、専売益金（アヘン収入）六〇〇〇万円で、相変わらず租税に次いで大きな比重（約二七パーセント）を占めていた。ただ、汪政権のアヘン取締方針を政治的な判断から受容したからには、蒙疆アヘンの最大の消費地であった華中の需要の減退は、蒙疆アヘンの生産を減退の方向へ向かわせる力として作用したであろう。勿論それは道義的な観点から導かれたものではなかったが、アヘンの害毒については蒙疆政権側もそれを操った日本側も十二分に知り尽くしていたことは言うまでもない。蒙古自治邦政府内にいた前述の奥野重敏は

「蒙疆罌粟阿片」の中でこう戒める。

阿片の害毒に就ては今更茲に事新しく蝶々する迄もなく遍く世人の知る処深く之が吸飲を戒めあり。モルフィン、コカイン、ヘロイン等の麻酔薬類の濫用は人類をして無気力と無能に陥れ廃頽せしむ、人道上由々しき悲惨事にて世界人懊悩の対象なり。因て大東亜共栄圏内各地は勿論、全世界に亘りて之が吸飲耽溺を恐れ取締管理のために必要なる手段を講じ之が撲滅を計画実施中なり。……阿片禍は急激に支那全土に蔓延し現下支那人は既に阿片なくしては生き難き状態に迄立到りあり。

そう述べつつ、同文書は続けて「吾蒙古自治邦政府管下に於ても夙に吸煙断禁の必要を認め、癮者数の調査登録を企図し、既に阿片煙膏の適正なる配給を実施しつゝ、漸減的断禁政策を実施中」であったと、ある意味正直に記している。「現下支那人は既に阿片なくしては生き難き状態に」あり、「夙に吸煙断禁の必要を認め」ながら断禁政策は採らず、「漸減的断禁政策を実施中」というのは論理矛盾、直截に言えばペテンにほかならない。「断禁を窮局の目標とする漸禁主義」(前掲「阿片に関する打合項目」)、すなわちいつともしれぬ遠い将来の断禁を掲げつつ、当面はせっせとアヘンで稼ぐという日本のアヘン政策が本質的に持つ矛盾、あるいは欺瞞が中国の人びとの間にアヘン禍を広げていった。

おわりに

日中戦争・アジア太平洋戦争の中で、蒙疆アヘンの戦略物資としての重要性に視点をおいて日本や蒙疆政権のアヘン政策の推移を整理してきた。蒙疆政権下のアヘン収買・配給組織は阿片公会、蒙疆土薬股份有限公司、蒙疆土業総組合、そして政府買上制へと転変を重ねたが、その経緯からは日本のアヘン政策の諸矛盾が見えてこよう。第一に、建前ではアヘンの「漸禁」を掲げつつも、実際には蒙疆を主要な供給地としてその増産を常に図ったこと。第二に、アヘンへの需要増や天候不順等による供給減で市場価格が上り、政府の収買価格との乖離が生じ、ケシ農家は密売に走ったこと。逆に価格が下がれば、生産意欲を減じ供給が減少するなど、何れの場合でも統制に服しにくい商品であったこと。第三に、汪政権の対応にみられるように、対日協力政権の財政基盤を強化する戦略資源として蒙疆アヘンは重要ながら、アヘン禍の広がりは同政権への批判を招き、逆に政権基盤を揺るがしかねない契機をはらんでいたこと。

こうして蒙疆アヘンは幾重にも重なる矛盾が随時随所に露呈し、天候に左右される農作物であったこともあってその需給調整は難航した。自然、価格は不安定となり収買と販売の価格差を狙ってアヘン商らが暗躍し、密輸・密売が横行した。たとえケシ栽培地が拡大したとしても、それは食糧生産地の減少を意味し、食糧不足やそれに起因する政治不安、農民の離反、ひいては抗日勢力の拡大を招いた。そうした状況に直面して、日本の蒙疆アヘン政策は幾度も軌道修正を余儀なくされた。そして、アジア太平洋戦争の勃発による「南方諸地域」への戦域の拡大はアヘンの需給や価格にさらに不確定要素を加えた。蒙疆アヘンをめぐる政策の混迷は戦局の悪化によって一層深まっていき、日本の敗戦とともに蒙疆政権、蒙疆アヘンは潰え去った。しかし日中戦争の勃発以来、各地の対日協力政権や占領地の財政基盤の強化や特務工作のために常にアヘンの収益増が求められ際限なくその害毒は広がり、多くの中国や南方占領地の人びとの心身をむしばみ続けた。

残された課題も少なくない。「私土」を取り締まる蒙疆政権側と末端の生産農民やアヘン商側との攻防の実態、アジア太平洋戦争期の蒙疆アヘンの生産・収買実績、南方占領地との関係の具体的状況などは詳らかにできなかった。今後の検討課題としたい。

参考文献（本文中で論じた論著以外のもののみ記す）

内田知行「内モンゴルの抗日政権とアヘン政策」（平野健一郎編『日中戦争期の中国における社会・文化変容』東洋文庫、二〇〇七年）

小林元裕「日中戦争と華北・蒙疆」（『年報　日本現代史』第二十三号、二〇一八年）

関智英「「蒙疆」と日本のモンゴル統治」（『近代中国研究彙報』第三十号、二〇〇八年）

張存文「一九三九―一九四二年蒙疆政権鴉片産量及配給政策探析」（『蘭州教育学院学報』第三十五巻五期、二〇一九年）

農偉雄「日拠時期的蒙疆煙禍」（『抗日戦争研究』一九九八年三期）

朴橿『中日戦争与鴉片（一九三七〜一九四五）――以内蒙古地区為中心』（国史館、一九九八年）

劉成虎・裴麗婕・高宇「日本戦時偽蒙疆産鴉片供求調節政策探析」（『中国経済史研究』二〇一九年四期）

◎コラム◎

「満蒙《まんもう》」「蒙疆《もうきょう》」とはどこか？

堀井弘一郎

著者略歴は本書収録の堀井論文「蒙疆政権のアヘン」を参照。

一、「満蒙は日本の生命線」

この表現は一九三一年一月、松岡洋右衆議院議員（後の外相）が議会演説の中で使ったものである。「満洲」（以下、満州と略記）やその西方の内モンゴル地域へと勢力拡大を図る国策推進のチャッチッコピーとして抜群の宣伝効果を発揮した。満州という言葉は清朝時代、東北地方に東三省（黒龍江省・吉林《きつりん》省・奉天省）が置かれ、この地域の地名として使われるようになった。「満蒙」の「蒙」が思いおこさせる「蒙古」（モンゴル）は「内《ない》蒙古」（内《うち》モンゴル）と「外《がい》蒙古」（外《そと》モンゴル）に分けられる。

しかし、松岡演説より約二十年前に「満蒙」の語が登場した頃は、「満」も「蒙」もその地域概念はより狭小であった。一九一二年の第三回日露協約で、内モンゴルのうち北京と同じ東経一一六度二十七分より東の地域を日本の勢力範囲、西の地域をロシアの勢力範囲と相互承認することとなり、日本人の間で「東部内蒙古」という地域概念が誕生した。同時にこの頃以降、「満蒙」という地域概念も登場した。この時点での「満蒙」の「満」は、一九〇八年の第一回日露協約で日本の勢力範囲とロシアに認めさせた「南満州」を指し、「蒙」は「東部内蒙古」を指していた。合わせて「南満東蒙」とも呼ばれた。その後、日本の勢力拡大につれて、「満蒙」はその意味する範囲が曖昧なまま次第により広大な地域を想起させる言葉となり、松岡の演説へとつながっていった。松岡が演説からおよそ半年後に出版した著書の書名はまさに『動く満蒙』（先進社、一九三一年）であった。

二、「民族発展の特殊使命」を担った「蒙疆」

「蒙疆」という言葉は、「蒙古」の「蒙」に、土地、周辺部あるいは境という意味あいの「疆」が組み合わさった言葉である。決して古くからの呼称ではなく、一九二一年、張作霖が中華民国北京政府から「蒙疆経略使」に任じられたのが、「蒙疆」が初めて公式の職名・組織名として使用された例である。その際の「蒙疆」は外モンゴルやその辺境地帯を意識したものであったが、実際に張作霖の支配が及んだのは後に熱河省、察哈爾《チャハル》省、綏遠《すいえん》省となる三つの特別区だけであった。日本が関連して「蒙疆」の文字が公式に使われたのは、一九三七年十一月に日本の肝いりで結成された蒙疆連合委員会が最初と見られる。「蒙疆」は内外モンゴルの領域を漠然と表す緩やかな言葉として登場したもので、当時から語意の明確な説明がなされていたわけではなかった。語意の曖昧さがむしろ日本の国策推進にとって好都合な面もあったともいえよう。

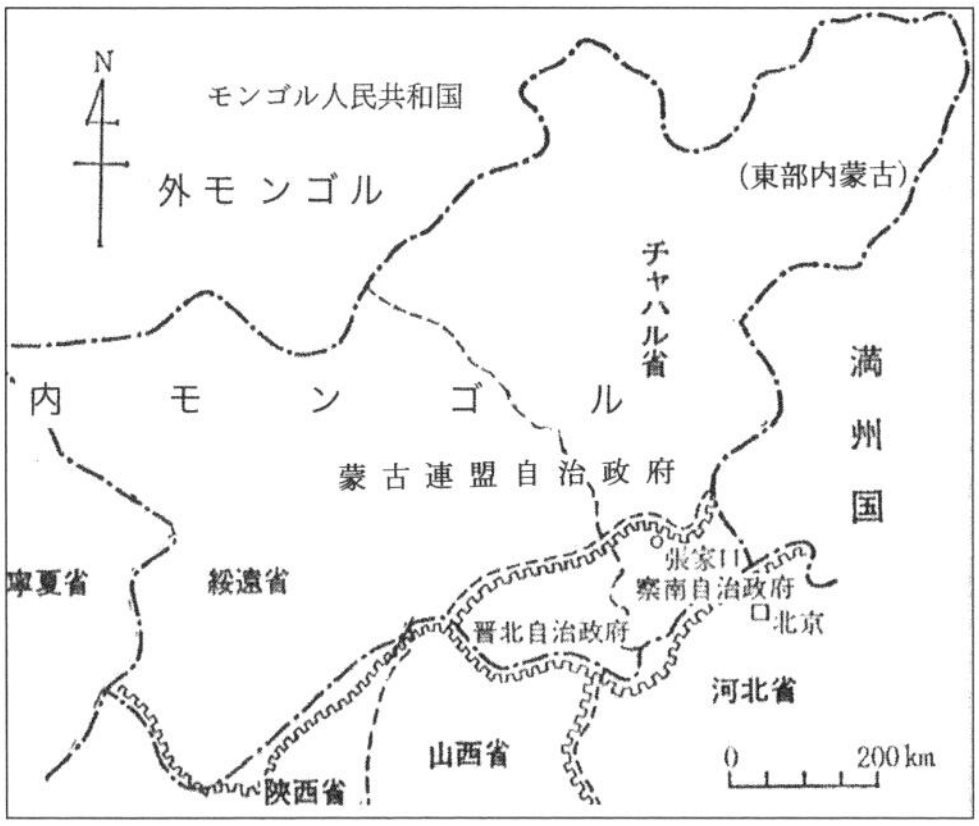

図1　蒙疆政権地域図（1937年10月）
（江口圭一『日中アヘン戦争』岩波新書、1988年、61頁の地図を一部加筆補整したもの）

　日本が勢力拡大を図った「蒙疆」は、現実的には内モンゴルのうち満州国境に近い地域、すなわちチャハル省、綏遠省、山西省北部（晋北）などの地域であった。当時の経済地理の本には「蒙疆地域は、東亜新秩序建設上防共の鉄壁たる特殊地域をなすものであり、西方支那への（日本―引用者注）民族発展の特殊使命を有する地域」（川村得三著『蒙疆経済地理』一九四一年）などとその重要性が説明されている。一九三七年九月以降、日本はこの地に晋北自治政府、察南自治政府、蒙古連盟自治政府（チャハル省と綏遠省を束ねた）、それにこれら三つの自治政府の統括機関として蒙疆連合委員会を樹立していった。一九三九年に成立した蒙古連合自治政府なども含めて、この地に相次いで樹立されたこれらの対日協力諸政権は蒙疆政権と総称された。こうして次第に「蒙疆」の地域概念が確立していった。

参考文献
関智英「「蒙疆」と日本のモンゴル統治」（『近代中国研究彙報』第三十号、二〇〇八年）
中見立夫「地域概念の政治性」（『アジアから考える［1］交錯するアジア』東京大学出版会、一九九三年）

◎コラム◎

東亜同文書院生の大旅行誌

——一〇〇年前の学生フィールドワーク

関本紀子

著者略歴は本書収録の関本論文「フランス領インドシナのアヘン」を参照。

二十世紀前半、世界的に見ても最大級といえる中国および東南アジア地域のフィールドワークが半世紀にわたり行われた。それを担ったのは、東亜同文書院に在籍する若い日本人の学生たちであり、その数は五〇〇〇人に上る。彼らによって当時の各地の状況が、アヘンに関するものも含めて、生き生きと語られている。

東亜同文会は、日清戦争後の東亜問題に取り組んでいた二つの民間団体、東亜会（陸羯南）と同文会（近衛篤麿）が合体し成立した組織である。東亜同文会は、日中提携のための調査研究機関、人材養成組織として一九〇一年上海に東亜同文書院を開設した。これは実地で中国語や商慣行の習得を目指した、先駆的なビジネス・スクールであり、一九三九年には大学へと昇格する。現地で学ぶというユニークな教育方針を掲げ、日本国内以上に自由でアカデミズムにあふれていた学校だったという。しかし一九四五年東亜同文会会長近衛文麿の自殺など、戦後の混乱の中、東亜同文会は解散、大学も閉学となった。

この東亜同文会、および東亜同文書院は、一大中国研究拠点としての役割も担うことになる。東亜同文書院が五期生から卒業時に中国国内の調査旅行を制度として開始したことは、非常に特徴的であろう。この調査旅行は、ルートの決定から三〜五カ月にもわたる現地調査を学生のみで行うという画期的なもので、二十世紀前半の半世紀に日本人学生約五〇〇〇人が実行、世界地域調査旅行誌の中でも最大級の偉業といえるものである。二〜六名程度に編成された十〜二十の調査班は、その調査テーマとコースを自由に決定し、五月末に各地へ出発していった。徒歩を中心とした学生だけの一大調査旅行であった。

第二十期生代で中国国内はほぼ踏査され、第二十四期生以降、台湾、東南アジア各国、北方ではサハリンなどへとコースが拡大していく。東南アジア方面への調査旅行は全体の八パーセントであるが、その内七六・四パーセントが仏領インドシナを経由しており、一九一〇年から一九三九年の約三十年間、仏領インドシナに関する定点観察記録を残してきたことになる。仏領インドシナが志向された要因として、一九一〇年に滇越鉄道が開通し、雲南まで合理的に移動できるようになったこと、経済的に重要である無煙炭がベトナム北部のホンガイで産出されること、が挙げられる。

図1　仏領インドシナ調査班の班員
出典：印度支那調査班「安南を旅して」（東亜同文書院第22期生編『乗雲騎月』東亜同文書院、1926年、280頁）

　彼らの調査内容は、歴史的背景、地理的条件、政治・経済状況から風俗習慣まで多岐にわたるが、アヘンに関しても、その様子が詳細に報告されている。

　東亜同文会関係資料によるアヘン研究は、谷光隆編による『東亜同文会東亜同文書院阿片資料集成（CD-ROM版）』、および『東亜同文書院　阿片調査報告書』が挙げられる。これらは①東亜同文会および東亜同文書院が著録、編纂もしくは刊行した刊行物、②東亜同文書院の手書き稿本である「調査報告書」、以上①②の膨大な量に及ぶ資料の中からアヘン関係の記事を収集し、まとめたもので、その記事の多くは中国に関するものである。上記二つの研究の中から仏領インドシナに関する記事を抽出し、仏領インドシナのアヘンの周辺を再構築したものとしては、拙稿「仏領インドシナのアヘン――東亜同文会関係刊行物および資料からの考察」（『コミュニケーション文化論集』第十八号、二〇二〇年、四五～六四頁）がある。この中で参照している主な内容は、仏領インドシナで取引されているアヘンの種類（インド産と雲南産）、その貿易（密輸）・輸送ルート（道路、鉄道、および水上輸送）と形態、税関での記録、アヘンの取引会社、仏領インドシナにおける売買、消費の状況（アヘン館での様子など）といった報告である。英国領事などの談話、同時代における様々な立場の人々の生の声も記録されている。これらは断片的な情報ではあるが、長期間に亘り同組織が同目的のために作成した記録を相互に比較し、他の文献資料とも合わせて検討することで、当時の仏領インドシナのアヘン概要の一端が明らかにできる。

彼らが調査を行った時期は、東・東南アジアにとって一大変革・混乱期であり、史料も多くない。書院生の報告は、当時の生々しい現地の情勢を伝える史料として、極めて貴重な価値を有している。その成果は、『支那経済全書（全十二巻）』『支那省別全誌（全十八巻）』などの刊行物に利用され、戦後国内外の研究者らによって現在でも参照されている。

参考文献

加納寛「東亜同文書院生が見た仏領インドシナの日本人：一九一〇～一九三九年（特集 戦前の知識青年の記録を通してみる仏領インドシナ）」（『文明二十一』（四十二）、二〇一九年）二一～三五頁

関本紀子「仏領インドシナのアヘン：東亜同文会関係刊行物および資料からの考察」（『コミュニケーション文化論集』第十八号、二〇二〇年）四五～六四頁

谷光隆編『東亜同文会東亜同文書院阿片資料集成（CD-ROM版）』（愛知大学東亜同文書院大学記念センター、二〇〇五年）

――『東亜同文書院　阿片調査報告書』（愛知大学東亜同文書院大学記念センター、二〇〇七年）

藤田佳久『中国を超えて』（大明堂、一九九九年）

――『東亜同文書院中国大調査旅行の研究（愛知大學文學會叢書 五）』（大明堂、二〇〇〇年）

II　日本植民地・占領地のアヘン政策

裁かれた日本のアヘン・麻薬政策

小林元裕

こばやし・もとひろ――東海大学文化社会学部教授。専門は日中近現代史。主な著書・論文に『近代中国の日本居留民と阿片』（吉川弘文館、二〇一二年）、『阿片帝国日本と朝鮮人』（共訳、朴橿著、岩波書店、二〇一八年）、「日中戦争と華北・蒙疆」（『年報日本現代史』第二三号、現代史料出版、二〇一八年）などがある。

第二次世界大戦終了後、日本のA級戦犯を裁いた東京裁判では、日本が中国で実施した生物化学戦を免責する一方、日本のアヘン・麻薬政策を法廷でとりあげ、日本の戦争犯罪の一つとして糾弾した。本稿では、東京裁判におけるアヘン・麻薬問題の解明が中国ではなくアメリカ主導で進められた事実を明らかにする。

はじめに

五木寛之は現代日本を代表する作家として間違いなく名前を挙げられる一人であろう。九十歳近い現在でも作品を発表し続けている希有な存在である。その五木が高校生に向けた講演のなかで、近代以降の日本のアヘン政策を話題にとりあげたことがある。五木は、日本が日清戦争後に領有した台湾でアヘン問題に初めて直面し、専売制を導入して巨額の利益を生み出した経験から、「満洲国経営、あるいは中国大陸攻略の財源としてアヘンを使おうという発想」につながっていったと述べている(1)。

五木が話題として日本のアヘン政策をとりあげたのは、世の中には「表街道と裏街道」があり、日本のアヘン政策がまさしく「裏街道」を代表する一例であることを説明するためであった。五木は　アヘン窟でのアヘンの吸飲の仕方から、特務機関による裏工作（機密工作）、第一次世界大戦下での日本におけるアヘンの増産と製薬会社によるモルヒネ精製などを高校生が興味を持つよう軽妙に説明した。そして、「東京裁判でも裁かれなかった闇」と題した項目のなかで、日本のアヘン政策は、日本の生物化学戦（細菌戦・毒ガス戦）と同様に東京裁判で裁かれなかった戦争犯罪の一つであると指摘している。幾分長くなるが、正確を期するためにその部分を次に引用する。

（前略）アヘン戦争は歴史上有名ですけども、英国が手を引いた後も、今度は日本がアヘンに大きな活路を見いだして、植民地経営の政策として遂行していった。これはずいぶんと罪深いことをやったものだなあと思わざるを得ない。戦車や戦闘機を作る軍需産業が戦争の表の産業であったとすれば、裏の産業として麻薬での金集めが国家的になされていた。そのへんに触れずして歴史を語ることがあっていいのかなと思うんですが。

このことに関しては、里見甫《さとみはじめ》だとか、いろいろな人たちが活躍した裏話が出てきて少しずつ明らかになっています。里見甫という人物は、関東軍や参謀本部から委嘱されて、巨大な量のアヘンを三井物産とかいろんな企業を通じて取り扱ったユニークな人物です。彼は民間人なのにA級戦犯容疑で逮捕されましたが、なぜか罪に問われることなく釈放されます。そして日本の国策としてのアヘン政策が東京裁判で問題にされることはついにありませんでした。

これは生物化学兵器を取り扱っていた石井部隊と同じような事情だったかもしれません。石井四郎は免責された代わりに、アメリカに生物化学兵器の知識を提供した。僕の推論ですけども、アヘンに関しては当時の国民政府、蒋介石とか汪兆銘とかも絡んでいるのかもしれない。ですから東京裁判で、日本政府のアジアにおけるアヘン政策を問題にしていくと、戦勝国の一員である側にも飛び火していく。それでおそらく揉み消しになっていったんじゃないかと考えています。東京裁判の表の資料をどんなに丹念に読み込んでもわからない歴史の裏がありますね。(2)

日中戦争開始後に日本のアヘン政策の中心人物となった里見甫や、生物化学戦の遂行者であった七三一部隊の石井四郎についての叙述に関する史実は五木の話す通りであるが、日本のアヘン政策が東京裁判で問題にされなかったとあるのは正しくない。

一九四六〜一九四八年に開廷された極東国際軍事裁判、いわゆる東京裁判は、日本のアヘン・麻薬政策とそれに関する多くの問題についてメスを入れ、全貌を解明したといえないまでも、その事実を白日の下にさらし、実態を明らかにした。

戦勝国が敗戦国を裁いたとして否定的に評価されることの多い東京裁判であるが、アヘン・麻薬問題の解明に果たした役割は非常に大きく、五木の評価は不正確といわざるをえない。

一、東京裁判とアヘン・麻薬問題研究

東京裁判における日本のアヘン・麻薬政策の解明にもっとも早く着目した研究は、黒羽清隆「もう一つのアヘン戦争――日中戦争史の一断面」である。(3) 黒羽はこの論文において東京裁判に提出された証拠資料を収録する裁判の速記録を現代史研究にもっと活用すべきと主張しており、日本のアヘン・麻薬問題の解明を一義的な目的に論文を書いたわけではない。それでもこの論文によって日本のアヘン・麻薬政策に関する学術的な研究がスタートしたのである。

その後、日本のアヘン・麻薬問題の研究は江口圭一、倉橋正直らの代表的な研究によって深まりを見せていったが、(4) 東京裁判と日本のアヘン・麻薬政策について正面から論じた研究は驚くほど少ない。恐らく唯一と考えられるのが、ニール・ボイスターの「アヘン問題」(5) である。このボイスター論文はあくまでも法学の観点からアヘン・麻薬問題をとりあげていて、新たな歴史事実の発掘を目的とはしていない。ボイスターが明らかにしようとしたのは、日本が国際的な麻薬条約に違反したことが、中国に対する「侵略」の概念に当てはまるかどうかであり、(6) 東京裁判が「禁止条約違反の証拠に部分的に依拠しながら、核心的犯罪の個人的責任を問うという明らかな前例を残した」と消極的であるものの裁判を肯定的に評価している。(7) ここでいう「核心的犯罪」とは「戦争犯罪、人道に対する罪、組織的大量虐殺、他国への侵略など」を指す。(8)

ボイスターは同論文において重要な指摘をしている。すなわち、東京裁判の設置に関する文書では日本の麻薬条約違反について何も触れていなかったにも関わらず、起訴状のなかで麻薬問題がとりあげられた理由を、「この件に関してはアメリカ合衆国政府が多大な影響を及ぼしたようである」と推測した点である。(9) 本稿は以下にこのボイスターの推測が正しいことを傍証によって固めたいと思う。

二、中国とアメリカの動向

第二次世界大戦において日本の侵略による最大の被害国となったのは中国である。中華民国国民政府外交部長や国民党国防最高委員会秘書長などの要職を務めた王寵恵は、一九四四年に日本の戦争犯罪調査や戦犯容疑者リストの作成に当たった極東太平洋小委員会の議長を務めた。(10) 王寵恵は終戦後

を見据え、国際法と戦争法規の観点から、①毒ガスの使用、②無防備都市及び非軍事目標への爆撃、③日本軍国主義が中国国民衆に実施した各種の暴行、の三点を日本軍国主義が中国で行った戦争犯罪と考えていた。[11] つまり、終戦前において王寵恵は日本をアヘン・麻薬問題によって裁く発想を持っていなかった。

一九四五年八月に日本が敗戦すると、占領軍総司令部(GHQ)は同年十二月八日にジョセフ・B・キーナンを国際検察局(以下、IPSと略記)の局長に任命して、日本の戦争指導者を裁くための準備を進めた。[12] 中国はGHQの要請を受けて、国際法廷へ送る人員の選考を同年十月から進めていたが、十二月七日に蔣介石が立法委員兼立法院外交委員会代理委員長の梅汝璈と上海高等法院首席検察官の向哲濬の二人を中国の代表とすることに決定した。[13] 以後、梅汝璈が裁判官、向哲濬が検察官を担当することが決まり、[14] この二人を中心として中国関係の事案が処理されていった。

一九四六年二月七日、向哲濬検察官は東京に到着すると、翌八日には早速、キーナンと面会している。[15] この面会に関して、向哲濬は十一日に、重慶にいる王世杰外交部長に宛て、IPSが三項目の「関係する事実と証拠を早急に求めている」として電報を送った。その三項目は次のとおりである。

(1)一九三一年の満洲事変、一九三七年の盧溝橋事件及び一九三七年の中日戦争における日本の陰謀と実行。条約や協定の違反を可能な限り特定する。

(2)戦時期における松井〔石根〕将軍と畑〔俊六〕将軍指揮下の日本軍による残虐行為やその他国際法違反。

(3)収益を増やし中国人を弱体化させる計画の一環としての日本の役人や民間による中国での麻薬活動。ケシ栽培及び麻薬取引についての詳細な説明、同様に、すべての侵略行為による戦闘、中国軍民の生命と財産損失の概数についての情報。

以上の情報はジョセフ・B・キーナンが率いる国際検察局が早急に必要としている。断片的で構わないので利用可能になり次第送ってほしい。[16]

この電報から明らかなように、この後、東京裁判開廷後に実際に審理されることになる満洲事変、盧溝橋事件などの日本の軍事行動と南京虐殺事件に代表される日本軍の残虐行為の他に、アヘン・麻薬問題についてIPSは国民政府に対して調査依頼をしていた。

上述した王寵恵の考えと一致するのは、「③日本軍国主義が中国民衆に実施した各種の暴行行為」に相当する(2)だけであり、(3)のアヘン・麻薬問題は中国側がIPSからの働きかけに応じた結果、この後、戦犯起訴の案件に組み込まれていった可能性が高い。

王寵恵が当初考えていた①、②が東京裁判でとりあげられなかった理由こそが、まさしく五木寛之の指摘する「歴史の裏」であり、アメリカ主導の対日占領政策・戦後政策によると考えて間違いないだろう。[17]

IPSが日本のアヘン・麻薬問題を訴因としてとりあげた最大の理由は、東京裁判の開廷後に、検察側が法廷に提出した証拠資料から明らかなように、中国の上海に駐在したアメリカ財務官や中国各地の総領事館がアメリカ本国に送った報告など、日本のアヘン・麻薬関与に関する英文の情報をすでに豊富に所持していたためと考えられる。[18]また、日本のアヘン・麻薬関与が、戦前・戦時期において明らかな国際法違反であり、国際連盟（日本は一九三三年に国際連盟を脱退した後も、アヘン・麻薬問題を討議したアヘン及び他の危険薬品の取引諮問委員会〔OAC〕に一九三五年まで参加していた）でも常に問題視されていたため、IPSにとって立証しやすかったのも理由の一つであった。さらに、他の連合国であるイギリスやオランダなど、アジアに植民地を持っていた国家と比べて、アメリカが麻薬問題に関して手を汚しておらず、当時、麻薬に対して厳しい姿勢をとっていたことも挙げられるだろう。[19]

三、田中隆吉の果たした役割

IPSは上述したアメリカ財務官の記録などから、戦時中における日本のアヘン・麻薬問題に関わる日本人関係者についてある程度の目星をつけていた。なかでも同問題のカギを握る人物として里見甫の所在を突き止めようと、確実な情報を求めていた。そこに格好の情報提供者として現れたのが元陸軍省兵務局長の肩書を持つ田中隆吉であった。

田中という人物は、中国において、一九三二年の上海事変や、その後の内モンゴルにおける謀略工作、いわゆる内蒙工作に従事し、一九三六年の綏遠事件を引き起こした張本人であった。つまり、彼自身が戦犯として裁かれてもおかしくない経歴の持ち主であった。[20]事実、田中はIPSとのやり取りのなかで、自分が法廷で裁かれなければ捜査に協力する旨の発言をして保身を図っていた。[21]戦時期における自分の行動を棚上げにして、日本陸軍の元同僚たちを連合国側に売り飛ばすかのような田中の行動や発言は、彼の歴史上の評価を著しく低くしている。しかし、日本のアヘン・麻薬問題の解明を考えるとき、田中が果たした役割は極めて大きい。

IPSが田中に初めて接したのは、一九四六年二月十八日の非公開尋問においてであり、検察側は中国でのアヘン・麻薬問題を早々に持ち出した。IPSは向哲濬検察官の来日とほぼ同時期にこの問題に関する日本での情報収集を始めたことになる。田中がIPSに語ったアヘン・麻薬問題に関する証言の内容については以前論じたことがあるので[22]、ここでは要点のみを記しておきたい。

IPSは東京裁判が開始された後も、証拠書類の核となるべき日本の所有するアヘン・麻薬問題の行政文書を収集できず、最終的に「執務報告」のような外交文書しか入手できなかった。このような状況にあって田中がIPSに提供した情報はアヘン・麻薬問題の解明を大きく前進させるものだった。田中の情報は、満州国、特務機関、専売組織などとアヘン・麻薬の関係について多岐にわたる内容を含んでいたが、特に重要なのが、アヘン売買に関与したとされる個人についての情報と日本軍によるアヘン・麻薬使用の目的であった。

田中はアヘン売買に関与した人物として非公式尋問の際には、塩沢清宣、難波経一、里見甫、及川源七の名前を、二月二五日の第三回尋問ではさらに原田熊吉、畑俊六、福家俊一、児玉誉士夫らの名前を挙げてこれらの人物とアヘンの関わりを証言した。なかでも里見甫についての情報は戦時期における日本のアヘン・麻薬政策を解明するうえで、核心といえるものだった。

里見は日中戦争勃発後に日本陸軍から華中でのアヘン売買をまかされた上海宏済善堂の副董事長を務めた中心人物であり、IPSは里見の所在を突きとめようとしていた。田中は、里見が京都にいるという貴重な情報を与えた[23]。その後間もなくしてIPSは里見を探し出し、里見本人から日本のアヘン政策の核心といえる情報を得ることに成功した。そして里見を東京裁判の法廷に検察側の証人として出廷させ、被告たちを前に証言させたのであった。

四、裁かれた日本のアヘン・麻薬政策

向哲濬検察官は、IPSから要求された三項目について調査するため、キーナン、トーマス・H・モロー米検察官、デビッド・N・サットン米検察官らとともに上海、北京、重慶、南京を一九四六年三月から四月にかけて訪れ、証人への尋問や証拠資料の入手に当たった[24]。

五月三日に開廷した東京裁判は六月四日から検察側の立証段階に入り、日本による中国でのアヘン・麻薬問題については八月十五日以降、実質的な審理が開始された[25]。アヘン・麻薬問題は、通例の戦争犯罪として、中国侵略に際して日本が犯した戦時国際法違反を裁く審理において、南京虐殺事件に続いてとりあげられた。

法廷では向哲濬検察官ではなく、アメリカのサットン検察官が中心となって日本のアヘン・麻薬政策の実態を糾明していった。「中国における残虐行為、麻薬使用（阿片、麻薬）」部門の検察側立証の冒頭陳述は向検察官によって朗読され、日本によるアヘン・麻薬取引の目的が「（1）中国民衆の体力を低下せしめ、以て抵抗意力を弱体化せしめんとする事。（2）日本の軍事的経済的侵略を賄う巨大なる収入を挙げんとする事」の二点を法廷で明らかにすると宣言した。[26]

田中隆吉が尋問によって名前を挙げた人物のうち、この検察側立証では里見甫と及川源七の二人が証人として出廷し、里見、難波経一、そして原田熊吉の三人が宣誓供述書を提出した（難波は弁護側の証人としても出廷した）。里見の宣誓供述書と九月四日に行われた法廷での証言は、検察側の立証に厚みを加えた。

日本のアヘン・麻薬政策は最終的に東京裁判の判決書第五章「日本の対華侵略」第二節及び第七節に記されている。第二節の「阿片と麻薬」では、「日本は満洲におけるその工作の経費を賄うために、また中国側の抵抗力を弱めるために、阿片と麻薬の取引を認可し、発展させた」と結論し、[27]被告との関係で次のように記している。

日本軍の兵や将校までも、時には、利益の多いこの阿片や麻薬の販売に従事したことがあった。日本の特務機関は、占領下で、その占領後直ちに、阿片と麻薬の取引を取締る任務をもっていた。そして関東軍の特務機関が、小磯〔国昭〕のもとで、こし《ママ》不法取引に深入りしたために、南〔次郎〕が一九三四年十二月に関東軍司令官になったときには、その特務機関が関東軍におけるすべての軍紀を乱すのを防ぐために、かれはこの機関を廃止しなければならなかった。土肥原〔賢二〕はこの機関の最も主要な将校の一人であった。麻薬の取引に対するかれの関係は、すでに十分に示されていた。[28]

また、第七節の「中国における麻薬」では、華北、華中、華南の日本軍占領地においても満洲同様のアヘン・麻薬政策が随時採用され、「日本側に設置された種々の地方政権のための資金の大部分が得られた」とした。[29]そして、「一九三七年以後に、中国の阿片売買に関係していたのは、日本の陸軍、外務省及び興亜院であった。三菱商事会社と三井物産会社は、日本、満洲及び中国のために、イランの阿片を多量に購入していた」と、日本国家と民間企業の両方の関与を結論づけたのであった。[30]

おわりに

以上のように五木寛之の指摘とは正反対に、東京裁判は日本の国策としてのアヘン・麻薬政策を断罪している。五木のような歴史知識を豊富に持ち、博覧強記ともいえる作家ですら、その事実を誤認しているのは、この歴史が日本においていまだに定着していないことを物語っている。

かつて日本を裁いた側のいくつかの国では、二〇一八年十月にカナダが麻薬（マリファナ）の使用を合法化し、[31] それに先行するかたちでアメリカのカリフォルニア州なども大麻使用を合法化して、[32] 税収源の一つとした。「闇ルートに流れるマリファナを減らし、犯罪組織に資金が流れるのを抑えたり、未成年が使うのを防いだりする狙い」というのが、合法化の根拠であるが、[33] これは戦前日本のアヘン・麻薬政策、そして東京裁判における弁護側の論理と同等であり、このような政策が決して肯定されるものでないことをアメリカは東京裁判を通じて示したのではなかったか。これらの国々は東京裁判で日本に突き付けた判決とその歴史を自らが学び直す必要があるのではないだろうか。

注

（1）　五木寛之『七〇歳年下の君たちへ』（新潮社、二〇一八年）八九頁。

（2）　同前、九四、九五頁。文中に名前が挙げられた汪兆銘は一九四四年十一月にすでに死去しており、東京裁判の開廷期には生存しない。

（3）　黒羽清隆『十五年戦争史序説』上巻（三省堂、一九八四年）。

（4）　日本のアヘン・麻薬問題に関する先行研究については、小林元裕『近代中国の日本居留民と阿片』（吉川弘文館、二〇一二年）、朴橿（小林元裕・吉澤文寿・権寧俊訳）『阿片帝国日本と朝鮮人』（岩波書店、二〇一八年）で紹介している。

（5）　田中利幸、ティム・マコーマック、ゲリー・シンプソン編『再論・東京裁判』（大月書店、二〇一三年）第二一章。

（6）　同前、五〇四頁。

（7）　同前、五三一頁。

（8）　同前、五〇〇頁。

（9）　同前、五〇四頁。

（10）　王寵恵については、祝曙光『法官外交家王寵恵』（福建教育出版社、二〇一五年）を参照。極東太平洋小委員会は、一九四三年十月、連合国四七カ国が参加してロンドンに設立され、一九四八年三月まで活動した連合国戦争犯罪委員会の下部組織として一九四四年十一月～四七年三月まで中国の重慶に設置された（林博史『戦犯裁判の研究』勉誠出版、二〇一〇年）一一五頁。

（11）　前掲『法官外交家王寵恵』二三八頁。

（12）　粟屋憲太郎『東京裁判への道』上（講談社、二〇〇六年）三五頁。

(13) 向隆万『東京審判征戦記　中国検察官向哲濬団隊』(上海交通大学出版社、二〇一九年)一七、一八頁。向哲濬は王寵恵が蒋介石に推薦したという(同、二〇頁)。
(14) 同前、二〇頁。
(15) 向隆万『向哲濬東京審判函電及法庭陳述』(上海交通大学、二〇一四年)四頁。
(16) 同前五、六頁。原文は英語。
(17) 粟屋憲太郎『東京裁判への道』下(講談社、二〇〇六年)第九章は、細菌戦、毒ガス戦が東京裁判で免責された経緯について詳しく考察している。粟屋は吉見義明『毒ガス戦と日本軍』(岩波書店、二〇〇四年)に基づいて、毒ガス戦が東京裁判で免責された理由を、アメリカ軍が第二次世界大戦後も化学戦の実施を考えており、自らの作戦計画をしばることを避けるためだったとしている。また、毒ガス戦を法廷で追及するとアメリカの原爆投下責任が提起される危惧もあったのではないかと推定している(粟屋、一〇五頁)。
(18) この点はボイスターも指摘している(前掲『再論・東京裁判論』五〇七頁)。これらの証拠資料は、国家図書館・上海交通大学編『遠東国際軍事法庭証据文献集成』第七巻、第八巻(上海交通大学出版社・国家図書館出版社、二〇一四年)に収録されている。
(19) 前掲『再論・東京裁判論』五〇七頁。
(20) 伊藤隆「田中隆吉と『日本軍閥暗闘史』」(『昭和期の政治[続]』山川出版社、一九九三年)。
(21) 粟屋憲太郎・安達宏昭・小林元裕編(岡田良之助訳)『東京裁判資料　田中隆吉尋問調書』(大月書店、一九九四年)三六頁。
(22) 同前「解説」三九九～四〇五頁。この「解説」は前掲『東京裁判への道』上、二〇五～二一三頁に再録されている。
(23) 前掲『東京裁判資料　田中隆吉尋問調書』五三頁。
(24) 前掲『東京裁判への道』下、八九、九〇頁。前掲『向哲濬東京審判函電及法庭陳述』九～一二頁。
(25) アヘン・麻薬問題に関しては、八月十五日以前にも南京虐殺事件の審理の最中に、日本軍占領下の南京で麻薬取引の状況に変化があったかなど証人に対する検察官の尋問が行われていた。
(26) 『極東国際軍事裁判速記録』第一巻(雄松堂書店、一九六八年)六一八頁。速記録からの引用に際しては、片仮名を平仮名に、旧字体を新字体に改めた。
(27) 『極東国際軍事裁判速記録』第一〇巻(雄松堂、一九六八年)七〇一頁。
(28) 同前。この文章の後に被告・星野直樹の名前も挙げられている。
(29) 前掲『極東国際軍事裁判速記録』第一〇巻、七二四頁。
(30) 同前。
(31) 「カナダ、大麻合法化　先進国初、中毒に懸念も」(『朝日新聞』二〇一八年十月十九日)。
(32) 「大麻合法化、米で議論活発、9州が『娯楽用』解禁、健康被害指摘の声も」(『日本経済新聞』二〇一八年八月十三日)。
(33) 前掲「カナダ、大麻合法化　先進国初、中毒に懸念も」。

現代日本の薬物問題

真殿仁美

まどの・ひとみ――城西大学准教授。専門は現代中国の社会と文化、中国の社会福祉政策。主な論文に「Ⅱアジア　中国」（宇佐美耕一・小谷眞男・後藤玲子・原島博編集代表『世界の社会福祉年鑑二〇一六　第十六集』二〇一六年）、「〝健康中国〟へのみちのり：なぜ中国は健康政策を重視するのか」（『中国研究月報』七十四（十）、二〇二〇年）「中国のセクシャル・ハラスメント問題への対応と「#Me Too」運動の影響（特集「ハラスメント」問題）」（『城西現代政策研究』十二（一）、二〇一九年）などがある。

薬物を取り巻く環境は、複雑になっている。本稿では、国内における薬物問題をめぐるこれまでの動向をふり返り、日本の薬物問題への姿勢を見極める。同時に、これまで国際社会が、厳罰主義を掲げて取り組んできた薬物政策に批判が向けられるなか、新たな視点が求められていることについても取りあげる。さらに、国際社会の一部で先行して取り組まれている大麻の合法化についても見ていく。

一、日本の薬物関係法における薬物規制内容

日本には薬物関係法として、薬物四法、薬物五法などがある（**表1**）。薬物四法とは、①大麻取締法、②覚醒剤取締法、③麻薬及び向精神薬取締法、④あへん法、の四つの法を指す。薬物五法は、①〜④に、⑤麻薬特例法を加えた五つの法を指す。

それぞれの法において、規制する薬物やその内容について定められている。長年、日本特有の薬物問題と目されてきた覚醒剤は、覚醒剤取締法によって、輸出入、所持、製造、譲渡、譲受、使用が取り締まりの対象として定められている。この覚醒剤取締法は、一九五一年に成立した際は、「覚せい剤」とひらがな表記であった。「醒」の漢字が二〇一〇年に常用漢字に登録[(1)]されたことを受け、二〇一九年の法改正において「覚醒剤」と表記が改められた（二〇二〇年四月一日施行）。

表1　薬物関係法とそれぞれの法における規制内容

法律名称	規制する薬物およびその内容を定めた条項
①大麻取締法（1948年法律第124号）	大麻草、およびその製品（大麻樹脂を含む）
	大麻草の成熟した茎及びその製品（樹脂を除く）ならびに大麻草の種子及びその製品を除く（第1条）大麻取扱者でなければ大麻を所持、栽培、譲受、譲渡、又は研究のため使用してはならない（第3条）大麻を栽培し、日本若しくは外国に輸入・輸出した者は七年以下の懲役に処する（第24条）大麻を所持し、譲受、譲渡した者は、五年以下の懲役に処する（第24条の2）第24条、第24条の2、第24条の4、第24条の6及び前条の罪は、刑法第二条の例に従う（第24条の8）
刑法（1907年法律第45号）	（すべての者の国外犯）この法律は、日本国外において次に掲げる罪を犯したすべての者に適用する（第2条）（次に掲げる罪：1（削除）〜8項）
②覚せい剤取締法（1951年法律第252号） 現、覚醒剤取締法	覚醒剤（メタンフェタミン、アンフェタミン）、覚醒剤原料（エフェドリン、フェニル酢酸など）
	上記規制薬物の輸入、輸出、所持、製造、譲渡、譲受および使用に関して取り締まる（第1条）
③麻薬取締法（1953年法律第14号） 現、麻薬及び向精神薬取締法	麻薬（モルヒネ、ヘロイン、コカイン、合成麻薬など）、向精神薬（ハルシオン、エリミンなど）、麻薬原料植物（コカ、マジックルームなど）、麻薬向精神薬原料（サフロール、無水酢酸など）
	上記規制薬物および原料の輸入、輸出、製造、製剤、譲渡し等について取り締まる、麻薬中毒者について必要な医療を行なう等の措置を講ずる（第1条）ジアセチルモルヒネ、その塩類又はこれらのいずれかを含有する麻薬を、輸入、輸出、製造、製剤、小分け、譲渡、譲受、交付、施用、所持、廃棄してはならない（第12条）
④あへん法（1954年法律第71号）	あへん、けし、けしがら
	医療及び学術研究の用に供するあへんの供給の適正を図るため、国があへんの輸入、輸出、収納及び売渡を行ない、栽培者ならびに委託を受けた者以外によるけしの栽培、あへん、けしがらの譲渡、譲受、所持等については取り締まる（第1、4、5、6、7条、その他）
⑤麻薬特例法（1991年法律第94号） （「国際的な協力の下に規制薬物に係る不正行為を助長する行為等の防止を図るための麻薬及び向精神薬取締法等の特例等に関する法律」）	「規制薬物」を取り締まる
	規制薬物とは、麻薬及び向精神薬取締法で規定する「麻薬」及び「向精神薬」、あへん法で規定する「あへん」及び「けしがら」、大麻取締法で規定する「大麻」、覚せい剤取締法で規定する「覚せい剤」を指す（第2条）（「けし」、「覚せい剤原料」、「麻薬向精神薬原料」は含まない）
⑥毒物及び劇物取締法（1950年法律第303）	興奮、幻覚又は麻酔の作用を有する毒物又は劇物引火性、発火性又は爆発性のある毒物又は劇物
	上記の毒物、薬物をみだりに摂取、吸入、所持してはならない（第3条の3、4）
⑦薬事法（1960年法律第145号） 現、「医薬品、医療機器等の品質、有効性及び安全性の確保等に関する法律」	「指定薬物」
	中枢神経系の興奮若しくは抑制又は幻覚の作用を有し、人体に使用された場合に保健衛生上の危害が発生するおそれがある物（第2条15）

出典：厚生労働省医薬食品局監視指導・麻薬対策課（2014年）、厚生労働省地方厚生局麻薬取締部ホームページ、各法を参考に作成。

コカインやヘロイン、MDMAやマジックマッシュルームなどの合成麻薬は、③の麻薬及び向精神薬取締法に基づいて、取り締まりの対象になる。施用や所持、廃棄も規制の対象として定められている（表1）。

次節では、これら薬物関係法において定められた内容や、他の関連する法律に基づいて、取り締まりや処罰される薬物事犯の動向について見ていこう。

二、警戒心と犯罪意識の希薄さ

(1) 押収量五年連続で一トンを超える

財務省が二〇二一年二月に「令和二年の全国の税関における関税法違反事件の取締り状況」（以下、「二〇二〇年取り締まり状況」）を発表した。この「二〇二〇年取り締まり状況」によると、二〇二〇年（令和二）の一年間に、全国の税関が空港や港湾などにおいて、関税法違反で不正薬物の密輸入の取り締まりを行なった結果、摘発件数が七三三件（前年比三〇パーセント減）、押収量が一九〇六キロ（一・九〇六トン、同四三パーセント減）であった。過去最多となった二〇一九年（令和元）に比べて減少しているものの、押収量は五年連続で一トンを超え、二トンに迫る勢いであった。過去十年の統計と比べると、摘発件数は六番目であるが、押収量が三番目に多いことがわかる（図1）。

(2) 商業貨物や国際郵便物で取り寄せる手口

二トンに迫る勢いの押収量の内、最も多い薬物はコカインやヘロイン、MDMAなどの麻薬で、八二一キログラムであった。麻薬のうち、最も押収量が多かったのはコカイン（八一八キログラム）であった。覚醒剤の押収量は毎年、他の薬物に比べ断トツであったが、二〇二〇年の覚醒剤押収量は八〇〇キログラムであった。

ここ数年、密輸形態にも変化が見られ、商業貨物や国際郵便を利用した密輸が増えている。これまで最も押収量が多かった覚醒剤に絞って密輸形態を見ると、過去五年間で航空機旅客に次いで、航空貨物や国際郵便物の摘発も増えていたことがわかる（図2）。

二〇二〇年の覚醒剤の形態別摘発件数・押収量では、商業貨物を利用した密輸での摘発・押収量が最も多く、（二十六件・七三三キログラム）次に、航空機旅客（二十三件・五四キログラム）、国際郵便物（二十三件・一四キログラム）が続いた（表2）。

覚醒剤の摘発では、商業貨物のなかでも、航空貨物の摘発が多いことがわかる。実際、近年、海外から航空貨物や国際郵便物で、覚醒剤や大麻を取り寄せるといった手口が増えて

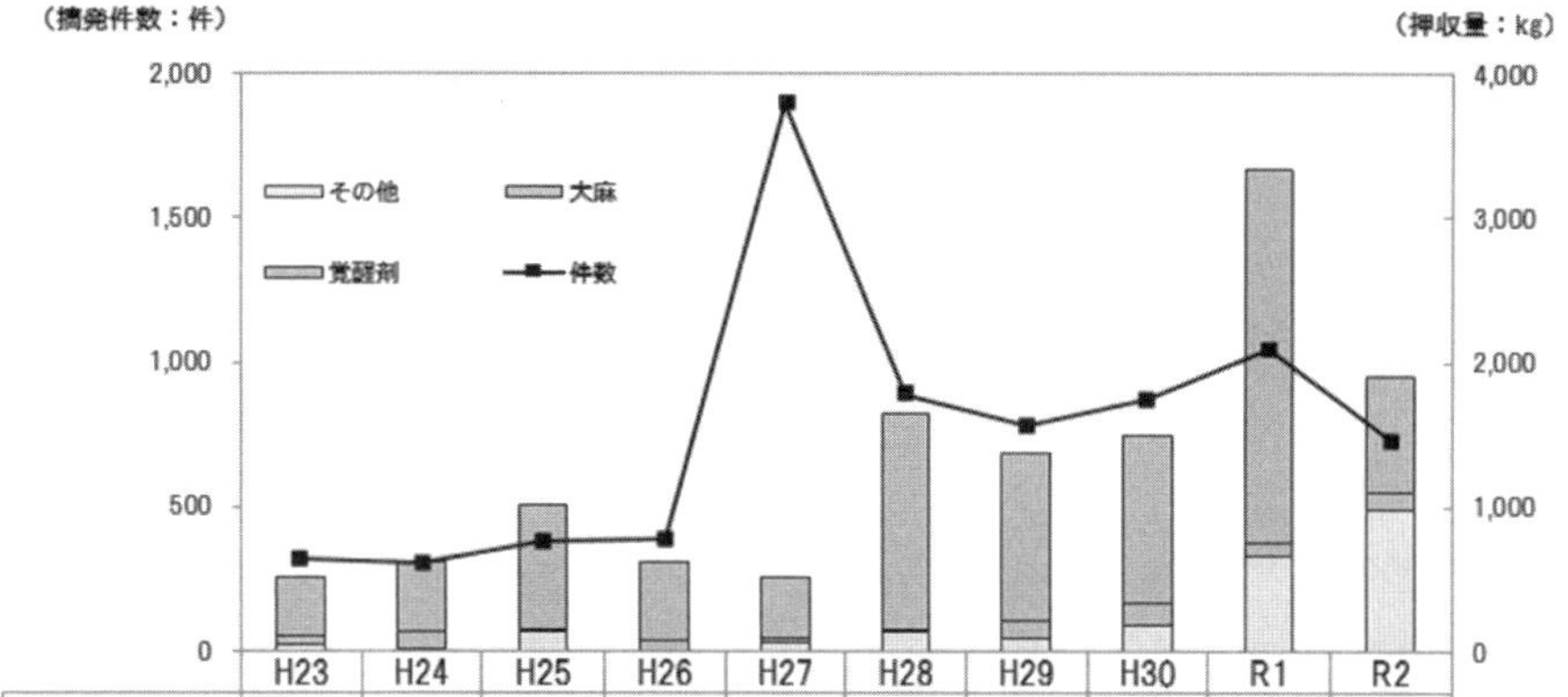

	H23	H24	H25	H26	H27	H28	H29	H30	R1	R2
覚醒剤	402	482	859	549	422	1,501	1,159	1,159	2,587	800
大麻	57	132	13	74	34	9	131	156	82	116
その他	50	11	135	6	66	140	90	178	670	989
合計	509	626	1,007	630	522	1,650	1,380	1,493	3,339	1,906
件数	326	308	382	390	1,896	892	784	871	1,047	733
うち覚醒剤	185	141	154	174	83	104	151	169	425	72

図1　関税法違反での摘発件数と押収量（2011～2020）
出典：財務省「令和2年の全国の税関における関税法違反事件の取締り状況（令和3年2月17日）詳細」2021年2月17日。

いるという。二〇二〇年にはコロナの発生により、旅客が激減する一方で、成田空港では航空貨物による覚醒剤や大麻樹脂などの密輸が増加していたという。東京税関成田税関支署によると、二〇二〇年に成田空港で摘発された不正薬物の密輸事件は三十九件、押収した薬物は一〇三キロであったという。旅客便の減便に伴い、密輸件数・押収量ともに前年の二割程度にとどまったが、航空貨物で密輸された大麻樹脂の押収量は、前年に比べ十六倍にも達し、急増している。[2]

薬物の入手が、インターネットを通じて容易に、また身近になっていることについて、政府広報オンラインは、警戒心を薄れさせる情報がインターネットなどで多くみられることを指摘している。[3]千葉県警察のホームページでは、インターネットを通じて薬物を入手した人の七割が初犯であり、インターネットが薬物乱用への入り口になっている、と指摘している。[4]

インターネットを通じて、航空貨物や国際郵便物で薬物の入手を図ろうとする背景には、警戒心と犯罪意識の薄れを指摘することができるだろう。気軽さや容易さから、不正薬物に手を染めてしまうと、はかり知れない代償が待ち受けている。

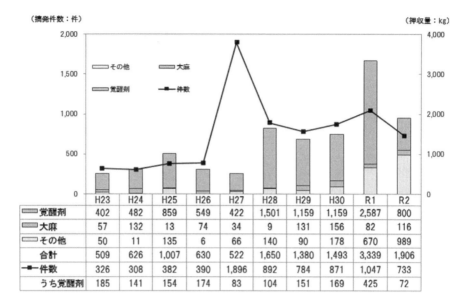

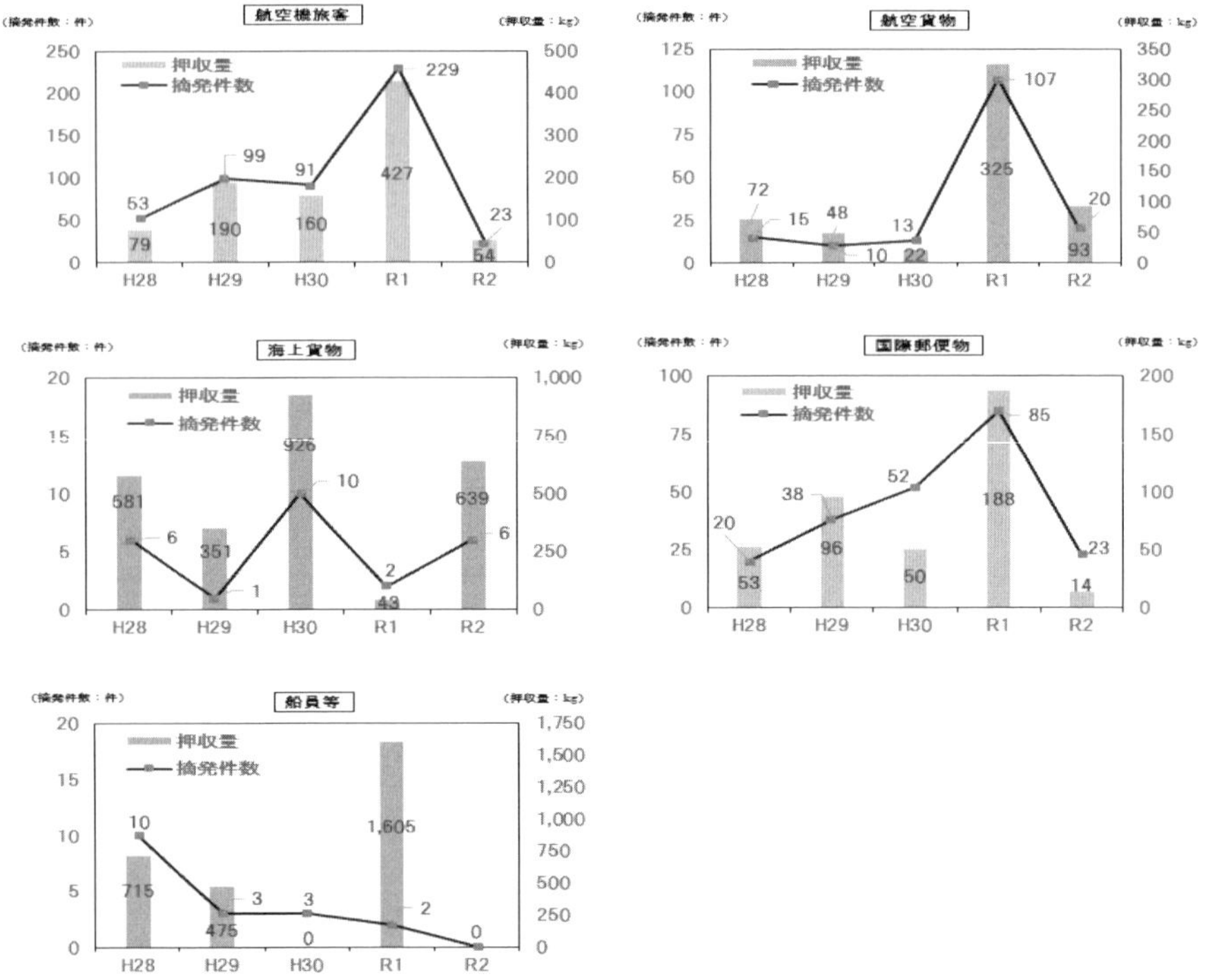

図2　覚醒剤密輸形態別の摘発件数と押収量の推移（2016～2020）
出典：図1に同じ。

表2　覚醒剤の形態別摘発件数と押収量（2019～2020）
押収量：キロ（キログラム）

形態別	2019年	2020年
航空機旅客による密輸	229件　427キロ	23件　54キロ
国際郵便物を利用した密輸	85件　188キロ	23件　14キロ
商業貨物を利用した密輸	109件　367キロ	26件　733キロ
内、航空貨物	107件　325キロ	20件　93キロ
海上貨物	2件　43キロ	6件　639キロ
船員等による密輸	2件　1605キロ	―　―
合計	425件　2587キロ	72件　800キロ

出典：財務省「令和2年の全国の税関における関税法違反事件の取締り状況（令和3年2月17日）資料」2021年2月17日。

(3)「運び屋」は重大な犯罪

はかり知れない代償を払うのは、近年、映画などでも大きく取り上げられた「運び屋」(Drug mule)にも当てはまる。

税関のホームページには、「あんた、「運び屋」したら人生終わりやで!」というポスターが掲載されている。「運び屋」は、薬物犯罪にかかわる組織などから高額な報酬を持ち掛けられ、海外などから不正薬物の運搬を依頼され、実際に運搬に携わる人を指す言葉である。関税法第六十九条十一[輸入してはならない貨物]では、輸入が禁止されている項目について定められている。その中には、麻薬、向精神薬、大麻、あへん、けしがら、覚醒剤、あへん吸煙具、指定薬物(医療等の用途に供するために輸入するものを除く)も含まれている。同法六十九条の二[輸出してはならない貨物]では、輸出が禁止されている項目を挙げている。

近年、この「運び屋」をめぐって、国内外で数多くの事件が発生している。二〇二〇年九月、アイルランドのダブリン空港で二十七歳のブラジル人の女が、飲み込んだコカインとともに入国しようとした。しかし、ビザを有していないことから入国できず、移動を求められた際に自らの腹部を指し「コカイン」と言い出したことから、病院へ連れていきX線で確認したところ、八十八個の小さな錠剤が見つかり、薬物所持で逮捕に至った。このブラジル人の女はアイルランドでの裁判の際、サンパウロで十二歳の子どもとともに暮らしていたが、生活が貧しく、報酬と引き換えに錠剤を飲みこみ、薬物を運ぶことを強要された、と証言し罪を認めた。飲み込んで持ち込もうとしたコカインは七九二グラムで、推定金額五万五四四七ユーロ(一ユーロ:約一二八円)にあたる。この裁判を担当した弁護士は、貧困と薬物の関係を指摘し、薬物犯罪にかかわるものが、貧困者へ仕事を与えるような素振りを見せ、結局それは貧困者を危険にさらすbona fide threats(善意の脅威)になっていると指摘している。(5)

一方、日本人が海外で薬物「運び屋」として逮捕される事件も発生している。知人からの依頼で、ドバイで受け取ったスーツケースをマレーシアに運び込もうとした元看護士の日本人の女が、同国の危険薬物取締法違反(不正取引)の罪に問われた。スーツケースからは三・五キロの覚醒剤が見つかり、この事件について、マレーシアの連邦裁判所は、二〇一五年十月に死刑判決を言い渡している。マレーシアの薬物犯罪の取り締まりは非常に厳しく、一定量以上の薬物を所持していた場合、国籍を問わず死刑が適用されるという。(6) 違法薬物の密輸や不正取引などで、最高刑に死刑を位置づけている国はマレーシア以外でも、タイやインドネシア、ベトナム、中国などがある。

二〇一九年三月には、バンコク在住の日本人男性が、知人に覚醒剤七〇〇グラム（約四五〇〇万円相当）を潜ませたゴルフクラブを託し、日本に持ち込ませようとした容疑で、タイ警察に逮捕される事件もあった。[7] この事件は、ゴルフクラブを託された知人がいぶかしがり、事前に在タイ日本大使館に相談していたことから、「運び屋」は未遂に終わった。

「運び屋」に仕立てようと、犯罪者はさまざまな手を使い誘いかけてくる。実は筆者も、危険を感じたことがある。二〇一九年に成田空港から海外へ出発しようと搭乗手続きの列に並んでいた際に、見知らぬ外国人女性から「荷物が入らないので、あなたのその大きなスーツケースに入れてほしい」と声をかけられたのである。見ず知らずの筆者に、ソフトな口調で気軽に声をかけてくるその女性に、強い違和感を覚え、警戒したことを今でも記憶している。

日本では、税関や各都道府県の警察ホームページ、政府インターネットテレビなどを通じて、不正薬物の「運び屋」は、重大な犯罪であることを繰り返し発信している。さまざまな手口を用いて誘い掛ける魔の手によって「運び屋」に仕立てられると、どのような結果が待ち受けているのか。「運び屋」に科せられる重刑についても、私たちは知っておく必要があるだろう。

三、三つの乱用期——いまだ終息宣言はなく

（1）ヒロポンの流行と薬物関係法の整備

ここからは、戦後からこんにちまでの薬物政策の流れを見ていこう。日本には、戦後からこれまで、三つの薬物乱用期がある。

第一次乱用期は、覚醒剤事犯での検挙者が五万五六六四人に達した一九五四年（昭和二十九）を指す（**図3**）。覚醒剤事犯での検挙者が五万人を超えたのは、この時期を除いて他にはない。この頃は、ヒロポンによる覚醒剤乱用者が多く見られた時期である。ヒロポンとは、覚醒剤の一種であるメタンフェタミンを含んだ製剤を指す。この名前の由来は、ギリシャ語の**Philo**（好む）、**Ponos**（仕事）からきているという。[8]

このヒロポンをめぐっては、疲労や倦怠感、眠気を消散させ快感をもたらし、作業能力を増進させる作用があることから、戦時中軍需工場における徹夜作業のみならず、〝前線において強制的に使用されていた〟ことを『昭和三十五年版 犯罪白書』において認めている。戦後の日本社会においても、ヒロポンの使用が見られた。それは、ヒロポンが合法的に販売されていたことも関係している。実際、一九四九年の新聞で、

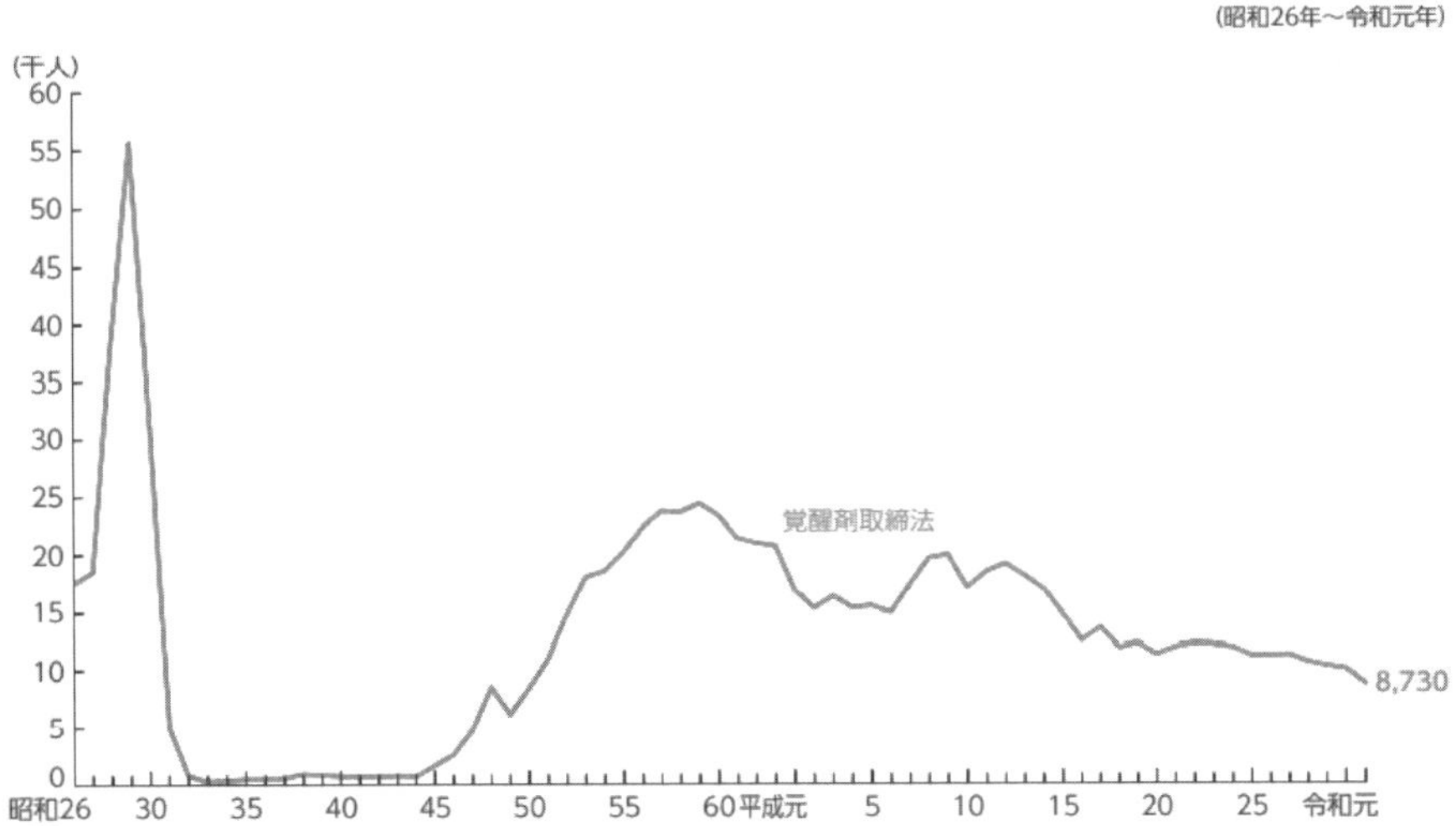

図3　覚醒剤事犯検挙者の推移（1951～2019）
出典：法務省『令和二年版　犯罪白書』（2020年）271頁

ヒロポンが青少年の間で流行し、ヒロポン禍に伴う青少年の犯罪が増加していることが取りあげられた。また当時、「ヒロポン国を亡ぼす」とまでいわれるようになり、社会においてヒロポンを危ぶむ声もあがっていた。[9] この時期に、覚醒剤事犯での検挙者が五万五〇〇〇人を超えたことを受け、次々と薬物関係法を成立させ（**表1**）、それらの法に基づいて取り締まりを強化していった。併せて、覚醒剤の一掃に向けて、官民を挙げて撲滅運動も展開した。その結果、一九五八年には覚醒剤事犯で検挙された人が二七一人まで減少した。

しかし、同時期に新たに麻薬の一種であるヘロインが広がりはじめ、一九六三年には麻薬取締法違反で検挙される人が二五〇〇人を超えるようになった。[10] そこで、麻薬取締法を改正し、徹底した取り締まりや厳罰、ヘロイン中毒者への入所措置を導入するなどし、麻薬取締法違反での検挙人員を減少させた。

一九七〇年代後半からは、大麻取締法での検挙者が一〇〇〇人を超えるようになってきた。これ以降、一〇〇〇人を下回ることがなく、増加傾向が続いている。[11] 覚醒剤事犯での検挙者も、一九七〇年代に入りふたたび増えはじめた。それまで一〇〇〇人を下回っていた人数が一九七〇年には一六〇〇人以上にのぼり、三年後の一九七三年には八〇〇〇人を突破

表3　各乱用期の主な薬物乱用防止施策

	薬物乱用防止施策にかかわる動き
第一次乱用期	当時の総理府に「薬物乱用対策推進本部」（1970年）設置
第二次乱用期	—
第三次乱用期	内閣に「薬物乱用対策推進本部」（1997年）設置 「薬物乱用防止五か年戦略」（1998年）「薬物乱用防止新五か年戦略」（2003年） 「薬物密輸入阻止のための緊急水際対策」（2003年） 「第三次薬物乱用防止五か年戦略」（2008年8月） 「薬物乱用対策推進本部」を「犯罪対策閣僚会議」の下に統合し、「薬物乱用対策推進会議」を設置（2008年12月） 「薬物乱用防止戦略加速化プラン」（2010年） 「合法ハーブ等と称して販売される薬物に関する当面の乱用防止対策」（2012年） 「第四次薬物乱用防止五か年戦略」（2013年） 「危険ドラッグの乱用の根絶のための緊急対策」（2014年） 「第四次薬物乱用防止五か年戦略及び危険ドラッグの乱用の根絶のための緊急対策フォローアップ」（2018年） 「第五次薬物乱用防止五か年戦略」（2018年） 「第五次薬物乱用防止五か年戦略フォローアップ」（2019年、2020年）

出典：厚生労働省ホームページ「薬物乱用対策の推進体制」、総務省「薬物の乱用防止対策に関する行政評価・監視——需要根絶に向けた対策を中心として——結果に基づく勧告」（2010年）を参考に作成。

した。危機感を抱いた当時の政府は、一九七〇年六月に閣議決定に基づき、総理府に「薬物乱用対策推進本部」を設置し、より強化して薬物乱用の防止、薬物防止のための啓発に取り組むことを打ち出した。この推進本部は、一九九七年一月に閣議決定よって立ちあげられる推進本部の前身になる組織であった（表3）。

(2) 鎮静化は見られず

第二次乱用期は、七十年代後半から続く増加傾向と高止まりが特徴である。七〇年代後半から、覚醒剤事犯による検挙者が増えはじめ、八十年代に入ってもその勢いは止まらず、一九八〇年には二万人台に達した。四年後の八十四年には、二万四〇〇〇人を超えたことから、この年以降を第二次乱用期と位置づけている。第二次乱用期は鎮静化することなく、その後、覚醒剤事犯での検挙者は一～二万人台で推移していく。

一九八九年に覚醒剤事犯での検挙人員が二万人を下回るようになるが、九十年代に入りふたたび増加することになる。この一九九〇年代初めごろから、薬物乱用の低年齢化が少しずつ問題になりはじめた。

(3) 五か年戦略のもとで——巧妙化する手口

第三次乱用期は、九十年代後半に増加傾向が顕著になってきたことを受け、五か年戦略などを次々と打ち出し、具体的な対策を講じることになる。

一九九四年に覚醒剤事犯での検挙者が一万四〇〇〇人程度

まで減少していたが、一九九七年に一万九〇〇〇人を超え、第三次乱用期に突入した。九十七年以降、乱用防止に向けたさまざまな取り組みが見られるようになる。新たに内閣に設置されることになった「薬物乱用対策推進本部」が、「薬物乱用防止五か年戦略」（一九九八年）や、「薬物乱用防止新五か年戦略」（二〇〇三年）、「第三次薬物乱用防止五か年戦略」（二〇〇八年）など、次々と計画に基づいた防止策を打ち出し、政府を挙げて総合的な対策を展開するようになる。二〇〇八年には、本部を「犯罪対策閣僚会議」の下に統合し、「薬物乱用対策推進会議」を新たに設置して取り組みを続けている（**表3**）。

九十年に入り、若年層による薬物乱用が顕著になりはじめたが、その背景には、ファッション感覚や興味本位、また身近な友達からの勧誘、さらにはインターネットの普及など、手軽さや身近さが指摘された。九〇年代は他にも、海外で密造された覚醒剤が不正に持ち込まれるのみならず、大麻やコカイン、合成麻薬など数多くの薬物も出回るようになり、薬物の多様化や国際化の問題も深刻になっていた。

二〇〇〇年代以降も、覚醒剤で検挙される人は一万人台を保って推移していくが、二〇一九年になり一万人を下回るようになった（**図3**）。しかし依然として、覚醒剤事犯での検挙は、薬物事犯全体の八割を占めることから[12]、日本における覚醒剤問題は深刻であることがわかる。覚醒剤以外でも、二〇〇八年以降、大学生を中心とした大麻事件が多発していることなどから[13]、薬物乱用に歯止めがきいていないのが実態である。二〇〇〇年代は、携帯電話やインターネットが身近になったことから、隠語などを用いて薬物の密売が行なわれるなど、手口が巧妙化してきた時期でもある。このような状況を踏まえ、二〇一八年に出された「第五次薬物乱用防止五か年戦略」では、薬物乱用者をより一層強化して取り締まると同時に、医療や福祉の視点[14]を取り入れながら治療体制を整備することも、取り組み課題として挙げている。また、国際的な連携を図りながら、薬物の流入阻止に取り組んでいくことも盛り込まれている。

こんにち、第三次乱用期からすでに二〇年以上が過ぎたが、いまだ終息宣言は出されていない。

四、大麻をめぐる近年の動き

(1) 大学生と大麻事件

法務省の『令和二年版　犯罪白書』によると、大麻取締法違反で検挙される人は二〇一四年（平成二十六）以降、増加しつづけている（**図4**）。二〇一七年（平成二十九）からは、

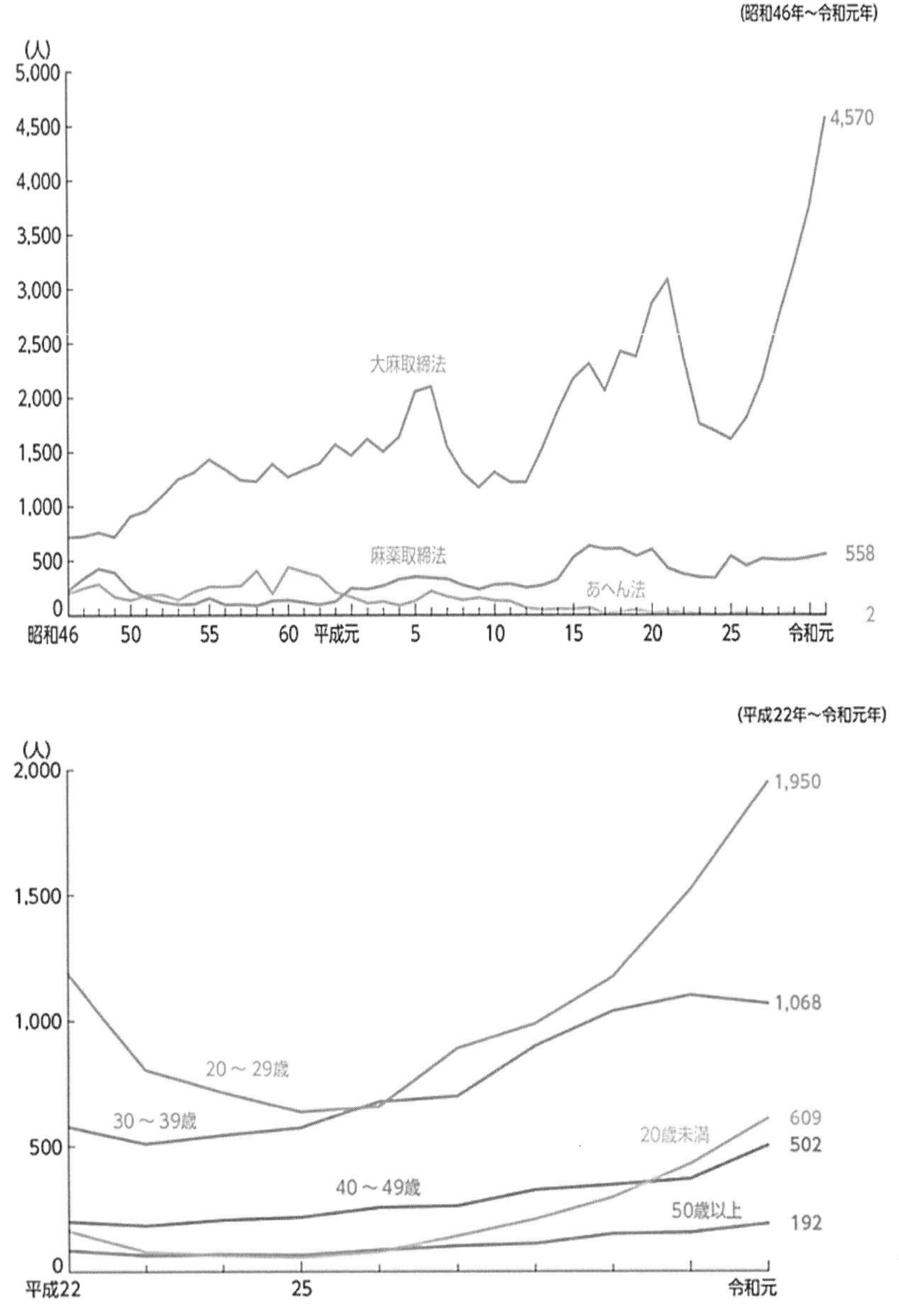

図4　大麻取締法での検挙者の推移、および年齢別検挙者
出典：法務省『令和二年版　犯罪白書』(2020年)

一九七一年以降最多を更新しつづけ、二〇一九年（令和元）には四〇〇〇人を超えた。

覚醒剤事犯で検挙される人は四十〜五十代が多いが、大麻取締法での検挙者は、二十〜三十代が最も多く、大麻取締法での検挙者の約七〜八割を占めている。その内、二十代は二〇一四年（平成二十六）から増加しつづけている。実際、ここ数年、二十代の大学生による大麻事件が多発している。コロナ禍の二〇二〇年にも、大学の野球部の寮で複数の部員とともに、大麻を使用していた事件や、[15]サッカー部に所属する学生が、学外で大麻を使用していた事件、[16]大学のラグビー部に所属する学生が、他大学のラグビー部の部員と大麻を吸うために所持していた事件[17]などが大きく報じられた。この中には、SNSを通じて自ら密売人に接触して大麻を購入し、部員に譲渡した学生もいたという。[18]これらの大麻事件にかかわった学生は、「興味本位」で大麻を取り寄せ、使用したことを認めているそうだ。[19]

インターネットやSNS上には、大麻が無害で、合法であるかのような書き込みも見受けられる。ちなみに、外務省ホームページでは「大麻（マリファナ）が合法の国であっても、日本で罪に問われることがある」と明記し、注意を呼び掛けている。[20]実際、大麻取締法第二十四条の八では、本法で規制の対象となる大麻の所持や譲受、譲渡などについて、刑法第二条を適用することを明記している。刑法第二条は、日本国外においても規制の対象としている（**表1**）ことから、大麻を合法化している国であっても、罪に問われる可能性があるのは確かであろう。

さまざまな情報があふれるなか、私たちはこれら書き込みの信ぴょう性を確かめるネットスキルを磨くと同時に、薬物への正しい知識を身につけることも求められるだろう。

(2) 大麻合法化をめぐって

インターネット上で、「大麻　合法」のキーワードで検索すると、さまざまなページが掲載されていることがわかる。なかでも、「海外で合法」、「大麻が合法化されている国」などのページが散見される。実際、嗜好用大麻の合法化に踏み切った国や州がある。そのいくつかの事例をここで紹介しておこう。

南米のウルグアイは、二〇一三年に世界で最も早く大麻の生産・販売を合法化した国である。購入できるのは、事前に登録した十八歳以上の人で、販売許可を有する店舗において、一人当たり四〇グラム／一カ月まで、と制限がある。ウルグアイが大麻の生産・販売を合法化した背景には、犯罪組織による密売を防ぎ、薬物犯罪組織を壊滅するねらいがあるという。[21]

続いて、二〇一八年にカナダが嗜好用大麻の合法化を導入した。カナダでは一九二三年に大麻所持が違法になり、二〇〇一年に医療目的での大麻使用が合法化されていた。二〇一八年の大麻合法化によって、十八歳以上（州によっては十九歳以上）の大麻購入と使用が認められることになった。大麻の合法化は、トルドー首相が選挙公約として掲げている内の一つであった。トルドー首相は、カナダがかねてより世界で最も大麻使用者が多い国であるうえ、納税者が国内における大麻の有罪判決に関連する執行と刑罰に、年間五億ドル以上も費やしていることを問題視し、合法化して規制することの重要性を主張しつづけていた。カナダにおける大麻の合法化は、ウルグアイと同様に条件付きである。三〇グラム以上の大麻を所持した場合や、一家族につき四本以上の大麻苗木を栽培した場合、また認可外の業者から購入した場合、未成年に大麻を販売した場合などは、いずれも違法になるという。[22]

アメリカでは、オバマ政権下においてそれぞれの州政府に大麻の合法化の判断が委ねられることになった。カリフォルニア州などの十の州とコロンビア自治区において、すでに大麻の使用が認められている。アメリカで初めて嗜好用大麻の合法化に踏み切ったコロラド州では、二〇一二年の住民投票により大麻の規制を緩和し、二〇一四年から嗜好品として大麻を合法化するに至った。ニューヨーク州では、二〇一八年にクオモ知事が三選を果たし、その際に、嗜好用の大麻の合法化を二〇一九年中に実現させたい考えを示した。大麻の合法化を導入する理由として、合法化した大麻に課税し、財源を確保することが挙げられた。ニューヨーク州では、先行する他の州での事例も視野に入れながら、さまざまに議論が沸き起こった。警察や司法機関、保護者などから根強い反対表明があったうえ、大麻合法化で見込まれる税収の使い道をめぐっても、さまざまな見解が示されることとなった。結局、ニューヨーク州では嗜好用大麻は合法化に至らず、二〇一九年七月、州内において非犯罪化することが決まった。アメリカで大麻を非犯罪化しているのは、ニューヨーク州を含め十五州ある。なお、アメリカでは連邦法のもとでは大麻は非合法である。[23]

合法化した大麻に課税することで、税財源が確保でき、地域社会に還元できるという考えは、ニューヨーク州に限った議論ではない。薬物問題に関する厳罰化の見直しを活動方針に掲げているトランスフォーム薬物政策財団（TRANCEFORM Drug Policy Foundation）は、二〇二〇年六月に‘Altered States: Cannabis regulation in the US’を発行した。その報告書の中で、アメリカの州において大麻の合法化が取り入れられるようになっていることを〝新しい政策イノベーションが生じている〟と評価した。また、合法化した大麻に課税することで、財源を確保することができ、その税収を用いて地域社会の開発や広範な社会的利益の達成が可能になる、との考えも示した。

ウルグアイ、カナダ、アメリカの州での事例から、大麻の合法化に踏み切る背景には、さまざまな要因があることがわかる。アメリカニューヨーク州の事例では、大麻の合法化が、課税や地域社会にもたらす利益などとともに検討されていたことは興味深い。

五、求められる新たな視点
――大麻をめぐる採決

(1) 見直される厳罰主義

前節で見てきたように、一部の国や州における大麻の合法化や非犯罪化の流れは、これまでに国際社会が方針として掲げてきた厳罰主義とはやや異なる方向にあるといえる。国際社会において、薬物の規制が強化されるようになったのは、二十世紀に入ってからである。二十世紀初頭にハーグ(一九一一)、ジュネーヴ(一九二四～一九二五)で開催された国際会議において、危険薬物の規制がより一層強化されるようになった。[24] 国際的な枠組みの中で薬物の規制が強化されていくと同時に、厳罰主義に基づく薬物禁止政策も採用されるようになる。この厳罰主義とは、法律で厳しく取り締まり、薬物の需要と供給の両面を抑え込むことを指している。[25]

アメリカでは一九七一年に、ニクソン大統領が薬物犯罪の取り締まりと厳罰化の方針を打ち出し〝War on Drugs〟(薬物戦争)を宣言した。薬物の根絶を目指したアメリカでは、「ゼロ・トレランス」(不寛容主義)を掲げ、徹底した取り締まりのもとで逮捕、裁判、刑務所での刑罰を貫いた。しかし、これは第一次予防と称される薬物問題の発生を防止する、または発生した問題に対応する観点から繰り広げられた政策であり、釈放後の一人の人間としての生活には、目が向けられていなかった。[26]

この厳罰主義の薬物政策について、二〇一一年薬物政策国際委員会(The Global Commission)は報告書'War on Drugs'を出し、〝麻薬に対する世界規模の戦争は失敗であった〟と述べた。併せて、これまで展開してきた麻薬戦争は、世界中の人々や社会に壊滅的な結果をもたらしている、と指摘し、薬物の生産、販売にかかわっている人や、薬物使用者に対して行なってきた抑圧的な対応によって、各国政府は莫大な支出をし、公衆衛生対策にも大きな損害を与えてきた、とこれまでの薬物政策を厳しく批判した。そのうえで、各国および国際社会に対し、薬物政策を根本的に見直す必要がある、と指摘した。

この根本的な見直しとは、どのようなことを指すのか。薬物政策国際委員会は、人々の健康と安全を守るための薬物の法的規制、および非犯罪化のモデルを導入することをすすめている。このモデルは主に、大麻に適応できるとし、各国において実験に取り組むよう求めている。また、人権尊重の視点に立ち、必要としている人たちに健康と治療を提供することも求めている。そうすることで、感染症や致命的な過剰摂取につながることを防ぐこともできるとしている。

(2) ハームリダクションへの注目

これまでの薬物政策の見直しが呼びかけられるなか、注目を集めているのがハームリダクション(harm reduction)である。薬物政策において、ハームリダクションを推進しているハームリダクション・インターナショナル(Harm Reduction International: HRI)は、普遍的に受け入れられている定義はない、としながらも、正義と人権に基づき、薬物使用や薬物政策、薬物法に関連する健康への悪影響、および社会的、法的影響を最小限に抑えることを目的とし、プログラムや実践活動を展開していくことをハームリダクションは指している、と説明している。[28]

また、このハームリダクション・アプローチを採用することで、個人の健康のみならず地域の健康にも肯定的な影響を与えることが可能になる、との考えも示している。徐・池田(二〇一九:五五)はこのハームリダクション・インターナショナルの解釈を踏まえ、違法・合法にかかわらず、薬物等の物質の使用を直ちにやめることを求めず、薬物などの物質が引き起こすさまざまな健康・社会的リスクを減らすために介入することを指す、ととらえている。

ハームリダクションは一九七〇年代、ヨーロッパにおいて薬物禁止主義と不寛容主義の代替として取り入れられるようになった。さまざまな実践を積み重ね、薬物使用者のHIV感染や薬物の過剰摂取による死亡などを減少させることができたことから、その実用性が評価されている。ハームリダクションは、道徳性に基づくものではなく、科学性を強調し、実践していくことを重んじてきた。こんにちにおいてハームリダクションは、薬物使用者に対して、HIV感染への偏見や自己責任論、また刑罰主義を乗り越え、実用主義を志向し人権や健康権を尊重する視点から、社会資源を薬物使用者などに割り当てることで、社会全体の利益につながることを示していこうとしている。

上述の薬物政策国際委員会の指摘や、ハームリダクションへの注目を踏まえると、これまで採用してきた薬物政策の視点が少しずつ変わろうとしていることがわかる。従来の刑事司法の考えに基づく不寛容主義や厳罰主義を乗り越え、人権や健康権の視点から治療や支援を行なうモデルへと転換を図ろうと模索していると考えられる。

(3) 国連麻薬委員会での採決
——「最も危険な薬物」リストからの削除

二〇一九年三月、ウィーンの国連本部で第六十二期国連麻薬委員会閣僚級セグメントが開かれた。国連麻薬委員会(The Commission on Narcotic Drugs ; CND)は、一九四六年に、国連組織の薬物(麻薬)政策にかかわるさまざまな意思決定を決議する重要な組織として設立された。[29] 二〇一九年の閣僚級セグメントにおいて日本は、国際社会が抱えている薬物問題の拡大を防ぐために、従来からの枠組みを活用すると同時に、視点を広げ重層的に取り組む必要がある、との考えを示した。同時に、国際社会で見られる大麻の乱用や嗜好性大麻合法化の動きについては、深刻な懸念も表明した。

二〇二〇年十二月に開かれた国連麻薬委員会では、国際条約で定められている大麻を「最も危険な薬物」のリストから削除することとのWHOからの勧告を、投票によって承認することとした。大麻は、「最も危険な薬物」と「依存性が強い薬物」の双方に位置づけられてきた。「最も危険な薬物」は、それぞれの国において、さらに独自で厳しい規制をとることが求められてきた。今回の投票結果によって、大麻はそのリストから外されることになる。日本は反対票を投じたが、早ければ二〇二一年春から適用される見込みである。[30] 歴史において、先人たちが大麻の怖さを目の当たりにし、「最も危険な薬物」に指定した。しかし、二十一世紀の二十年目の入り口で、そのリストから外されようとしている。

日本の薬物対策五か年戦略では、大麻を含む薬物の取り締まりを、さらに強化する姿勢が示されていた。しかし、国際社会では大麻をめぐっては、それぞれの国や地域の思惑も重なり、方向性に違いが生じていることが窺える。国連麻薬委員会で事務局を務める国連薬物犯罪事務所(United Nations Office on Drugs and Crime ; UNODC)の関係者は、WHOの勧告について「大麻を医療目的で適切に利用できるようにするのがねらいであり、娯楽向けの使用を促すものではない」と強調[31]しているが、果たしてどうだろうか。

おわりに

本稿を通じて、日本の薬物政策のあゆみや、こんにちの薬物をめぐる動向を見てきた。上述の内容から、近年、薬物をめぐって国内外で大きなうねりが生じていることが見えてきた。従来の薬物政策の見直しや、人権・健康権を尊重した対応など、新たな視点が求められている。そのようななか、日本は、五か年戦略において、一人ひとりの依存治療や復帰に向けた支援などの医療や福祉の視点を一部取り入れることを課題として掲げながらも、規制薬物に対して、厳しく取り締まる姿勢を一貫してとり続けている。国内における、今後の薬物政策の動向に目を向けると同時に、国際社会における大麻の合法化をめぐる議論の行方にも、注視していく必要があるだろう。

注

（1）二〇一〇年に追加された常用漢字は、「醒」の字を含め、一九六字あった。詳細は、文化審議会答申「改定常用漢字表」二〇一〇年六月七日。https://www.bunka.go.jp/seisaku/bunkashingikai/sokai/sokai_10/pdf/kaitei_kanji_toushin.pdf. を参照。

（2）「チバテレ＋プラス」（二〇二一年二月二十一日）。https://www.chiba-tv.com/plus/detail/20210246425, visited2021/02/25.

（3）政府広報オンライン「若者を中心に大麻による検挙者が急増！「誘われて」「興味本位で」が落とし穴に。」（二〇二一年二月十日）。https://www.gov-online.go.jp/useful/article/201806/3.html, visited2021/02/25.

（4）千葉県警察ホームページでは、インターネットを利用した薬物購入は「捕まりにくい」と考えている乱用者が多いことを紹介している。しかし実際には、履歴から検挙に至っていることも紹介している。詳細は、千葉県警察「ホームページ「インターネットを利用した薬物犯罪」。https://www.police.pref.chiba.jp/yakujuka/safe-life_drugcrime-internet.html, visited2021/02/25. を参照。

（5）このブラジル人の女レイネッサ・デ・ソウザ（Raynessa De Dousa）受刑者は、八十八個の錠剤を飲み込み、コカインを密輸しようとした罪を認め、現在アイルランドの刑務所で服役している。服役期間は二年。「breaking news.ie」 https://www.breakingnews.ie/ireland/drug-mule-swallowed-88-pellets-of-cocaine-before-flying-to-ireland-1085678.html, visited2021/02/25. を参照。

（6）「CHRISTIAN TODAY」（二〇一五年十二月十六日）。https://www.christiantoday.co.jp/articles/17329/20151016/malaysia-drag-japanese-woman-death-penalty.htm, visited2021/02/25.

（7）「PJA NEWS」二〇一九年三月二十二日。https://pattayaja.com/2019/03/22/3450/, visited2021/02/25.

（8）西川伸一「戦後直後の覚せい剤蔓延から覚せい剤取締法制定に至る 政策形成過程の実証研究」（『明治大学社会科学研究所紀要』五十七巻第一号、二〇一八年）一〜二四頁。

（9）福井進・小沼杏坪「覚せい剤中毒と医療上の諸問題」（『臨床薬理』八巻三号、一九七七年）三七一〜三七七頁。

（10）法務省『昭和六十年版 犯罪白書』（一九八五年）。http://hakusyo1.moj.go.jp/jp/26/nfm/n_26_2_1_2_3_1.html, visited2021/02/25.

(11) 前掲注10法務省白書。

(12) 薬物乱用対策推進本部「第三次薬物乱用防止五か年戦略」（二〇〇八年）。

(13) 総務省「薬物の乱用防止対策に関する行政評価・監視――需要根絶に向けた対策を中心として――結果に基づく勧告」（二〇一〇年）。https://www.soumu.go.jp/main_content/000059422.pdf.

(14) この医療や福祉の視点からの取り組みについては、真殿仁美「岐路に立つ日本の薬物政策――厳罰主義からの転換はあるのか」（『城西現代政策研究』第十四巻第二号、初出は二〇二一年）三〜二〇頁を参照。

(15) 『朝日新聞DIGITAL』（二〇二〇年十月十七日）。https://www.asahi.com/articles/ASNBK4GQPNBKULZU001.html, visited2021/02/26.

(16) 『Sponichi Annex』（二〇二〇年十月五日）。https://www.sponichi.co.jp/soccer/news/2020/10/05/kiji/20201005s00002000317000c. html, visited2021/02/26.

(17) 『日刊スポーツ』（二〇二〇年十二月二十四日）。https://www.nikkansports.com/sports/news/202012240000269.html, visited2021/01/13.

(18) 前掲注16 Sponichi Annex記事。

(19) 『東京新聞TOKYO Web』（二〇二〇年十月二十三日）。https://www.tokyo-np.co.jp/article/63679, visited2021/02/26.

(20) 外務省ホームページでは、軽はずみな行動や不注意から、海外で麻薬犯罪に関わることは絶対にやめるよう呼びかけている。外務省ホームページ「海外での薬物犯罪・違法薬物の利用・所持・運搬」https://www.anzen.mofa.go.jp/c_info/oshirase_yakubutsuchui.html, visited2021/02/27.を参照。

(21) 『Huffingtonpost』（二〇一三年十二月十一日）。https://www.huffingtonpost.jp/2013/12/11/uruguay-marijuana_n_4423443.html, visited2021/02/26.

(22) 「BBC NEWS JAPAN」（二〇一八年六月二十日）https://www.bbc.com/japanese/44543666, visited2020/08/25.と、『Huffingtonpost Canada』（二〇一八年八月二十二日）https://www.huffingtonpost.ca/2013/08/22/justin-trudeau-marijuana-mp_n_3792208.html, visited2020/08/25.を参照。

(23) 『日本経済新聞』（二〇一四年一月二日）。https://www.nikkei.com/article/DGXNASDG02018_S4A100C1CR8000/, visited2020/08/25.と、『産経新聞』（二〇一九年六月三日）。https://www.sankei.com/morule/print/index.html, visited2020/08/25.と、『REUTERS』二〇一九年七月三十日。https://jp.reuters.com/article/ny-cannabis-idJPKCN1UO245, visited2020/08/25.を参照。

(24) 渡邊拓也『ドラッグの誕生』（慶應義塾大学出版会、二〇一九年）一四七〜一五〇頁。

(25) 成瀬暢也『ハームリダクション』（中外医学社、二〇一九年）二頁。

(26) 丸山泰弘「アメリカの薬物政策」（『龍谷法学』第五十巻第三号、二〇一八年）四二〜五四頁。

(27) 古藤は、ハームリダクションと非処罰化について論じている。そのなかで、非処罰化は厳罰主義の次に厳しい向き合い方であることを指摘している（古藤吾郎「はじめてのハームリダクション：今、世界で激論中」松本俊彦・古藤吾郎・上岡陽江『ハームリダクションとは何か』中外医学社、二〇一七年、二〜一七頁）。

(28) 徐淑子・池田光穂「ハームリダクション：概念成立の背景と日本における語の定着について」（『Co＊Design』六、二〇一九年）五一～六二頁。

（29） United Nations「Office on Drugs and Crime」https://www.unodc.org/unodc/en/commissions/CND/, visited2021/02/27.

（30）『日本経済新聞』二〇二〇年十二月三日。https://www.nikkei.com/article/DGXMZO66935310T01C20A2I00000/, visited2021/02/27.

（31） 前掲注30日本経済新聞記事。

参考文献

厚生労働省地方厚生局麻薬取締部ホームページ http://www.ncd.mhlw.go.jp/sousa.html, visited2017/09/22.

厚生労働省ホームページ「薬物乱用対策の推進体制」https://www.mhlw.go.jp/stf/seisakunitsuite/bunya/kenkou_iryou/iyakuhin/yakubutsuranyou_taisaku/, visited2021/02/26.

厚生労働省医薬食品局監視指導・麻薬対策課「薬物乱用の現状と対策」（二〇一四年）

財務省「令和二年の全国の税関における関税法違反事件の取締り状況」二〇二一年二月十七日 https://www.mof.go.jp/customs_tariff/trade/safe_society/mitsuyu/cy2020/index.htm, visited2021/02/25.

財務省「令和二年の全国の税関における関税法違反事件の取締り状況（令和三年二月十七日）詳細」二〇二一年二月十七日。https://www.mof.go.jp/customs_tariff/trade/safe_society/mitsuyu/cy2020/ka20210217a.htm, visited2021/02/25.

財務省「令和二年の全国の税関における関税法違反事件の取締り状況（令和三年二月十七日）資料」二〇二一年二月十七日。https://www.mof.go.jp/customs_tariff/trade/safe_society/mitsuyu/cy2020/ka20210217b.htm, visited2021/02/25.

税関ホームページ https://www.customs.go.jp/mizugiwa/smuggler/, visited2021/02/25.

『昭和三十五年版 犯罪白書』http://hakusyo1.moj.go.jp/jp/1/nfm/n_1_2_1_2_3_2.html, visited2020/08/26.

法務省『令和二年版　犯罪白書』（二〇二〇年）

真殿仁美「岐路に立つ日本の薬物政策――厳罰主義からの転換はあるのか」（『城西現代政策研究』第十四巻第二号、二〇二一年）三～二〇頁

薬物乱用対策推進会議「第五次薬物乱用防止五か年戦略」（二〇一八年）

The Global Commission‘War on Drugs ： REPRT OF THE GLOBAL COMMISION ON DRUG POLICY’2011。

The UN Office on Drugs and Crime‘The World Drug Report2019’二〇一九。https://www.unodc.org, visited2020/08/23.

TRANCEFORM Drug Policy Foundation‘Altered States: Cannabis regulation in the US’2020. https://transformdrugs.org/wp-content/uploads/2020/06/Altered-States-Digital-2020.pdf, visited2020/08/26.
このレポートの日本語訳は、日本臨床カンナビノイド学会ホームページ「合法化した州：米国の大麻法的規制」で確認することができる。
http://cannabis.kenkyuukai.jp/information/information_detail.asp?id=105522, visited2020/08/26.

付記 本稿は、「岐路に立つ日本の薬物政策――厳罰主義からの転換はあるのか」（『城西現代政策研究』第十四巻第二号、二〇二一年）に加筆修正したものである。

多様な視点が求められる日本の薬物防止教育

真殿仁美

著者略歴は本書収録の真殿論文「現代日本の薬物問題」を参照。

二〇二〇年九月、アメリカオクラホマ州で未成年の少女（十五歳）が、薬物を大量に摂取し、幻覚症状が出ている自身の姿を自撮りしてSNSで配信しようとして命を落とした。この未成年の少女は、SNS上で「#benadryl」というハッシュタグで、五〇〇万以上の映像が投稿されているベナドリル・チャレンジ（Benadryl Challenge）に挑戦しようとしていた。ベナドリルは、アメリカで花粉症やアレルギー症状を抑え、睡眠を改善することを目的に販売されている市販薬である。アメリカでは同年五月にもテキサス州で、ベナドリル・チャレンジをしようとした十代の三人が病院に運ばれ、治療を受けるという出来事があった。その内の一人は十四歳であったという。

SNSやインターネットで配信される内容に刺激を受け、薬物に手を染める若年層が日本でも増えている。福岡県では、二〇一九年に大麻取締法違反の容疑で摘発、補導された少年が四十五人いた。この人数はこれまでで最も多く、前年に比べて二十人増えていた。大麻所持で現行犯逮捕された高校生は動機について「ネットで外国人DJが吸っているのを見て興味を持った」と答えたという。大麻の使用については「たまたま手に入ったから使った」と供述したそうだ。高校生の大麻問題は、沖縄でも深刻であるという。沖縄では、二〇一九年に、大麻取締法違反の容疑で十二人の高校生が摘発・補導された。県では、犯罪意識の希薄さや、インターネット上での誤った情報などが、高校生の大麻問題の背景にあると分析している。

SNSやネットの情報から、薬物に興味や関心を持つようになっている若年層は増えているという。若年層の間では、インターネットなどの影響から、薬物への抵抗感や危機感が低くなり犯罪意識が薄れる一方で、強い関心が増しているのだろう。このような状況にあるこんにちの日本社会において、有効な薬物教育はあるのだろうか。

薬物への警戒心や犯罪意識の薄れが広がり、薬物乱用が低年齢化している背景について福山大学の平伸二は、規範意識の低下を指摘している。[1] 規範意識は、子どもたちの集団での遊びの中から、また異年齢他者との交流を通して育まれるといわれている。実際、文部科学省が行なった「異年齢他者との関わりと規範意識に関する調査」の結果（二〇〇二）において、異年齢他者とのかかわりが多い子どもたちは、規範意識が高く、挨拶への意識も強いことが報告されている。また、異年齢他者との交流は、自らの存在とは異なる他者の存在を意識し、時には複雑な感情を抱きながらも愛着をもち、信頼関係を築いていく効果もあるそうだ。異年齢他者との交流を通して、互いの存在価値を認め合い、信頼関係を積み上げていくことで精神的安らぎを得て、規範意識を高めていく。そうすることで、万引きなどの初発型非行を抑制することができ、さらには薬物乱用防止にも効果が期待できる、と考えられている。

こんにちの日本社会においては、平が指摘する規範意識を育むことと同時に、インターネットなどの情報を見極めるネットリテラシーを高めていくことも必要であろう。薬物防止教育には、これまで以上に、多様な視点からの取り組みが求められているといえるだろう。

注

（1）平伸二「日本における少年の薬物乱用と規範意識向上による抑止教育」（『福山大学こころの健康相談室紀要』、（三）、二〇〇九年）八七～九五頁。

参考文献

『西日本新聞me』二〇二〇年四月四日。https://www.nishinippon.co.jp/item/n/597840/, visited2021/02/27.

『琉球新報』二〇二〇年十二月十七日。https://ryukyushimpo.jp/editorial/entry-1242537.html, visited2021/02/27.

『Forbes Japan』https://forbesjapan.com/articles/detail/36869, visited2021/02/27.

「FRONTROW」https://front-row.jp/_ct/17382944, visited2021/02/27.

中華人民共和国の薬物問題
――国際社会における薬物を取り巻く動きが変化するなかで

真殿仁美

著者略歴は本書収録の真殿論文「現代日本の薬物問題」を参照。

一九五三年に世界に向けて麻薬撲滅宣言をした中国は、こんにちふたたび深刻な薬物問題を抱えることになっている。本稿では、薬物撲滅運動から撲滅闘争、また、「薬物撲滅のための人民戦争」へと移行してきた流れを整理し、中国がこれまでどのように薬物問題に向き合い、いかなる政策を講じてきたのかについて見ていく。併せて、国際社会で動きが出はじめている大麻の合法化に関する中国の姿勢についても取りあげる。

一、「国際薬物乱用・不正取引防止」の日

六月二十六日は「国際薬物乱用・不法取引防止」の日である。(1) これは、国際デーの一つとして、国連において制定された日である。一九八七年の同日に開かれた、薬物の乱用および不法な取引を防ぐことに関する国際会議において「薬物乱用統制における将来の活動の包括的多面的概要」が採択された。これを受けて、同年十二月の国連総会において、この六月二十六日を「国際薬物乱用・不正取引防止」国際デーとして定めた。

中国ではこれまで「国際薬物乱用・不正取引防止」の日を前にし、全国で薬物の一掃に力を入れて取り組んでいる人や、組織の功績をたたえるため、表彰会を開いてきた。二〇二〇年の「国際薬物乱用・不正取引防止」の日も、北京で表彰会が開かれた。会の中で習近平国家主席は、国内外の薬物問題が、アイス（覚醒剤の一種）やエクスタシー（ＭＤＭＡ）など

の新型薬物の登場や、ネット上での薬物取引などにより、これまで以上に複雑化していることについて触れ、薬物は人々の生命の安全と健康を損なうのみならず、社会に重大な危険を及ぼす深刻な課題であると指摘し、各行政レベルの党委員会と政府に対して、徹底して薬物の撲滅に力を入れ、「禁毒人民戦争」(以下、「薬物撲滅のための人民戦争」)を戦い抜くことを求めた。

中国語で「毒品」は、法律で規制されるアヘンやコカイン、麻薬、覚醒剤などさまざまな薬物を指し、「禁毒」はこれら法律で規制される薬物の禁止、または薬物の撲滅を意味する。中国は、一九五三年に世界に向けて「中国はアヘンなどの麻薬を撲滅した」と麻薬撲滅を宣言した国である。その中国において、こんにち「薬物撲滅のための人民戦争」が繰り広げられているのはなぜなのか。

二、麻薬撲滅宣言までの道のり

(1) 民国期までの禁煙運動、薬物撲滅運動

新政府成立以前の薬物問題への対応は、他の稿にゆずり、ここでは一連の流れをふり返っておこう。

一五一四年にポルトガル人によって純粋アヘンが当時の中国社会に持ち込まれ、アヘンが蔓延していくなかで、アヘン禁令やアヘンの吸煙を止めさせるための禁煙運動が展開された。一八三〇年には清道光皇帝がさらに踏み込んで、大規模な薬物撲滅運動に取り組んだ。これは、中国で第一回目となる大規模な薬物撲滅運動である。[(2)] この運動期間、清朝政府は「銀の流出を取り締まり、アヘンの分け売りを禁じる規定」(一八三〇)や「勅裁アヘンを取り締まる規定」(一八三九)など、いくつかの規定や勅裁を出して、撲滅運動に取り組んだ。アヘンの取締りに向けた大規模な運動の第二回目は、清朝末期の一九〇六年から民国期の一九一七年まで行なわれ、この期間の運動は、国際社会からも支持を受けた。一九〇九年に上海で開催された国際会議において、中国のアヘン問題が取りあげられ、その後、十三カ国で構成する万国アヘン委員会によってアヘンの規制に関する国際条約が定められた。一九一一年にはオランダのハーグで第一回国際アヘン会議が開かれ、翌年の一九一二年に「ハーグアヘン条約」が締結された。[(3)] これが追い風となり、一九一七年にはイギリスが中国へのアヘンの輸出を全面的に停止させるに至った。[(4)]

しかし、国内の麻薬を撲滅するにはまだ道のりが遠く、民国政府も引き続き薬物の撲滅に取り組むことになる。民国政府は薬物に対して重税を課す方法から、法を整え、法に基づ

く処罰を行なう方針へと転換を図り、薬物の撲滅を目指そうとしていた。民国政府は一九二七年に「中華民国薬物の吸煙を禁止する法」を成立させ、同年九月には「公務員の薬物吸煙評定条例」を、二カ月後の十一月には「麻酔薬品管理条例」などを次々と公布し、法律を制定し、法に基づいて刑罰を科す薬物撲滅運動を広げていく方針を明確に示した。[5] 一九三五年からは、「二年の薬物撲滅」(一九三五～一九三六)、「六年の薬物禁止」(一九三五～一九四〇)計画を打ち出した。同年四月には、「薬物撲滅実施方法」や「禁煙(薬物の吸煙を禁止する)実施方法」を制定し、アヘンの撲滅のためには、ケシ栽培の禁止やアヘンの吸煙を止めさせることに重点的に取り組む必要があることを示した。しかし、依然としてアヘン吸煙者は多く存在していた。当時の寧夏省府の一九三六年の統計によると、省府内のアヘン吸煙者は十二万三五六四人で、この人数は省府内の八分の一を占めていた。[6]

(2) 新政府成立後の薬物撲滅運動
——三反五反運動と結びつけて

一九四九年に新政府が成立した際、当時の中国社会にはアヘン吸煙者や麻薬中毒者が二〇〇〇万人以上存在していたという。また、アヘンなどの麻薬にかかわっている人たちは三十万人以上いたという。[7] 中央人民政府は翌年の一九五〇年二月に、中央人民政府政務院の第二十一回会議において「アヘン毒の吸煙を厳しく禁止することに関する訓令」(以下、「訓令」)を出すことを決定した。これ以降、全国の行政レベルにおいて禁毒委員会が設置されていく。これは、新政府成立以降の薬物撲滅運動の「序幕」であったという。[8] この時期の撲滅に向けた運動は、さまざまな要因が関係し、多くの困難に面しながら行なわれていた。なかでも、少数民族が暮らす地域でのアヘンの吸煙禁止やケシ栽培の禁止には、時間を要することになった。中央人民政府は、少数民族が暮らす地域での薬物撲滅運動は、「慎重に、穏やかに行なう」方針を打ち出し、[9] 時間をかけて取り組む道を選んだという。実際、人民政府は少数民族が暮らす地域での薬物撲滅運動に一九五三～五六年の三年をかけ、ケシの栽培から代替作物の栽培へと転換し、次第に削減していく政策で臨んだ。

アヘンの撲滅を目指し、一九五二年四月には中国共産党中央が「麻薬の流行を一掃することに関する指示」を出し、三反五反運動と結びつけて積極的な参加を呼びかけ、徹底的に撲滅運動を展開することを求めた。これは、新政府成立以降、初めての全国的な撲滅運動であった。一九五二年五月には、中央人民政府が重ねて「アヘン毒の吸煙を厳しく禁止することに関する訓令」を出し、各行政レベルの人民政府に対して、大々的に撲滅運動を展開するよう呼びかけた。
この運動の際に、結びつけを図ろうとされた三反五反運動とは、どのような運動を指すのか。三反五反運動とは、一九五一年十一月から五十二年八月にかけて中国で繰り広げられた政治運動のことを指す。当初、官僚主義、汚職、浪費の三害に反対する三反としてはじまった。一九五一年十月の人民政治協商会議第一回全国委員会第三次会議において毛沢東が呼びかけ、同年十二月より全国において展開されるようになる。五十二年一月からは、贈賄、脱税、国家資材の横領、手抜き仕事と材料のごまかし、国家経済情報の窃取、の五つの害毒に反対する運動（五反）が加わった。五反では、共産党を支持していた民族資本家や中小の商工業者が対象となり、五反運動以降、各企業は国家資本主義に組み込まれていくことになる。[10]
この三反五反運動と結びつけて、三つの禁、禁運（輸送の禁止）、禁販（販売の禁止）、禁吸（吸煙の禁止）を掲げ、一九五二年八月十日から五十日間にわたり、全国の一二〇二ヵ所の薬物撲滅重点地域において、徹底した撲滅運動が展開された。その結果、薬物犯罪者三十七万人近くを取り調べ、八万二〇五六人を逮捕するに至った。この全国規模の薬物撲滅運動では、薬物犯罪者を取り締まると同時に、各地において薬物防止に関する宣伝活動にも力を入れた。実際、この時期に全国で薬物を防ぐための啓蒙活動を七十六万五四二八回開催し、七五〇〇人に直接、薬物防止教育を受けさせたとの記録もある。[11] 五十二年八月から十月までに取り組まれた撲滅運動は、最高潮に達したという。[12]
さらに、一九四九～五三年の期間、中国各地の人民法院は二十二万件の薬物事犯を扱い、薬物の製造や販売などにかかわった八万人に対して、法に基づく処罰を下した。その中で、最も悪質であった八〇〇人余りに対しては、死刑[13]も科したという。[14] これらを通して、新政府成立から間もない頃に、薬物撲滅運動が相当力を入れて繰り広げられていたことがわかる。

（3）薬物使用者への対応

前項において述べた通り、新政府成立後間もない一九五〇年から本格的に実施した、薬物撲滅運動において、薬物の販売や製造にかかわったものを厳しく取り締まってきた。その一方で、アヘン吸煙者や薬物の使用者に対しては、「戒毒」（薬物依存を断つ）に向けた取り組みが行なわれた。一九五〇年の「訓令」では、アヘン吸煙者に対して期限内に各地の政府機関（都市では公安局）に届け出をし、登録するよう求めた。その後、新たに設置された「戒毒所」や「戒烟所」などの更生施設において、薬物依存から脱するために、定期的に更生を図る取り組みに参加するよう定めた。期限内に届け出をしなかったアヘン吸煙者に対しては、取り調べを経て処罰する方針も示した。

一九五二年四月に中国共産党中央が出した「麻薬の流行を一掃することに関する指示」においても、各地において「戒毒」に徹底して取り組むよう盛り込まれた。この指示では、家族や社会などを動員して、アヘン吸煙者に吸煙を止めさせるよう、大きな圧力をかけることを呼びかけた。

これら新政府初期の頃のアヘン吸煙者に対する対応から、薬物使用者に対しては処罰ではなく、各地の更生施設において、アヘンなどの薬物依存からの回復に向けた取り組みが展開されていたことがわかる。しかし、各地において取り組むよう指示された更生施設での薬物からの回復は、思うように成果を挙げることができなかった、という記述も残されている。[15]

薬物問題に対して、違法な薬物の製造や販売を手掛ける者へ厳しい処罰を科す一方で、薬物使用者には、薬物依存からの回復を目指し、「戒毒所」などの更生施設を活用していたことがわかる。薬物使用者に対してのこの姿勢は、こんにちの中国においても受け継がれている。

（4）一九五三年の麻薬撲滅宣言の実態

一九五〇年の「訓令」以降、全国的に展開してきた薬物撲滅運動の成果は、一九五三年の「中国はアヘンなどの麻薬を撲滅した」という麻薬撲滅宣言に結びついた。彭は、三年間の撲滅運動を通じて、その後三十年間「無毒国」（薬物のない国）の歴史の幕開けをした、[16]と述べている。しかし実際には、すでに述べた通り、少数民族が暮らす地域ではまだこの時期、ケシ栽培から代替作物の栽培へと転換を図る取り組みが行なわれていた。このことから、全国において麻薬の撲滅に至っていない中で、麻薬の撲滅宣言が出されていたことがわかる。この麻薬撲滅宣言について、肖紅松と位軒は、中国人民に対して行なった一種の政治宣言であった、[17]との解釈を示している。

また、麻薬撲滅宣言からわずか十年足らずで、薬物問題を抱えていたことも明らかになっている。趙秉志と李希慧は、一九六〇年代初期から一部の地域において、薬物問題が再び生じていたことを指摘している。[18]この状況を受け、中央政府は一九六三年に「アヘンやモルヒネの害毒を厳しく禁止することに関する通達」を出し、薬物犯罪の再燃を徹底的に取り締まる姿勢を示した。この通達において、アヘンを吸煙したことを自らが名乗り出た場合、またアヘンを自主的に届出し、犯罪を自白した場合は寛大に処理をする、という方針を示し、徹底的な撲滅を目指す一方で寛大な処理、という二つの顔を

表1　中国国内の薬物使用者数の推移（単位：人）

年	薬物使用者数（人）
1982	数百
1989	7万
1991	14万8000
1993	25万
1995	52万
2000	75万
2005	116万
2010	154万5000
2015	234万5000
2016	250万5000
2017	255万3000
2018	240万4000
2019	214万8000

出典：宮尾恵美「中国における薬物依存からの回復政策」（『外国の立法』、2011年）、蘇智良『中国毒品史』（上海人民出版社、1997年）、CCTVホームページ、2015～2019各年「中国毒品形勢報告」などを参考に作成。

使い分けて対応することを打ち出した。一九七三年には国務院が「ケシの栽培や販売、アヘンの吸煙など薬物を厳しく禁止することに関する通達」を出し、各省や市、自治区政府に対して一九五〇年の「訓令」を重ねて表明した。七三年の通達では、薬物の密輸や密売に対しては厳罰に処することを明らかにした。併せて、薬物使用者に対しては強制的に治療することも示した。

　七〇年代後半には、中国社会の薬物問題はより深刻な状況になっていった。この頃、改革開放の波にのってミャンマーとラオス、タイに囲まれた「金三角」（以下、「黄金の三角地帯」）と称される場所から、中国の国境沿いの地域に麻薬がもちこまれるようになっていた。雲南省では、全国で押収される麻薬量の九〇パーセントを占める、といわれるほど麻薬の流通が盛んになっていた。アヘンなどの麻薬がこの地域を通じて流入するに従い、中国国内で薬物使用者が次第に増えはじめていくことになる。一九八二年には薬物乱用者は数百人であったが、麻薬撲滅宣言から四〇年後の一九九三年には薬物乱用者が二十五万人に達していた。また、二年後の一九九五年には倍以上増え、薬物使用者が五十万人を突破することになった（**表1**）。これらのことから、麻薬の撲滅を宣言して以降も、中国社会には常に薬物問題がくすぶり続けていたことがわかる。

三、薬撲滅物闘争、人民戦争の展開

（1）「闘争」に向けて
――薬物使用は犯罪か？　更生の対象か？

　一九八〇年代初めには、国務院は中国国内における薬物問題を際立った課題として、重視するようになる。一九八一年八月には国務院が「重ねてアヘン毒の吸煙を厳しく禁止することに関する通達」を出し、各地において薬物の製造や販売、密輸にかかわる犯罪を攻め打つ「闘争」を呼びかけた。一九八二年七月には、共産党中央と国務院が「アヘン吸煙を禁止する問題に関する緊急指示」（以下、「緊急指示」）を出し、人や資金を投入して、徹底的に取り締まる「闘争」を展開するよう求めた。ここにきて、これまでの薬物撲滅のための「運動」から、「闘争」へと変化していることがわかる。同時に、この「緊急指示」では「ケシの違法栽培やアヘンの販売、使用は犯罪行為」と明確に位置づけ、薬物使用者についても犯罪であるとの見解を示していた。

この八十年代の薬物問題への政府の姿勢は、これまでに見られた各地で多くの人を動員して繰り広げてきた薬物撲滅運動を基礎に、体系的な薬物撲滅のための制度や法を整え、薬物取締のための人員の増加や組織の編成にも目を向け、特別経費を配分し、薬物犯罪へ立ち向かうための装備を充実させるなど、「闘争」に向けた準備にも余念がなかった。また、薬物使用者に対しては、「緊急指示」において犯罪である、との見解を示す一方で、「戒毒」のための施設を建設し、薬物依存からの回復に取り組んでいくことも打ち出していた。ここから、薬物使用を犯罪とするのか、更生の対象と位置づけるのか、この時期、揺れ動いていたことが読み取れる。さらにこの時期、薬物に関する研究についても強化して取り組むようになっていったという。[19]

（２）「黄金の三角地帯」における取り締まり

この時期の取り組みとして、特に、西南の国境地帯や東南の沿海地域において、重点的に人を配置し、資金を投じて必要な資材をそろえ、公安や武警、税関などと共同で作戦を行なっていた。その際、国境地帯を最前線（第一線）に、国内を後方の防御ライン（第二線）として、主要な道路や空港、駅、埠頭を第三線と位置づけ、先ずは国境からの流入を防ぎ、国内において取り調べを強化し、幹線道路や主な交通機関の玄関口で薬物を遮断する、という具体的な方針のもとで展開していった。[20]実際、ミャンマーとラオス、タイに囲まれた「黄金の三角地帯」において、中国が大規模な薬物の取り締まりに踏み出すのもこの時期である。

この「黄金の三角地帯」は、海抜三〇〇〇メートル以上の山岳地帯で、二十万平方キロの広さを有している場所であり、気候や雨量、土壌がケシの栽培に最適であるという。そのためここでは、八十年代前半までは主にアヘンを年間一〇〇〇トン以上生産していた。[21]八十年代後半以降、ヘロインのニーズが高まってきたことを受け、アヘンの生産を基礎にヘロインの精製にも乗り出すようになっていく。中国は当時、この「黄金の三角地帯」を「中国を脅かす最大の薬物根源地」[22]と位置づけ、この地域でのケシ栽培を根本的に絶やし、農作物の栽培に切り替える「代替開発」、「代替作物導入」プロジェクトを国連や周辺国とともに展開し、薬物による国境地帯から、さまざまな消費で賑わう交易地帯へと生まれ変わるよう力を入れて取り組んだ。

取り締まりの強化や「代替開発」プロジェクトなどの効果もあり、九十年代後半以降、「黄金の三角地帯」でのケシ栽培は減少するようになる。冷によると、一九九八年の「黄金の三角地帯」でのアヘン生産量は一四三五トンで、世界のアヘン市場の三〇パーセントを占めていたという。(23) それが二〇〇七年には、この地域でのケシの栽培は四七二トン、世界のアヘン市場の五パーセントにまで減少した。しかしその後、二〇〇〇年代に入り「黄金の三角地帯」は、覚せい剤などの合成麻薬の生産拠点としてふたたび注目されるようになる。アヘンやヘロインの製造とは違って、覚せい剤などの合成麻薬にはケシの栽培を必要としない。そのうえ、合成麻薬の生産のほうが低コストで大きな収益を得ることができる、などの理由から特にミャンマーを中心に覚醒剤の生産・密輸が盛んになっているという。(24)

(3) 厳罰化の動きを加速——死刑の導入

ここで、八十年代の薬物撲滅のための制度や法整備の一環として、次の動きを挙げておこう。一九八二年三月に開かれた第五期全国人民代表大会常務委員会第二十二回会議において、「経済活動を破壊する重大な犯罪を厳罰に処することに関する決定」(以下、「一九八二年決定」)を打ち出した。この決定は、薬物の製造や販売などに対する刑法の処罰基準が低すぎるため、薬物犯罪を封じ込めることができていないことから、より厳罰化を図り、薬物犯罪を厳しく取り締まることを目的に出された。

中国で刑法典が成立したのは一九七九年のことである。「中華人民共和国刑法」(一九八〇年一月一日施行、九七、九九、二〇〇一、〇二、〇五、〇六、〇九、十一、十五、十七年改正)において、アヘンやヘロイン、モルヒネなどの麻薬を製造、販売、輸送した場合、五年以下の懲役刑または拘留、罰金(併科も可)を科すことを定めた。また、アヘンなどの薬物を大量に製造、販売、輸送した場合は、五年以上の懲役刑、財産の没収に処することも盛り込んだ。薬物の密輸についても犯罪と位置づけ、三年以下の懲役や拘留、財産の没収(併科も可)を科すとした。大規模な密輸犯罪については、三年以上十年以下の懲役(財産の没収も可)と定め、密輸の最高刑を十年とした。この時点ではまだ、薬物犯罪の刑罰として死刑は定められていないことがわかる。(25)

「一九八二年決定」は、薬物犯罪の罰則として、刑法には定められていなかった、十年以上の懲役や無期懲役、または死刑を導入する方針を示し、より厳罰で臨む姿勢を明確にした。この決定によって、薬物犯罪の最高刑に、死刑が位置づけられることになった。一九八八年一月には、第六期全国人民代表大会常務委員会第二十四回会議で「密輸罪の処罰に関する補足規定」を通過させ、アヘンなどの薬物の密輸を厳しく罰することを定めた。この補足規定においても、密輸犯罪に対する最高刑を、これまでの十年の懲役から、死刑に改めることとした。

八十年代に行なわれたこれら制度や法の整備から、国内で増加していた薬物の製造や販売、輸送、密輸などの違法行為に対し、より一層の厳罰でもって対応していこうとしていたことが表れている。

(4) 国家禁毒委員会の成立

九十年代に入り、中国は薬物撲滅に向けた制度や法律の整備を、より強化するようになる。一九九〇年十一月には、国務院が「国家禁毒委員会」の創設を決め、同時に、各省や自治区、直轄市においても、薬物撲滅のための執行機関と事務所を成立させた。国家禁毒委員会は、公安部や衛生部、税関総局などの部門から人材を集めてできた組織で、委員会の辦公室は公安部に設置している。国家禁毒委員会辦公室は一九九八年以降、毎年、中国の薬物問題の情勢に関する報告書[26]を出している。[27]国家禁毒委員会は、薬物問題の研究や薬物の撲滅に向けた政策を打ち出すなどの役割を担い、全国で展開する薬物撲滅に関する業務を、組織化して取り組む責任を有している。

一九九〇年十二月には、全国人民代表大会第十七回会議において、十六項目からなる「薬物禁止に関する決定」(以下、「一九九〇年決定」、二〇〇七年「薬物禁止法」の施行に伴い二〇〇八年廃止)が出された。九五年には国務院が「強制薬物依存治療方法」(二〇一一年廃止)を制定し、薬物依存者へ強制治療を行なうことを定めた。九七年には刑法を改正し、十二項目の薬物犯罪を盛り込んだ。

このように九十年代は、法や関係する指示文書が次々と打ち出されていった。この時期、「堵源截流」(薬物の源を断ち、流れを遮断する)を方針の一つに掲げ、これら制定された法や関係する指示文書に基づいて、徹底した取り締まりが行なわれた。[28]

(5) 「黄金の三日月地帯」の台頭

中国語で「金新月」(「以下、「黄金の三日月地帯」)と称されるパキスタン、アフガニスタン、イランに囲まれた地域が、世界有数のケシ栽培として台頭してきたのは九十年代後半以

表2　新疆ウイグル自治区の薬物使用者の推移（単位：人）

年	2003[2]	2012	2013	2014	2016
薬物使用者[1]	2万2672	4万1000	5万4000	6万1000	8万以上

注・出典
1）登録している薬物使用者を指す。
2）2003年の人数は、黄伯華・楊蘇群「新疆毒情分析及対策研究」（『新疆警官高等専科学校学報』第4期 総第96期、2004年）、2012 ～ 2014年は趙雪蓮・鄭彬「“新金月”毒品対新疆毒情形成的影響及打防策略」（『広西警官高等専科学校学報』第29巻第2期、2016年）、2016年は『新疆晨報』より。

降のことである。二〇〇六年には「黄金の三日月地帯」のアヘン生産量は六一〇〇トンにのぼり、ヘロインの生産は世界のヘロイン総量の九二パーセントを占めるまでに至ったことから、「薬物の生産・輸出が最も深刻で、最も勢力が盛んな場所」と目されるようになる。(29) パキスタンと国境を接する新疆ウイグル自治区では、「黄金の三日月地帯」から流入してくる薬物で、薬物犯罪が増加している。自治区内に流入した薬物はこれまで、自治区内から陸路や空路などを活用し、中国全土、周辺国、国際社会へと広がっていった。(30) しかし近年は、流通の拠点としての役割だけではなく、自治区内でも薬物が売りさばかれ「薬物消費市場」が形成されているという。(31) 欧は、自治区の薬物問題をとらえる際、かつての流通の中継地点としてではなく、生産＋流通＋消費型に移り変わっていることを注意する必要があると指摘している。(32) 実際、自治区内の薬物使用者数は増え、二〇一二年の時点では四万人ほどであったが、二〇一六年には八万人以上に達している。二〇一二年以降、毎年約一万人増えていることがわかる（**表2**）。しかし、この薬物使用者は氷山の一角であるという。実際には、自治区内の薬物使用者は二十八万九〇〇〇人以上におよんでいるといわれている。(33)

「黄金の三日月地帯」からの薬物の流入を防ぐため、二〇〇六年に中国はアフガニスタンと共同声明を発表し、取り締まりを強化する方針を打ち出した。同時に、国内の辺境警備の体制強化にも乗り出した。二〇〇七年には公安部はパキスタン、タジキスタン、キルギスとの国境検査場に最新の薬物検査設備を配備し、辺境において科学技術を駆使して薬物の取り締まりを大々的に行なっていく方針を示した。

一帯一路構想を掲げて周辺国との経済協力をすすめる中、「黄金の三日月地帯」での薬物犯罪の一掃は、より重要な課題として浮上している。二〇一六年には「物流業の発展を促進することに関する指導見解」を出し、新疆ウイグル自治区を物量拠点として発展させていく姿勢を示すなどし、自治区の役割を「薬物消費市場」から、交易で賑わう中心地として生まれ変わるよう目指している。

国境を接する地域での薬物の流通は、中国の薬物問題をさらに複雑にしている。また、国境沿いの地域が、経由地としてのみならず、活発な薬物消費地としても機能しはじめていることも、大きな懸念材料であるといえるだろう。中国は国内で薬物撲滅に向けた体制を整えるのみならず、国境を接する周辺国と連携を図りながら、薬物対策を講じていく難しさを抱えていることがわかる。

(6)「薬物撲滅のための人民戦争」へ

すでに述べた通り、中国は新政府の成立以降、一九五〇年代に薬物撲滅運動を全国において展開してきた。金蓮はこの時代の取り組みをふり返り、五十年代のような全国規模の撲滅運動は一時的には効果があったとしても、長期的に薬物を阻止するための手法ではないと指摘している。その上で、薬物犯罪を取り締まるには、運動やキャンペーン方式ではなく、制度を整え管理していくことが重要であると述べている[34]。

実際に、一九八〇年代に入ると、薬物撲滅のための体系的な制度や法を整える動きが出はじめ、人員の配置や重点的な資金の割り当てや装備の充実が図られるようになってきた。

国家禁毒委員会辦公室が出した「一九九八年中国禁毒年度報告」によると、一九九一~九七年までに、全国の人民法院が扱った薬物事犯は四十一万三〇〇〇件で、薬物犯罪での逮捕者は五十六万八〇〇〇人、押収されたヘロインは二六・九トン、アヘンは一四・四トンであったという。これら国内で増える薬物犯罪の状況を踏まえ、国家禁毒委員会は一九九七年に、全国において大規模な薬物撲滅のための闘争を呼びかけ、社会を挙げて「薬物撲滅のための人民戦争」に立ち向かうよう促した。これ以降、中国の薬物問題に関して「人民戦争」という表現が多く用いられるようになる。この表現は、二〇〇〇年の国務院の報告書や同年六月の『人民日報』[35]にも登場し、やがては通達にも用いられるようになった。

二〇〇四年十月に、当時の胡錦濤国家主席が、雲南省で薬物とエイズ問題が深刻化している現状を踏まえ、「薬物撲滅とエイズを防ぐための人民戦争を打ち出し、雲南を助け、成果を挙げる」よう指示をした[36]。この指示を受け、衛生部が二〇〇五年に「全国の衛生部組織において薬物撲滅のための人民戦争を展開することに関する通達」(衛辦医発〔二〇〇五〕一〇七号)を出し、職責を真摯に果たし、「薬物撲滅のための人民戦争」に身を投じるよう、各行政レベルの衛生部門に求めた。当時の公安部禁毒局の局長楊鳳端は、この時の取り組みについて、三つの抑制(㈠薬物の源を抑制する、㈡薬物によってもたらされる害を抑制する、㈢新たな薬物使用者を生み出さないよう抑制する)と五つの作戦行動(一教育、二薬物の撲滅、三薬物の源を差し止める、四薬物を厳しく取り締まる、五薬物撲滅を厳格に行なう）を掲げ、薬物を撲滅するための国際的な枠組みの整備を含む六つの方面で、成果を挙げることができたと語っていた。[37]

「薬物撲滅のための人民戦争」は、次の習近平政権にも受け継がれ、二〇一五年六月に開かれた表彰会の席上、習近平国家主席は薬物に対して「零容忍」（一切容赦しない）を掲げ、全勝するまで兵は撤収させず、「薬物撲滅のための人民戦争」を勝ち抜くことを強く決意する、と宣言した。[38] この人民戦争を勝ち抜くために、貴州省の公安庁ホームページでは、「薬物撲滅のための人民戦争」というページを開設し、省内での薬物事犯や薬物防止に向けた取り組みなどについて発信している。省では二〇二〇年三月に第一回薬物撲滅全体委員会を開き、二〇二〇～二二年の期間、省内において薬物撲滅のための「大掃除プロジェクト」を展開していくことを決めた。

貴州省における薬物問題への取り組みは、中国国内においてにわかに注目を集めている。その理由として、省内における近年の薬物事犯による起訴人数が増えていることを挙げることができる。二〇二〇年は省内で四二六二人が起訴された。この貴州省内での起訴人数は、中国国内の行政区別に見て八番目に多く、二〇一九年の全国第十三位から比べると、順位を上げていることがわかる。省内では二〇二〇年に、省都が置かれている貴陽市などで、一〇〇人以上が関係する薬物事犯が七件発生し、一〇六〇人が逮捕され、二七・〇四キログラムの薬物を押収したという。[39]

省内において「薬物撲滅のための人民戦争」の一環で展開される「大掃除プロジェクト」を通じて、二〇二二年までにどのような成果を挙げることができるのだろうか。

四、取り締まりの対象と薬物使用者への治療

（1）取り締まりの対象を明確化

鄭雲生は、二十一世紀の薬物問題について、薬物の国際ネットワーク化がすすみ、数多くの薬物が出回り、それらを容易に売買できる環境にあることを踏まえ、薬物問題はこれまで以上に複雑化していると分析している。その上で、持久戦であることを認識し、徹底的な取り締まりを強化すると同時に、予防に向けた体制づくりや、国際的な協力の枠組みをさらに整えるなど、新たな戦略構想のもとで、薬物の撲滅に向けた取り組みを展開していく必要性を指摘していた。[40]

新たな戦略構想は、「薬物禁止法」（二〇〇八年六月一日施行、以下「禁止法」）の成立によって、より具体化していくことになる。二〇〇七年十二月に制定された「禁止法」は、中国に

おいて薬物規制に関する初めての専門的な法律であった。第七章第七十一条から構成され、薬物の怖さを伝える教育を徹底すること（第十一～十八条）や薬物依存者への対応を制度化すること（第三十一～五十二条）に加えて、薬物禁止を国際的な協力のもとでさらに強化してすすめていくこと（第五十三～五十八条）、薬物犯罪の取り締まりを厳格に行なうことなどについても定めている。この法では、薬物犯罪の取り締まりの対象として、次の七項目（第五十九条）が示された。

a. 薬物を密輸、販売、輸送、製造した場合
b. 違法薬物を所持した場合
c. 麻薬の原料になる植物を栽培した場合
d. 麻薬として用いられる種子や苗を不法に売買、輸送、携帯した場合
e. 麻酔薬や向精神薬、また容易に薬物製造が可能な薬品を用いた薬物製造方法を違法に伝授した場合
f. 他者を脅迫、誘惑、教唆、欺いて薬物を吸引させ、注射を打った場合
g. 他者に麻薬を提供した場合

これらの行為は、薬物禁止法において犯罪を構成する行為として取り締まりの対象になる。しかし、必ずしも犯罪として成立するわけではない。「禁止法」で示された七つの行為いずれかの容疑で拘束され、それが犯罪として成立した場合、「刑法」に基づいて処罰が下される。しかし、容疑をかけられ拘束されても、犯罪行為には至らないと判断された場合は、「治安管理処罰法」（二〇〇五年八月二十八日成立、二〇〇六年三月一日施行、二〇一二年十月二十六日改正、二〇一三年一月一日施行）に基づいて行政罰の対象となる。行政罰とは、犯罪のレベルに達しない違法行為に対して、行政機関が警告や過料、拘留、また公安機関が発行した許可書を取りあげる、などの罰を与えることを指す。

上述の「禁止法」における薬物犯罪の取り締まりの対象a.～g.には、薬物の使用または乱用については触れられていない。一九八二年の「緊急指示」では、薬物の使用も犯罪行為と位置づけられたが、「禁止法」では「犯罪」としての位置づけにはない。薬物の使用は先の「治安管理処罰法」で定められた社会管理を妨害する行為（第七十二条）として位置づけられている。ここから、中国では薬物の使用を〝犯罪行為〟とはみなさず〝不良行為〟とみなしている、ということがわかる。そのため、薬物使用は刑事罰の対象ではなく、「治安管理処罰法」において行政罰として十日以上十五日以下の拘留、または二〇〇〇元以下の罰金に科せられる（第七十二条）ことになっている。

(2) 薬物使用者への治療方法

「禁止法」第三十一条では、薬物使用者について治療を行なうと定めている。治療方法として、三つを挙げている。

㈠社区での治療

㈡医療機関での治療

㈢強制隔離治療

一つ目は、社区での治療（第三十三条）である。社区は地域を意味し、地域での治療やリハビリを指す。これは新たな依存治療スタイルで、三年を限度として行なう。

二つ目は、医療機関で治療を行なう（第三十六条）。これは、自らがすすんで医療機関で依存治療を受けるスタイルを指す。

三つめは、強制的に隔離し薬物依存治療を行なうことを指す（第三十八条）。この治療は、公安機関が強制的に隔離したうえで行なう脱依存のための治療である。この強制隔離治療は、「一九九〇年決定」において導入された強制治療を反映していると考えられる。

「禁止法」に基づいて、薬物の依存状態にある人たちを治療すること、ならびに薬物依存者たちを支援することを目的に、二〇一一年「薬物依存治療条例」（国務院令第五九七号、同年六月二十六日成立、施行、以下「治療条例」）を制定した。この「治療条例」では、各レベルの人民政府に対して、地域での依存治療やリハビリの環境を整えるよう促している。地域での依存治療は、薬物依存から脱することができるよう導き、医療支援や職業訓練に取り組む（第十八条）よう求めている。また、各地域において依存治療をモニタリングし、その結果を社会に発信するようにも要求している。

一方で、「治療条例」は自らすすんで依存治療に取り組むこともすすめている。自らが医療機関等で依存治療に取り組む場合、かつての薬物使用の行為を処罰しない（第九条）と定めている。強制隔離薬物依存治療については、依存状態が非常に重く、地域での依存治療が難しい場合、各レベルの公安機関が強制隔離を決定し、各行政レベルの人民政府の同意のもと強制隔離場所を定めることとしている（第二十五条）。この強制隔離の期間は二年と規定している（第二十七条）。さらに「治療条例」は、薬物依存者に対して、入学や就業、社会保障の受給などの面で、差別をしないよう（第七条）にも求めている。

これらのことから、中国では薬物使用者への対応は、刑事司法の視点からではなく、公共性や統治の視点から管理することを目的に、地域を拠点とした治療やリハビリを、主要な依存治療手段として用いていることが窺える。

五、薬物をめぐる新たな動向

（1）合法化をめぐって

薬物使用者を「犯罪」ではなく、治療やリハビリの対象として位置づけている中国は、国際社会の一部で先行して見られる大麻の合法化や非犯罪化などの動きを、どのように受け止めているのだろうか。

国際社会の中で生じてきた一部の薬物を合法化する動きに関して、中国国内では反対の立場から数多くの研究が示されている。羅燕と高潔峰は、薬物を使用すると禁断症状と快感の双方を引き起こし、特に禁断症状による邪悪な行為が、重大な結果をもたらすこともあると指摘し、薬物の使用を合法化することに反対している。(41) 北京大学の靳は、国内外で議論が続く一部の薬物合法化について、合法化するには説得に欠けると述べ、それぞれの社会や歴史を踏まえて正しい議論をする必要性を指摘している。(42)

中国は、二〇一六年四月に十八年ぶりに開催された国連薬物問題特別総会（UNGASS二〇一六）において、いかなる形であっても、薬物の合法化に反対する立場を表明している。その背景には、中国の歴史において薬物の恐怖や不安にさらされ、主権を失い屈辱の文化を味わったことが深くかかわっているという。薬物や薬物の使用を放任するような事態を受け入れると、民族の苦難に満ちた歴史を軽視することになりかねない、(43) との見解を示している。北京市公安局に所属する張燕晨と張田雨は、他国において合法化がすすもうと、中国の状況に則って、徹底的に取り締まり、薬物の源を断つ人民戦争を続けていくことが重要であるとの考えを示している。(44) また、取り締まりの強化と同時に、予防に向けて、教育のなかで薬物問題を取りあげることの大切さについても言及している。

国際社会の一部ですすむ大麻合法化議論について、中国は反対する姿勢を示し、社会状況や歴史に則って慎重に議論をすすめる必要があることを指摘している。合法化をめぐる問題は、この先の議論の行方についても、注目していく必要があるだろう。

（2）「二〇一九年中国毒品形勢報告」に見る中国の薬物問題の現状

本稿の最後に、こんにちの中国の薬物問題の状況について触れておこう。

二〇二〇年六月、国家禁毒委員会辦公室は「二〇一九年中国毒品形勢報告」（以下、「二〇一九年中国薬物情勢報告」）を公表した。この報告では、二〇一九年の一年間で薬物犯罪が八

図1　「珍愛生命、遠離毒品」（生命を大切にし、麻薬と手を切ろう）
中国雲南省元陽県にある村哈尼（ハニ）族が暮らす箐口（チンコウ）村の建物の壁に書かれた標語。（2018年、内田知行撮影）

万三〇〇〇件発生し、容疑者として十一万三〇〇〇人が逮捕されたという。また、この一年間で薬物使用者六十一万七〇〇〇人を取り調べ、その内二十二万人を強制隔離施設へ移送し、三十万人を地域の薬物依存治療やリハビリセンターへ移動させたことも本報告において述べられている。さらに、二〇一九年の薬物問題の状況について、以前に比べて状況は改善しつつあるものの、依然として薬物使用者が全国で二一四万八〇〇〇人存在し、この人数は総人口の〇・一六パーセントに相当することにも言及している。

国際社会では薬物使用者に対して、"harm reduction"の考えを取り入れ（本書所収、真殿論文「現代日本の麻薬問題」参照）、人権や健康権を基盤にした取り組みがすすめられている。中国は二一四万人を超える薬物使用者に対して、強制隔離も一つの手段と位置づけ取り組んでいることから、まだここには"harm reduction"の考えは反映されていないといえるだろう。

中国がこの先、「薬物撲滅のための人民戦争」からどのような成果を挙げることができるのか、また、国際社会における薬物を取り巻く動向に、どのように対応していくのか、という点について、ひきつづき注意深く見ていく必要があるだろう。

注

（1）　国連は、特定の日、または一年間を通じて、平和と安全、開発、人権や人道の問題など、ひとつの特定のテーマを設定し、国際社会の関心を喚起し、取り組みを促すため、さまざまな国際デーや国際年を制定している。国際デーや国際年については、国際連合広報センターホームページ https://www.unic.or.jp/activities/international_observances/days/, visited2021/02/10. を参照。

（2）　張亜東「中国共産党与中国百年禁毒歴程」（『決策与信息（下旬刊）』第七期、二〇一六年）一三〇～一三二頁。

（3）　薬物が国際会議において取りあげられ、深刻な問題と位置付けられていく過程については、渡邊拓也『ドラッグの誕生』（慶應義塾大学出版会、二〇一九年）を参照。

(4) 前掲注2張論文、一三〇頁。

(5) 彭栄「中国禁毒運動評分与禁毒戦略選択」（『職大学報』第五期、二〇一六年）九七～一〇四頁。

(6) 蘇智良『中国毒品史』（上海人民出版社、一九九七年）三七七頁。

(7) 趙秉志主編・李希慧副主編『毒品犯罪研究』（中国人民大学出版社、一九九三年）二六頁。

(8) 前掲注2張論文、一三二頁。

(9) 馮平・田向勇「新中国初期中国共産党禁毒研究的回顧与前瞻」（『雲夢学刊』第四十巻第六期、二〇一九年）二二一～二二八頁。

(10) 天児慧・石原享一・朱建栄他編『岩波現代中国辞典』（岩波書店、一九九九年）四二一～四二二頁。

(11) 前掲注6蘇著書、四六五頁。

(12) 前掲注2張論文、一三一頁。

(13) 中国ではこの時代にはまだ、刑法典が成立していない。どのような法に基づいて死刑が科されたのか、という点については記述がない。中国で体系的な刑法典が成立するのは一九七九年である。それ以前は、反革命処罰条例（一九五一）や汚職処罰条例（一九五二）など、部分的な刑法にとどまっていた。刑法典成立に関する詳細は、前掲注10天児・石原・朱他編、二五〇～二五一頁を参照。

(14) 前掲注6蘇著書、四六五～四六六頁。

(15) 天津市では、一九五〇年に一四三八人薬物登録者がいた。そのうちの六〇・五パーセントに当たる八七〇人が薬物を断つことができた。更生のための手法として、㈠「戒毒所」などで回復に取り組む、㈡医療施設への入院、㈢自らで薬物を断つ、の三つの方法を用いた。取り組まれた、薬物依存からの回復は、㈠の方法を選ぶ人たちが多くいたが、「戒毒所」が期待されていたほどの成果を挙げることができなかったとして、一九五一年十一月頃に閉鎖されたという。天津市における当時の取り組みについては、肖紅松・位軒「新中国成立初期天津治理烟毒活動探析」（『河北広播電視大学学報』Vol. 23、№4、二〇一八年）九七～一〇四頁、真殿仁美「麻薬撲滅宣言からふたたび　深刻化する中国の薬物問題」（『城西現代政策研究』第十四巻第一号、初出二〇二〇年）一～二〇頁を参照。

(16) 前掲注5彭論文、九七～一〇四頁。

(17) 前掲注15肖・位論文、一〇二頁。

(18) 前掲注7趙・李著書、五四頁。

(19) 『中国網』二〇〇五年六月七日。http://www.china.com.cn/news/zhuanti/09jd/2005-06/07/content_17845405.htm, visited2021/02/20.

(20) 中華人民共和国国務院新聞辦公室「中国的禁毒」二〇〇〇年。http://www.scio.gov.cn/zfbps/ndhf/2000/Document/307948/307948. htm, visited2021/02/20.

(21) 「黄金の三角地帯」におけるアヘンの生産は一年間で三〇〇〇トン前後あり、世界のアヘン総生産量の七〇パーセントを占めていた時期もあったという（『北崙新聞網』二〇一一年六月二十五日、来源：新華網）。http://blnews.cnnb.com.cn/system/2011/06/25/010102227.shtml, visited2020/08/20.

(22) 『南方新聞網』二〇〇三年十一月五日。http://news.southcn.com/international/gjkd/200311050566.htm, visited2020/08/20.

(23) 冷寧「全方位遏制〝金三角〟毒源的対策研究」（『雲南警官学院学報』第一期№1、二〇〇八年）四一～四五頁。

(24) 「GLOBAL NEWS VIEW」https://globalnewsview.org/archives/9905, visited2019/07/17.

(25) 一九七九年に成立した刑法はその後、十回にわたり改正される。二〇一七年改正刑法において薬物犯罪は、社会の管理や秩序を妨害する罪（第六章第七説）に位置づけられ、薬物の密輸、販売、運輸、製造（第三四七条）、違法な所持（第三四八条）、犯罪構成員の隠匿（第三四九条）、違法な栽培（第三五一条）などがそれぞれ、犯罪行為として刑事処罰の対象と定められた。二〇一七年改正刑法では、一〇〇〇グラム以上のアヘンを密輸、販売、輸送、製造した場合は、十五年以上の懲役または無期懲役、死刑、財産の没収を併科すると規定している。また、違法な薬物を保持した場合、アヘンであれば二〇〇グラム以上が刑事処罰の対象になることも定められている。一九八二年以降の薬物犯罪に対する厳罰化の流れは、改正刑法においても明確に規定されていることがわかる。詳細は、前掲注15真殿論文、一～二〇頁を参照。

(26) 報告書の名称について、従来は「中国禁毒報告」（中国薬物撲滅報告）であった。二〇一九年六月に公表した「二〇一八年中国毒品形勢報告」（中国薬物情勢報告）以降、報告書の名称を変更している。

(27) 中国禁毒網ホームページ http://www.mncc626.com/2017-03/23/c_129516472_2.htm, visited2021/02/19.

(28) 前掲注20中華人民共和国国務院新聞辦公室資料。

(29) アフガニスタンのアヘン生産量は、二〇〇一～二〇一〇年の間に三十九倍増加したという。また、アフガニスタンでは年平均十万人が薬物中毒で命を落としているという。詳細は、張傑「〝一帯一路〟之中亜地区跨国犯罪形勢及其社会因素分析」（『四川警察学院学報』第三〇巻第一期、二〇一八年）一一～一六頁を参照。杜・梅・郭は、「黄金の三日月地帯」における薬物問題の解決を握るのは、アフガニスタンであると指摘している（杜瑋・梅松林・郭傑「論〝金新月〟毒品問題対我国的影響」（『法制与社会』二十二期、二〇〇九年、二〇一頁を参照）。

(30) 趙安暁宇・陳は、「黄金の三日月地帯」の薬物が、新疆ウイグル自治区のウルムチやカシュガルを経由して国内、および世界に流通していることに注目し、自治区に薬物の流通拠点が形成されていると指摘している（趙安暁宇・陳帥峰「〝金新月〟地区毒品問題対新疆的影響及応対策略」（『江西警察学院学報』第六期総第二一三期、二〇一八年、三二～三六頁を参照）。

(31) 趙雪蓮・鄭彬「〝新金月〟毒品対新疆毒情形成的影響及打防策略」（『広西警官高等専科学校学報』第二十九巻第二期、二〇一六年）九一～九五頁。

(32) 欧春雲「〝金新月〟毒品向新疆走私滲透的現状与対策」（『武警学院学報』第二十五巻第七期、二〇〇九年）八～一〇頁。

(33) 前掲注31趙・鄭論文、九二頁。

(34) 金蓮「従〝運動式〟邁向〝制度式〟」（『人民法治・法律実施』二〇一八年）三〇～三二頁。

(35) 国務院が二〇〇〇年六月に出した報告書（前掲注20中華人民共和国国務院新聞辦公室資料）「中国的禁毒」（中国の薬物撲滅）では、闘争という表現が用いられていた。同年六月二十一日の『人民日報』第十版が報じた中国社会の薬物問題では、闘争、人民戦争のいずれの表現も見られる。『人民日報』二〇〇〇年六月二十一日第十版。http://www.people.com.cn/shelunku/fzzh1999/a147.html, visited2021/02/20.

(36) 『中国新聞網』二〇〇七年十月三日。https://www.chinanews.com/gn/news/2007/10-03/1041163.shtml, visited2021/02/20.

(37) 『中国網』二〇〇八年七月九日。http://www.china.com.cn/news/2008-07/09/content_15978316.htm, visited2021/02/20.

(38) 『中国共産党新聞網』二〇二〇年六月二十六日。http://cpc.people.com.cn/big5/n1/2020/0626/c164113-31759699.html, visited2021/02/20.

（39） 貴州省公安庁ホームページ「二〇二〇貴州禁毒十件大事」http://gat.guizhou.gov.cn/ztzl/zxzt/jdrmzz/202101/t20210122_66249329.html, visited2021/02/10.

（40） 鄭雲生「二十一世紀禁毒戦略新構想」（『雲南公安高等専科学校学報』第二期№.2、二〇〇三年）四三～四五、五一頁。

（41） 羅燕・高潔峰「対濫用毒品行為合法化的批駁」（『雲南大学学報法学版』第二十四巻第一期、二〇一一年）七二～七六頁。

（42） 靳瀾涛「合法化与犯罪化：吸毒行為法律定位的博弈」（『黒竜江省政法管理幹部学院学報』第三期№.3、二〇一八年）二三～二六頁。

（43） 前掲注42靳論文、二三～二六頁。

（44） 張燕晨・張田雨「国際大麻合法化対我国毒品犯罪的影響及影響及防範対策」（『北京警察学院学報』第二期、二〇一九年）九二～九七頁。

参考文献

国家禁毒委員会辦公室「二〇一九年中国毒品形成報告」二〇二〇年

黄伯華・楊蘇群「新疆毒情分析及対策研究」（『新疆警官高等専科学校学報』第四期 総第九十六期、二〇〇四年）八～一二頁

真殿仁美「麻薬撲滅宣言からふたたび　深刻化する中国の薬物問題」（『城西現代政策研究』第十四巻第一号、二〇二〇年）一～二〇頁

宮尾恵美「中国における薬物依存からの回復政策」（『外国の立法』、二〇一一年）二〇六～二二七頁

CCTVホームページhttp://tv.cctv.com/2017/03/23/VIDEfyheAE6IHgf9FDehYuki170323.shtml, visited2017/12/11

『新疆晨報』二〇一七年六月二十四日。https://baijiahao.baidu.com/s?id=1571058101138745&wfr=spider&for=pc, visited2020/08/21.

中華人民共和国公安部「二〇一八年中国毒品形勢報告」http://www.mps.gov.cn/n6557558/c6535096/content.html, visited2019/07/17.

中華人民共和国公安部「二〇一九年中国毒品形勢報告」https://www.mps.gov.cn/n6557558/c7257139/content.html, visited2020/08/20.

「二〇一五年中国毒品形勢報告」二〇一六年二月十八日、来源：中国禁毒網
http://www.nncc626.com/2016-02/18/c_128731173_2.htm, visited 2020/08/21.

「二〇一六年中国毒品形勢報告」二〇一七年三月二十七日、来源：中国禁毒網
http://www.nncc626.com/2017-03/27/c_129519255.htm, visited 2020/08/21.

「二〇一七年中国毒品形勢報告」二〇一八年六月二十六日、来源：光明日報
https://baijiahao.baidu.com/s?id=1604330807928492703&wfr=spider&for=pc, visited2020/08/21.

付記　本稿は、「麻薬撲滅宣言からふたたび　深刻化する中国の薬物問題」（『城西現代政策研究』第十四巻第一号、二〇二〇年）に加筆修正したものである。

◎コラム◎

ネットワーク化する中国の薬物犯罪組織

――対岸の火事ではない

真殿仁美

著者略歴は本書収録の真殿論文「現代日本の薬物問題」を参照。

中国では近年、薬物の取引がＩＴ化、スマート化しているという。複数の偽装ＩＤを使ったインターネットを通じた取引や、第三者のプラットフォームを悪用した取引など、ＩＴ技術を駆使した薬物犯罪が増えている。捜査にあたる警察は、非常に根気強く長期的な操作を続け、逮捕に漕ぎつけている。

二〇二一年二月に、安徽省の警察が長期捜査のうえ、十二人を薬物犯罪で逮捕したと発表した。この事件を捜査するきっかけになったのは、二〇一九年にもたらされた一つの情報であった。省内に住むある男が宅配便で薬物を受け取っている、という情報を掴んだ警察が、この男の荷物を確認したところ、一グラムの覚醒剤が隠されていることを発見した。事件はここからはじまる。先ず、この男がインターネットで連絡を取り合っていた人物を探り、この宅配便のルートを調べ、送り主を突き止め、送り主が東南アジアのバイヤーと関係して密輸していることも洗い出し、と文字通り芋づる式に薬物犯罪にかかわっている人物を、根気強く探し当てていった。警察による長期にわたる捜査の結果、薬物取引ネットワークが、チベット自治区やモンゴル自治区、雲南省、広東省など、全国の十以上の自治区や省を超えて構成され、十二人が関わっていたことを突き止めるに至った。

中国ではＩＴを悪用し、薬物犯罪組織のネットワーク化がすすんでいるという。薬物犯罪組織のネットワーク化は、中国国内のみの問題ではない。そのネットワークに日本も含まれているのである。日本には、中国や台湾などから多くの覚醒剤が持ち込まれている。二〇一六年に関西国際空港などを管轄する大阪税関が摘発した薬物犯罪のうち、中国や台湾などアジアからの密輸は九割を超えていたという。関空の摘発のなかで、史上四番目の押収量といわれた二〇一五年の覚醒剤密輸事件では、台湾籍の男らが逮捕された。しかし、この覚醒剤は広州から密輸されたもので、この男らは一回五万円の報酬で「運び屋」を請け負っていた。捜査にあたった大阪府警は、この密輸には大がかりな犯罪組織がかかわっていると分析し、薬物犯罪のネットワーク化がすすんでいることを警戒していた。

　中国から密輸される違法薬物は、海の玄関口と称される沖縄でも、深刻な問題に発展している。沖縄地区税関では二〇一六年、一回の摘発量としては最多となる六〇〇キロの覚醒剤を押収した。この覚醒剤はクルーズ船を使い、中国―台湾を経由して沖縄に持ち込まれた。クルーズ船を使った密輸は、その後も続いている。捜査関係者は、背景に中国―台湾―沖縄ルートの薬物犯罪ネットワークが構成されていることを指摘し、危機感を強めている。

図1　「品一日不除、禁毒斗争就一日不能松解。」（麻薬は一日では除去されない。麻薬禁闘争は一日たりともゆるがせにできない）――習近平　湖南省益陽市南県廠窖鎮宣（2019年、内田知行撮影）

　日本で数多く摘発されているにもかかわらず、なぜ、中国や台湾を経由して、日本に薬物を密輸しようとするのか。捜査関係者は、日本の覚醒剤末端価格が「世界最高額」にあることを要因の一つとして挙げている。中国から日本に違法薬物を密輸した場合、七〜八倍に価格が跳ね上がるという。そのため、犯罪組織が一獲千金をねらい、犯罪ネットワークを巧みに利用して密輸しようとしている。

　薬物問題の取り締まりには、国内での取り組みに併せて、国際的な連携も必要になる。深刻な課題である薬物犯罪組織のネットワーク化に対応していくには、国際的な協力体制をさらに強化し、綿密な連携を図っていくことが求められるだろう。

参考文献

沖縄地区税関ホームページ　https://www.customs.go.jp/okinawa/13_repo/index.htm, visited2021/02/27.
『日本経済新聞』（二〇一七年五月二十九日）https://www.nikkei.com/article/DGXLASHC11H6G_Z20C17A5AC1000/, visited2021/02/27.
「AFP BB News」（二〇二一年二月十七日）https://www.afpbb.com/articles/-/3331970, visited2021/02/27.

◎コラム◎

韓国芸能界の大麻問題

権　寧俊

著者略歴は本書収録の権論文「アヘンをめぐるアジア三角貿易とアヘン戦争」を参照。

二〇一七年六月、韓国のマスコミは、スーパー韓流グループ「BIG BANG」のメンバーであるT.O.Pが大麻を吸った疑いで逮捕されたことを大きな社会問題として取り上げた。ソウル地方警察庁麻薬犯罪捜査隊によると、T.O.Pは、二〇一六年十月頃に自宅で知人女性と三回にわたり大麻を吸煙した疑いがあり、その結果、T.O.Pは第一審で懲役十カ月執行猶予二年を宣告された。

このニュースは、韓国人にとってはそれほど珍しくはなかった。というのも韓国では朴正熙軍事独裁政権期（一九六一～一九七九年）から「芸能人＝大麻事件」という認識が社会に根付いていたからである。そもそも韓国国内で大麻の吸煙者が出はじめたのは、一九六〇年半ばからであった。その当時の大麻の主な消費者は在韓米軍であった。最初、彼らはメキシコ産大麻を吸煙していたが、より供給しやすい方法として韓国の大麻に注目するようになった。その後、韓国産大麻は彼らに人気が高まり、ハッピースモーク（happy smoke）というタバコとして広がった。ハッピースモークは一般のタバコに大麻を混ぜたもので、十本入りの一箱が五〇〇ウォンで米軍基地周辺を中心に売られていた。

韓国の芸能界で先の「大麻事件」が起こったのは一九七五年十二月である。同年十一月十二日から十二月十日までに大麻吸煙者の大取締りを行い、七十一人が検挙された。そのうち半分が芸能人であった。その後一年間（一九七六年十一月五日まで）だけで、一七〇〇人が検挙され、九一〇人が拘束された。そのうち、一般人が四八六人、学生が二八六人、芸能人が一三八人であった。なぜ、このような大麻事件が一九七五年に起きたのか？

一九六一年から八〇年代半ばまでの韓国は「軍事独裁」の時代であった。この

図1　大麻煙草　出典：wikimedia commons

時期は経済面では経済開発計画が推進され、「漢江の奇跡」という新造語が生まれるほど高度成長が続く時期であったが、政治の面では後退期であったと言える。朴正煕は一九六一年五月に軍事クーデターを引き起こし、韓国の大統領になった。そこから歴代大統領の中で一番長い期間大統領の地位にあった。彼は独裁政権を強いて永遠に大統領でいようとした。そのために、一九七二年十月十七日に非常戒厳令を布告して国会を解散し、政党による政治活動を停止させて、いわゆる「維新憲法」を公布した。しかし、民衆の抵抗が起こり、特に若い世代（大学生）の抵抗が全国的に広がっていた。

軍事政権はこれらの若い世代（大学生）の抵抗を抑圧するために、緊急措置権を利用した。緊急措置権とは、単なる行政命令によるだけでも国民の自由と権利に無制限の規約を加えることができる超憲法的な大統領の権限であった。一九七五年五月に「緊急措置第九号」が宣布された。これは若い世代の抵抗精神を芽生えさせる青少年文化（主に大衆文化）を取締る政策であった。当時軍事政権は、大学生を中心として広がるポピュラー文化（Popular culture）が、軍事政権に対する批判的役割を果たし、「反政府運動」につながると判断し徹底的に取締まっていた。軍事政権は、青少年文化（主に大衆文化）は退廃的な文化、低水準で粗野な文化であると決めつけていた。そのために、その象徴的なものとして長髪、ミニスカート、ポックソング、ポピュラー音楽などが規制された。また、当時、ソウル地検では芸能人の八〇パーセント、歌手の九〇パーセントが大麻を吸っていると推定していた。そのため、一九六八年から七年間、禁止曲になったのが二二二曲あり、芸能活動を禁止された芸能人は、一二三人いた。一九七〇年代から一九八〇年代までの芸能界は暗黒の時代であったと言えるであろう。

◎コラム◎

ベトナムの薬物汚染事情

関本紀子

著者略歴は本書収録の関本論文「フランス領インドシナのアヘン」を参照。

掲載している図1・2は、麻薬に手を出さないよう呼びかける、街頭に設置された大型の看板である。ベトナムでは麻薬は社会悪とされ、長年にわたって撲滅が目指されてきたが、なかなか根絶には至っていない。こうした看板はベトナム全土各地で、特に中学校、高等学校などの学校周囲に多く見ることが出来る。

近年、青少年の薬物使用、依存が大きな問題になっている。ここでは、ベトナム中部の少数民族の村の事例を紹介する。二〇一五年十二月一日の新聞によると、ダクラック省クロンパック県ホアドン村の警察は、数十人の青少年が大麻を使用していたと発表した。大麻は、ベトナムではその栽培、輸送、売買、使用が禁止されている薬物である。なぜこうした非合法の麻薬が、若者の間に蔓延してしまうのか。記事には十五歳から十七歳の学校に通う青少年の麻薬使用の事例が、詳しく報告されている。

麻薬に手を出すきっかけは、ほとんどの場合、友達に誘われて試してみた、というものであった。一度試すとまた欲しくなるため、その後やめられなくなり、中毒になってしまう。彼らの話によると、大麻はとても簡単に購入できるようである。最初だけ紹介者が必要だが、その後は電話で予約・注文して、指定された場所へ行ってお金と引き換えに受け取るだけだ。その額は、七～十回分で三〇～四〇万ドン（約一五〇〇円から二〇〇〇円）と、ベトナムの物価水準からしても驚くほど高いわけではない。多くの若者は、学用品の購入や塾の経費だといって親からお金をもらい、それを大麻購入に充てていた。あるいは、大麻を自分の使用する量より多めに購入し、一部を転売して利益を得ることで、継続的に麻薬を購入している若者も多くいた。つまり、麻薬に手を出すだけでなく、自ら麻薬を広める売人にもなる若者が多いのである。

こうした状況を受け、学校側も保護者と連携し、あらゆる対策を講じて改善を目指している。写真の看板も、その一端を生々しく物語るものといえる。

最近の動向としては二〇二〇年八月二十日、ベトナム・ラオス国境における麻薬犯罪撲滅・宣伝高度総括会議がベトナム公安省とラオス治安省合同で開催された。この会議で報告されたデータによると、麻薬関連犯罪局によって一五三〇件が摘発され、容疑者は二〇二九人に上る。押収されたのは一一八キロのヘロイン、八・五キロの大麻、一四九〇キロのアヘンおよび三十万錠を超えるMTTHであった。

ベトナムとラオスは、麻薬の違法な生産と販売の主要な拠点である「ゴールデン・トライアングル」地域と隣接しており、両国の安全保障に複雑な状況を引き起こしている。ベトナムとラオスの国境地帯は、組織的な麻薬の違法な売買と輸送ルート網が張り巡らされており、その密輸の手口はますます高度になってきている。ベトナムに持ち込まれる麻薬は、国内消費用だけではなく、ベトナム経由で第三国へ運ばれるものも少なくない。

麻薬の輸送手段は、多くの場合、車、バイク、徒歩ルートであり、主にガスタ

図1・2　「麻薬を相手にしない」と書かれた看板（2017年8月ベトナム南部、ビントゥアン省ファンティエット市で寺島明央氏撮影）

ンク、トランク、ヘルメット、手工芸品の家具や小包、スピーカーなどに隠されて運ばれている。中には二・八キロのアヘンを大量のパイナップルをくり抜いてその中に隠し、運んだ者もいた。このアヘンはラオスからダクラック省間の密輸ルート上で八〇〇〇万ドン（約四十万円）で取引されたという。

ラオス国境ではなく、中国国境にあるカオバン省でも、二〇二〇年五月にアヘンの密売人が三名逮捕され、五キロのアヘンが押収されている。表には出てこないが、国境沿いでは地域を問わず、活発に麻薬の取引が行われていることが推察される。

南部ホーチミン市の生薬販売店において、アヘンの実を密売している売人のインタビューによると、アヘンの実は健康・精力増進、バイアグラの一種として密売されており、二〇一五年では一〇〇グラム一〇〇万ドン（約五〇〇〇円）で売られていた。アヘンの実の出所としては、「北のある省から」「中国産」「イエンバイ省（ベトナム西北部）」との回答が見られ、国境付近から南部への国内流通網も確立していることが窺える。

こうした報道からも、ベトナムのアヘン、麻薬問題はいまだ深刻な状況であると考えられ、今後も動向を注視していく必要があるだろう。

参考文献

Báo Tuổi Trẻ（青年新聞）
二〇一五年十二月一日十面「大麻に手を染める少数民族村の青少年」
二〇一五年十二月五日五面「アヘンの実の密売」
Báo Công An Nhân Dân online（人民公安新聞オンライン）
二〇二〇年五月十九日「カオバンで五キロのアヘン押収三人逮捕」http://cand.com.vn/Phap-luat/Cong-an-Cao-Bang-phat-hien-thu-giu-gan-5kg-thuoc-phien-595609/（最終閲覧日二〇二一年二月二十六日）
二〇二〇年八月二十日「ベトナムとラオスの国境で一五〇〇件以上の麻薬事件を摘発、逮捕」http://cand.com.vn/Hoat-dong-LL-CAND/Phat-hien-bat-giu-tren-1-5-nghin-vu-ma-tuy-hon-2000-nghin-doi-tuong-558187/（最終閲覧日二〇二一年二月二十六日）
二〇二〇年八月二十日「ベトナム・ラオス国境麻薬撲滅・宣伝高度総括会議」http://cand.com.vn/Hoat-dong-LL-CAND/Hoi-nghi-Tong-ket-dot-cao-diem-tuyen-truyen-tan-cong-tran-ap-toi-pham-ma-tuy-tren-tuyen-bien-gioi-Viet-Nam-Lao-558056/（最終閲覧日二〇二一年二月二十六日）
二〇二〇年八月二十八日「パイナップルに三キロ近くのアヘンを隠す」http://cand.com.vn/Phap-luat/Dau-gan-3kg-thuoc-phien-vao-trai-dua-mang-di-tieu-thu-609368/（最終閲覧日二〇二一年二月二十六日）

現代アフガニスタンのアヘン問題

内田知行

うちだ・ともゆき――大東文化大学名誉教授。専門は中国近現代史。著書に『黄土の大地一九三七～一九四五　山西省占領地の社会経済史』（創土社、二〇〇五年）、『歴史家が語るガイドブックにはない世界の旅』（創土社、二〇一七年）などがある。

本稿では、一九七〇年代末から二一〇〇年代までのアフガニスタンにおけるアヘン生産の推移を、（一）対ソ戦争（アフガン戦争）時代、（二）ターリバーン政権時代、（三）カルザイー政権以降近年まで、にわけて分析する。（一）の時代にはソ連に抵抗したムジャーヒディーン（イスラーム聖戦士の意）の下でケシ栽培が増えた。それは戦火の中の民衆には生存の手段だった。（二）の時代の初期にはターリバーン（イスラーム神学生の意）はケシを容認したが、後期には厳禁政策に転じたためアヘン生産は激減した。それが（三）の親欧米のカルザイー政権以降は、欧米諸国の支援をえてアヘン抑制政策を進めたにもかかわらず、ケシ栽培は拡大して近年に至っている。

はじめに

アヘンの世界的な生産地としては二つの地域が知られている。ひとつは「黄金の三角地帯」と呼ばれたタイ・ミャンマー・ラオス・中国雲南省が接する地域で、もうひとつは「黄金の三日月地帯」と呼ばれるアフガニスタン・イラン・パキスタンが接する地域である。推定によれば、いまでは後者の生産量とそこからの密輸出量が前者を超えているようである。「三日月」と名づけられているのはそこがムスリムの居住地域だからである。とりわけ、その地域でも戦乱が長く続いているアフガニスタンのアヘン生産が最も重大である。もっとも、アフガニスタンを旅行し、調査し、知悉している日本人の著作、たとえば前田耕作・山根聡『アフガニスタン史』（河出書房新社、二〇〇二年）、渡辺光一『アフガニスタン戦乱の現代史』（岩波新書、二〇〇三年）、大石芳野『アフガニスタン戦禍を生き抜く』（写真集、藤原書店、二〇〇三年）などを読んでもアヘンに関する言及は出てこない。思い起こせば、一九六〇年代のアフガニスタン農村を調査した大野盛雄『アフガニスタンの農村から――比較文化の視点と方法』（岩波新書、一九七一年）にもアヘンはなかったし、じかに拝聴した漫談でもアヘンの話は聞かなかったように思う（大野さんは私の勤務先で草創期の学部長をした方で、私たち駆け出しの若い研究者を激励してくださった。お宅に押しかけてイラン特産のピスタッチオを頂いたのが、私のピスタッチオとの出会いだった）。アフガニスタンのアヘン禍は一九七〇年代までは今ほど重症ではなかったとは言え、社会問題としては存在していたはずである。しかし、なぜにじかに見聞した人が書かないのだろうか、というのが私の年来の疑問だった。

そうしたなかで私の疑問に答えてくださった方が、今でも多くの人びとに敬愛されている中村哲氏である。ご承知のように、アフガニスタン東部で用水路をつくって農業支援を続け、二〇一九年十二月四日に凶弾にたおれたお医者さんである。彼は、二〇〇七年に刊行された著書で次のように書いていた。ターリバーン政権崩壊（二〇〇一年十二月）後数年間のアヘン事情である。現地社会に深く通じた日本人によるアヘン問題イントロダクションとして紹介する。

ターリバーン政権時代にはほぼ絶滅に追いやられたアヘン栽培が盛大に復活したのは、農地の砂漠化のためである。ケシは乾燥に強いうえ、小麦の約一〇〇倍の現金収入を得ることができる。水欠乏に窮した農民たちは、こぞってケシの作付けを行ったから、二〇〇三年末までにアフガニスタン一国で世界のアヘン生産の七割を占めるに至った。二〇〇六年には九三パーセントに上昇し、二〇〇七年には前年比三四パーセント増え、世界のアヘンを独占した。アヘンのおもな消費地はヨーロッパとアメリカである。アヘンは以前から貧しい農山村で鎮痛剤として使われていたが、「家庭常備薬」程度で、いわゆる病的な中毒は稀であった。その証拠に私たちが診療を行った地域では、住民のアヘン使用が激減した。爆発的に拡大したのは、一九七九年、パキスタンの禁酒令の徹底、アフガン戦争（一九七九～一九八九年）以後である。その後、一九九六年にターリバーン政権が登場すると、厳しく取り締まられるようになり、大干ばつの最中でもほぼ根絶に近かった。それでも、ターリバーン政権が初期にアヘンを資金の一部にしていたとされ、アメリカは「麻薬制裁」を課していた。だが、ケシ栽培の爆発的復活は、ターリバーン政権崩壊後、同制裁が解除されてからであった。(1)

筆者は、アジア・アヘン史の一部としてこれまで現代アフガニスタンのアヘンについて関心を持ってきた。しかし、現地調査に行ったことはないし、現地語もできない。本稿では、筆者が参照できた若干の書籍にもとづいて、この問題を素描してみる。最も有益な書籍は、David Mansfield, *A STATE BUILT ON SAND : HOW OPIUM UNDERMINED AFGHANISTAN*, Hurst & Company, London, 2016 だった。とくに、同国のアヘン問題の推移を知るために、同書第五章「An Historical Overview : State-building and Drug Production in Afghanistan」を紹介する。著者は、二十三年以上アフガニスタンにおけるアヘン生産の現場を観察した人物で、自己の見聞と豊富な資料とにもとづいてアヘン問題を分析している。次いで、進藤雄介『タリバンの復活』（花伝社、二〇〇八年）が参考になった。著者は外務省職員で、二〇〇六年八月〜二〇〇八年八月、安全保障担当国際情報官としてアフガニスタンの政治社会問題を調査していた。アフガニスタン・アヘンの周辺国への密輸事情についても分析していた。イランやトルコへのアヘン密輸については、Maziyar Ghiabi, *DRUGS POLITICS : MANAGING DISORDER IN THE ISLAMIC REPUBLIC OF IRAN*, Cambridge University Press, 2019 を、中国への密輸については、李景峰『巴基斯坦与中国新疆地区交往歴程研究』（雲南大学出版社、二〇一八年）、真殿仁美「麻薬撲滅宣言ふたたび——深刻化する中国の薬物問題」（『城西現代政策研究』第十四巻第一号、城西大学現代政策学部）を参照した。主として以上に紹介した書籍・論文に依拠して、本稿の課題を素描してみる。

一、対ソ戦争（アフガン戦争）時代におけるアヘン生産

一九七〇年代末にイラン革命が収束し、アフガニスタン内戦（アフガン戦争）が勃発した。一九七八年にソ連系の共産政権が樹立され、それに抵抗するムスリム（イスラーム教徒）のジハード（聖戦）が展開された。そして、一九七九年にはソ連軍十万が侵攻してアフガン戦争が勃発した。こうした戦乱の拡大によって、アヘン生産を発展させるための理想的な条件が形成された。

（1）アフガン戦争以前のケシ栽培

十九世紀の前半には、ケシ栽培はアフガニスタンの限られた地域に限定されていた。一九三〇年代と一九四〇年代の初

期には、ケシ生産は政府による許可制度の下にあった。そして、合法的に認められたアヘン売買は、当時のアフガニスタン政府の対外収入の重要な源泉だった。アフガンの原料アヘンの需要が増大し、価格が上がると、政権が管轄した地域の外側でアヘン生産もまた増えた。一九四〇年代の初期までに、アメリカ政府はアフガニスタンにおける非合法なアヘン生産に対する関心を高めた。アフガン政府は一九四五年にはアヘン禁止措置を講じた。

(2) アフガン戦争時代のケシ栽培

マンスフィールド（David Mansfield）によれば、一九八〇年代から一九九〇年代にかけてのアフガン戦争時代におけるケシ栽培の規模や地域を正確に査定することはきわめて難しい。というのは、その当時の遠隔地の不安定な農村地域と、その実像を認識するさいのコストと正確さとを考慮しなければならないからであるという。しかし、一九八九年二月のソ連軍撤退にいたるまで、ケシ栽培は一般的に成長軌道にあり、それを支える要因があったという。(2)

しかし、マズィヤール・ギャビ（Maziyar Ghiabi）によれば、アフガニスタンがアヘン交易における圧倒的な地位を占めるようになったのは、ソ連のアフガン侵攻以降であったという。「アフガン戦争とともに、ソ連に抵抗するムジャーヒディーンはケシ栽培を利益率の高い収入源とし、民衆の側は生存の手段と考えた。アフガニスタンはアヘン交易における圧倒的な地位を占めるようになった」。(3)

マンスフィールドによれば、一九八〇年代におけるケシ栽培の成長の多くは、その地域の軍閥たちの政治的かつ経済的な利益と結びつけられる。彼らは、アヘンの栽培税や交易税の徴収を通じて、そしてある場合はアヘン貿易に直接関与することによって、利益取得のネットワークを作っていたのである。アフガン戦争の時代には、アヘン生産は農民にとって理想的な農業生産物になった。というのは、合法的な農村経済の発展を支えたり、法的な手段によってケシの栽培を抑制したりすることのできる国家は存在しなかったからである。このような条件下においては、ケシの栽培は耕作農民にとって明らかな長所があった。比較的干ばつに強い作物として、政治的な抗争によって水利が不安定である場所や、灌漑制度が破壊されている場所においても、ケシは一定程度の収穫が可能だった。さらに言えば、ケシは軽量で付加価値の高い作物として、悪路においても、そして困難なしかし抜け穴だらけの国境を通り抜けて、容易に運ぶことが可能であった。それによって、農民や小商人たちは市場価格で利益を得るということが可能になったのである。(4)

（3）農民にとってのケシ栽培の魅力

ケシは労働集約的な作物だった。しかし、ケシ栽培の技術は簡単に学べるもので、収穫時に必要な道具は地域の職人でも、さらに耕作農民自身にも作ることができた。これが、アヘン生産のもう一つの長所だった。長所はまだあった。それは、共同体のなかの地域の商人やチャンスに金儲けをしたい人びとからの市場における支援があったことである。彼らは収穫前にはケシ栽培農民に融資を行い、収穫時や年の最後には進んでケシの売買を行った。こうした売買が畑の中であるいは村の内部で行われるさいには、農民たちは輸送の費用や売買時の費用を負担しなかった。また、壊された不安定な道を移動するさいに生じる収穫後の損失も負担しなかった。このような道は、アヘンの通行税を取ろうと思っていた軍隊が支配していたからである。最後に、アフガニスタンの内部やパキスタンおよびイランのアフガン難民のあいだでアヘンの使用が飛躍的に増え、それゆえにこの地域でアヘン生産にたいする需要が伸びたのは、この戦争時代であった。

マンスフィールドは、次のように分析している。すなわち、ケシ栽培は同国南東部のヘルマンド（Helmand）、同国東部のナンガルハール（Nangarhar）、同国東北部のバダフシャーン（Badakhshan）のような省で歴史的に行われており、栽培は低地の渓谷に移行していたが、それが高地の渓谷や国境地方に広がった。そうなると、農民生活におけるケシ栽培の役割や経済全体におけるその意義は増し始めたのである。ケシは、自分の畑でそれを耕作していた人びとの収入を増やしただけではなかった。労働集約的な作物として、ケシの作り方を知っている土地貧乏な農民や不定期な被雇用者のグループの収入機会も増えたのである。ケシ栽培は高地の渓谷から低地の大土地所有地域に拡大した。このことは、多くの土地所有農民が、とりわけ収穫期において、ケシの労働力需要に対応できなかったということを意味していた。それゆえに、低地の渓谷にある土地は、ケシ栽培を喜んでやろうとする小作農民に提供されることになった。そして、土地所有農民と土地を持たない貧しい農民とのあいだの共生関係を発展させ、農村間および農村内部における社会経済的分化を促した。農村社会においては、土地所有者は、自分の土地でケシの栽培をしてくれる人々の労働から生じる超過利潤を取得することができた。同時に、前借条項を利用してかなり多くのケシを取得できたのである。彼らは、後に物価の上昇する成長期になってケシを売ることができたのである。一部の者は、地域レベルでアヘンの交易に参入した。そして、確立した利益供与のネットワークを通じて、より広い地域へその関係を伸ばした。そして、国境を越えた交易に従事し、まさに世渡りの技術と交際を得て、アヘンをモルヒネやヘロインに精製した。ムジャーヒディーン内部の農村エリートや司令官たちとしばしば結びつきをもったことで、戦争時代におけるアヘン経済の拡張は、「辺境地域が政治的経済的に力を強めていった、そうした中枢部と周辺部とのあいだの関係を再調整する」結果になった。

アヘン経済は大半の農民に経済的社会的な利益を与えた。一九八〇年代と一九九〇年代では、アヘン経済を抑制するためにできることはほとんどなかった。この時代には、アヘン統制の努力はきわめてまれだった。そして、それはおおむねショーのためのものだった。つまり、外国の支援者との政治的な結びつきを作り、経済発展の支援を増進することを目指したショーだった。ナズィム・アクフンザーダ（Nasim Akhundzada）のヘルマンド省における一九九〇／一九九一における活動やハジ・カディール（Haji Qadir）のナンガルハル省における一九九四／一九九五の活動などの事例をみても、これらの経済発展活動の効果はかなり疑わしい。(5)

二、ターリバーン統治下のアヘン生産

一九九〇年代中ごろにアフガニスタン南部にターリバーンが登場した。当初は、地元の山賊と戦ったアフガニスタンの青年たちが「ターリバーン」と紹介された。一九九四年十二月中旬にはアフガニスタン南部を制圧し、翌年二月にはカブール南部まで進出した。一九九六年九月末、ついにターリバーンによってカブールは制圧された。

(1)統治初期のターリバーン政権によるケシ栽培の許容

マンスフィールドによれば、ターリバーンによるアフガニスタンの統治がアヘン生産の成長を止めるということはなかったという。一九九四年に彼らが登場したときに彼らはアヘン生産を禁止したと主張したが、この主張は間違いだった、とマンスフィールドは判断する。というのは、ターリバーンは一九九五年一月中旬まで、つまりケシの播種期が終わって一カ月たつまで、彼らの敵対勢力をヘルマンド省から追い払わなかったからである。事実、ターリバーンの支配の下で、ケシの栽培は意義のある拡張をみ、主要な道路からの彼らの監視地点や民兵組織の撤退によって栽培は促進され、農村経済において経済的な機会が制限されたことで強化された。国連薬物犯罪事務所（ＵＮＯＤＣ、本部ウィーン）の評価によれば、ケシの栽培面積は一九九九年までに九万一〇〇〇ヘクタールに達した。一九八七年のＵＳＧ（米国系調査機関）の報告によれば、一万八五〇〇ヘクタールだったから、顕著に増

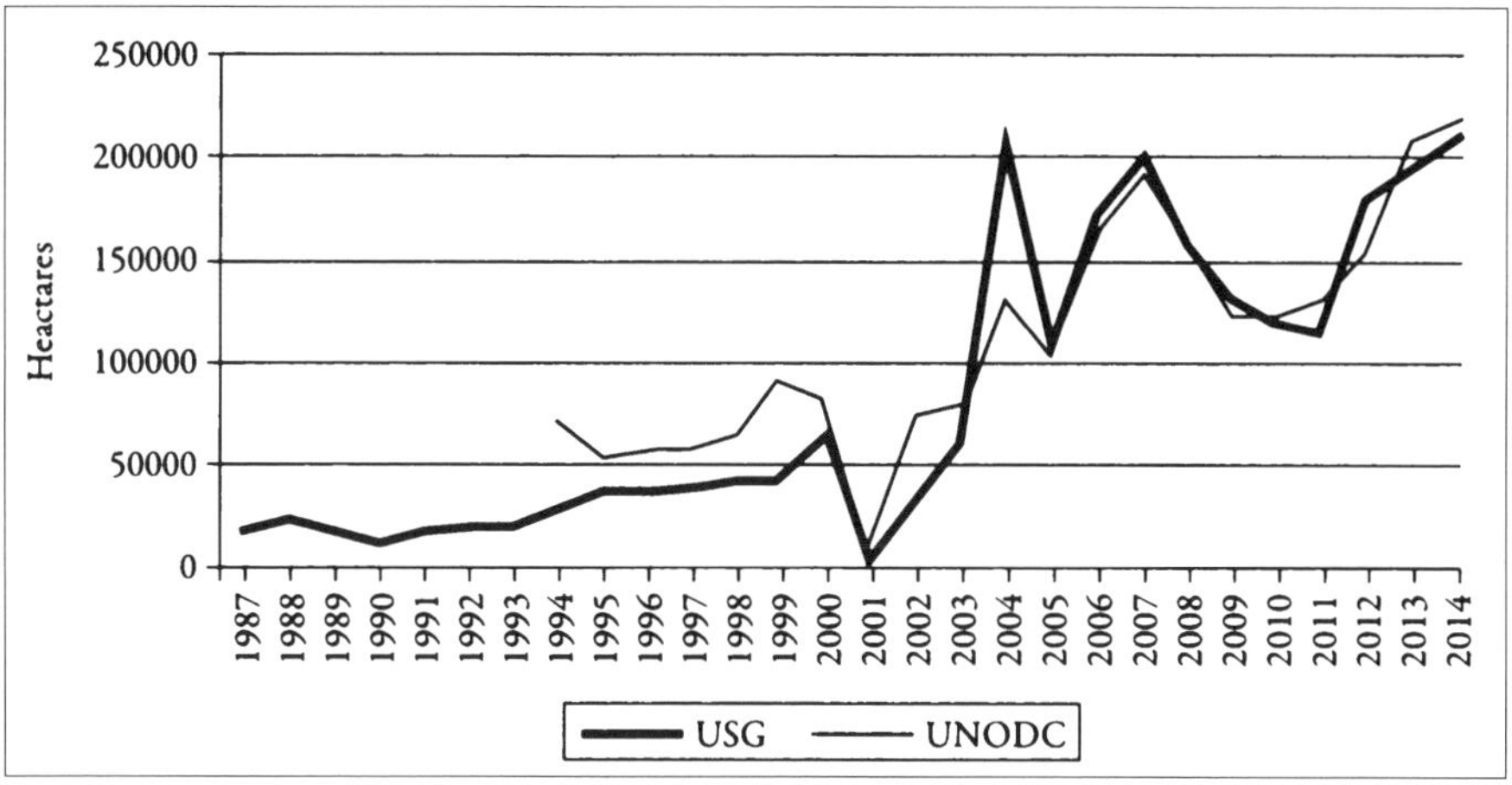

表1　アフガニスタンにおけるケシ栽培面積の推移（1987～2014）
出典：David Mansfield, *A STATE BUILT ON SAND: HOW OPIUM UNDERMINED AFGHANISTAN*, Hurst & Company, London, 2016, p104

大したのである（**表1**を参照）。

一九九〇年代を通じて、ケシ栽培は一層拡大した。その栽培地域は、南部、東部、北東部の伝統的な生産拠点から、北部と中央部の地域や東部地域の各地に移動した。種子を提供する商人たちや農業部門によって、さらには司令官たちや、農民たちに栽培を教示するターリバーンによって、このアヘンの拡張が促されたという主張がある。しかし、新たな地域への拡張は、巡回して収穫作業を行なった人びとによる移動労働を要因としていた。これらの巡回労働者はヘルマンド・ナンガルハール・カンダハールなどの省で収穫労働に従事して収穫を学び、隣接する諸地域や諸省にある自分たちの土地へと移動した人びとだった。アヘン生産の中核地域に住みながらも十分な土地を持たない家族は、自分の家族を他の省に送った。彼らはそれらの省においても民族同士のあるいは同族のきずなを持っており、土地を賃借したり小作したりしてケシを栽培し、アヘン生産の技術を地方の人びとと分かち持ったのである。(6)

(2) ターリバーン政権によるアヘン禁止政策の実施

ターリバーン軍は、一九九六年九月、パキスタンの支援をえて首都カブールを占領した。ターリバーンの支配の期間に、アヘン貿易はアフガン経済の内部で確立された。なるほどターリバーンは二〇〇〇年七月に包括的なアヘン禁止令を出した。しかし、それ以前は、国連の国際麻薬統制計画（UNDCP）の命令にもとづいて一時的な統制活動をする以外には、アヘンの生産や交易を阻止するようなことはほとんどしなかった。その当時のターリバーンの活動といえば、ナンガルハール省（Nangarhar）における多くのアヘン生産工場の閉鎖、小規模な撲滅活動、アヘン生産禁止のための大量の宣言文書の作製だった。同じ時代に、アヘンは乾燥されてアクセス可能ないくらかの地域のバザールの通りで取引された。それはたとえば、カンダハール省マイワンド（Maiwand）のキシック・エ・ナコド（Kishk e Nakod）、ヘルマンド省のガームズィール（Garmsir）、ナンガルハール省のマルコー（Markoh）とガニ・ケール（Ghani Khel）のような幹線道路からあまり遠くない場所であった。東部や南部には主要な交易拠点があった。そこは越境する商人たちが訪れて自分で直にあるいは電話を利用してアヘンを買い付けることができたからである。そういうわけで、交易拠点は激増し、主要幹線道路に近い場所に移動した。地位の確立したアヘン商人たちは監視地点の移動やかつてのムジャーヒディーンの時代に彼らの商売を妨害した治安の動揺を歓迎した。他方で新たな参入者にとっては、ターリバーンの支配下では市場参入への障害はなかった。ヘロインの加工工場も主要な渓谷に作られた。工場はときには地域の中心から遠くないところにあり、ターリバーンの兵士たちが駐屯していた。(7)

一部の見解では、ターリバーンの領土的な支配に対応してアヘン貿易が拡張したことをターリバーンのアヘン貿易にたいする支配の証拠としている。しかし、関係はもっと複雑だった。それは、ターリバーン運動がより広い地域で影響力を広げたときになされた政治的な協定や取引を反映していた。ある場合においては、地方のターリバーン指導者はアヘンの生産や交易を許容したにすぎなかった。彼らは地方勢力の強力な利益に挑戦しようなどとは願わなかった。他の場合では、ターリバーンの司令官たちはアヘン類の交易や生産への課税や精製や輸送にたいしてより積極的に関与していたか、あるいは関与するようになった。

マンスフィールドによれば、ターリバーンが二〇〇〇年七月にアヘン禁止を決めると、以上の地域的な措置は解消されていった。ケシ栽培は一九九〇年代末まで増大していった。しかし、国連や諸外国の支援者によるアヘン貿易反対の要求が数多く出されたことによって、ターリバーンは最後には二〇〇〇／二〇〇一年度の栽培期にアヘン生産を禁止する法律を出すことになった。この法律によって、二〇〇〇年のケシ栽培面積が八万二〇〇〇ヘクタールだったのが、二〇〇一年には八〇〇〇ヘクタールに減った。その当時、国際連合から派遣された役人たちは「(アヘンの統制についての)最も顕著な成功の一つである」と文書で述べた。ターリバーンにとって、この禁止措置は農村の人びとにかなりの負担を強いることになった。そこで、欧米軍による「農村のエリートと民衆の(二〇〇一年秋以降の)ターリバーンへの反乱」の誘導が容易になった。(8)

なお、ターリバーン政権による二〇〇〇年以後のケシ栽培禁止政策については、進藤雄介も確認していた。

ターリバーンはイスラーム法による支配を実現しようとさまざまな規則をただちに導入した。しかし、ほぼ唯一の例外は、ケシの栽培であった。ケシの栽培については、直ちに禁止することはせず、一〇パーセントの税を課した。ターリバーンの言い訳は、『いまは戦闘に忙しいが、全土を制圧すれば、ケシ栽培を禁止する』というものであった。二〇〇〇年ごろからターリバーンはケシ栽培を禁止するようになった。二〇〇〇年七月には最高指導者オマル師の布告がだされ、ケシ栽培が全面的に禁止された。(9)

(3)ターリバーン政権の政治的性格

ターリバーンの政治的性格について、進藤雄介は次のように分析する。「ターリバーンはイスラーム原理主義の考え方にもとづきアフガニスタンを統治しようとした勢力であり、テロや殺人などの犯罪を目的とする集団ではない。もとはと言えば、内戦で秩序が失われ、軍閥などが好き放題やっていたアフガニスタンに、イスラム教にもとづく政府を打ち立て、治安回復と平和をもたらしたい、という純粋な気持ちで世直しのために起ちあがったのがターリバーンである」(10)。この点は亡くなった中村哲氏も同じような見解をもっていた。

三、カルザイー政権の数年間におけるアヘン生産

二〇〇一年九月にアメリカで勃発した同時多発テロはアフガニスタンの政情に大きな影響をあたえた。同年十一月、アメリカ軍はアフガニスタン空爆を始め、同年十二月にはターリバーン政権は拠点とするカンダハルを撤退してゲリラ政権化した。同月下旬、ハミード・カルザイー(Karzai)の暫定政権が発足した。

(1)ケシ栽培を抑制できなかったカルザイー以降の政権

カルザイー政権の後継者として二〇〇二年六月、「アフガ

ニスタン・イスラム共和国」が設立された。追放されたターリバーンによって、二〇〇一年にアヘンが完全に禁止されていたために、アヘン価格が急激に高騰し、小さな耕地においても耕作の利益が上がった。ターリバーンと対決していたムジャーヒディーン指導部の多くのメンバーが、かつて彼らが一九八〇年代のソ連軍占領時代、ソ連に抵抗して戦った諸地域に帰って来た。そしてアヘン生産は、アフガン経済の基礎の一つになったのである。

マンスフィールドによれば、親米のカルザイー政権を支配した政治的実力者たちにとって、麻薬経済はカルザイー政権の初期数年間においては権力を蓄えるための手段になった、という。国会議員たち、政府の閣僚たち、地方の権力をもつブローカーたちの多くは、ターリバーンやアルカイダの残党を追及する新政府や米国に支援されたグループと密接なつながりを持っていた。彼らは、治安部隊とおなじく、麻薬貿易に直接関与しているか、「治安管理者」としての役割にもとづいて利益を得ているとみなされた(11)。

マンスフィールドによれば、ターリバーン崩壊ののちアヘン市場の集中が進んだかどうかは明らかではないが、事実をいうと、アヘン栽培は二〇〇二年から二〇〇四年にかけてかなり拡張したという。これは、アヘンの市場との結びつきの徴候がほとんどなかった地域を含んでいた。アヘン栽培は、アヘン栽培にとってたいして役に立たないような農業条件の地域に最初は導入された。そして、生産の経験は、アフガニスタン中西部のゴール(Ghor)、同国中東部のワルダック(Wardak)、同国北東部のクンドゥーズ(Kunduz)のような省に限定された。ターリバーンによる禁止措置の後にアヘンの値段が十倍に高騰し、ケシ禁止措置の失敗と違反薬物反対運動の着手によってアヘンの値段が高値で維持されたことによって、ケシ栽培は促進された。その後アヘン栽培の増加が見られたのは、ヘルマンド、カンダハール、ナンガルハール各省の低地の渓谷のような、アヘン生産にとって地力のより豊かな産地だった。農民たちはアヘンの高値とアヘンを支配する政府が存在しないことをうまく利用した。彼らは、収入の不足を補い、多くの場合は、ターリバーンによるアヘン禁止措置の結果として被った借金を補おうとした。ケシ耕作はまた南部の乾燥地へも導入された。これらの地方は、飢饉と、井戸の深掘り技術の採用と、高い値段のアヘンと、灌漑設備のある渓谷における土地不足とによって、耕作が促されたのである。ケシは、二〇〇四年までは三六四地区のうちの一九四の地区で見つけられ、三十四の省に存在した。しかし、一九九四年では、八つの省五十四地区で見られただけだった。

二〇〇五年以後、ケシの栽培は広範に変動した。二〇〇八年から二〇一〇年にかけては栽培が下降し、二〇一一年になってやっと増加した。しかし、全体の潮流をみても省や地区レベルの変動は不明である。(12)

(2) ゲリラ政権化したターリバーンの下における アヘン政策

二〇〇二年以降現在まで、ターリバーン政権は遊撃政権化しつつ存続している。遊撃政権化初期のターリバーンのアヘン政策について、進藤雄介は比較的冷静な分析をしている。次の通りである。

米国のマコネル国家情報長官は二〇〇八年二月に上院特別情報委員会に提出した書面による証言で、『ケシ栽培地域で活動するターリバーンや他の反政府勢力は、地元のアヘン密売業者とのつながりの結果、少なくとも資金的な支援を受けている』と述べている。同月、マクニール国際治安支援部隊（ISAF）司令官は、『ターリバーンなどの反政府武装勢力は活動資金の二〇〜四〇パーセントをケシ栽培から得ている。これは控えめな見積もりであり、おそらくずっと高い数字、六〇パーセントくらいかもしれない』と述べている。二〇〇八年六月、国連薬物犯罪事務所（UNODC）のアントニオ・マリア・コスタ事務局長は英国放送協会（BBC）とのインタビューで、ターリバーンは二〇〇七年にケシ栽培農家から推定一億ドルを得ている、と述べた。同事務局長によれば、ターリバーンは支配地域のケシ栽培農家に一〇パーセントの税金を課しているうえ、麻薬精製所やケシ運送の『用心棒代』で収益を得ている、という。麻薬密輸業者にとっては、アフガニスタン政府が安定し、治安が回復するようになると、麻薬ビジネスがやりにくくなる。そのため、麻薬ビジネスにかかわる者たちは、アフガニスタンが無秩序であることを望んでおり、ターリバーンをはじめとする反政府武装勢力へ資金援助をおこなうインセンティブがある。ターリバーンにとっても麻薬は資金源として重要である。ターリバーンと麻薬業者は双方ともに協力関係に利益を見出している。(13)

四、二〇〇五〜二〇一〇年における アヘン生産の変化とその要因

マンスフィールドによれば、二〇〇五年に増加したケシ栽培は二〇一〇年まで劇的な下降があったという。それには、以下の四つの要因があった。

(1) それでも展開された反麻薬活動

第一の要因は、アヘン生産が集中的に行われていた諸省において、反麻薬活動が続けられたことだった。たとえば、ナンガルハール省では二〇〇五年に耕作は劇的に下降した。それは、ときの統治者ハジィー・ディーン・ムハンマド(Hajji Din Muhammad)によるアヘン禁止の実施や、二〇〇七/二〇〇八年度においてグル・アーガー・シルザイー(Gul Aga Shirzai)の支配下でケシの主産地だった省から実質的に移動したことによる。同国北部のバルフ省(Balkh)では、二〇〇四年から二〇〇六年にかけてアヘン生産のにわか景気があったが、二〇〇七年にはアヘン禁止の活動が始まった。その結果として、アヘン生産は無きも同然のレベルまで減少し、その事態が継続した。同国南部のヘルマンド省では、二〇〇九年にはアヘン生産は劇的に減少した。耕地面積は、前年の一〇万三五九〇ヘクタールから同年には六万九八三三ヘクタールにと減り、「ヘルマンド食糧区(Food Zone)」の建設が提唱された。「ヘルマンド食糧区」は反麻薬運動を主導するためのもので、省長のグラーブ・マンガル(Gulab Mangal)によって二〇〇八年末に着手された。英国政府と米国政府により財政支援を受けていた。この運動は、穀物の生育期毎に三つの段階からなっていた。(一)アヘン生産を抑制するための反麻薬運動、(二)農業生産のための対策、主として小麦の種子と肥料の配布、(三)アヘン撲滅運動。ヘルマンド省やナンガルハール省では、何年間ものあいだ耕作された大量のアヘンがあった。これらの省におけるアヘン生産の減少は、全体の統計数字にも表れていた。この事実は英国政府や米国政府によって認められており、二省の省長にとっては、アヘン生産の劇的な減少を見るうえで両国の要求に役立っていた。[14]

(2) ケシから小麦への作付け転換

アヘン生産減少の第二の要因は、ケシから小麦への作付の転換があったことである。これがまた、二〇〇八/二〇〇九年度の生育期にヘルマンド省において、さらに中央部や北部のアヘン生産地において、ケシ栽培が実質的に下降した要因になった。二〇〇七年末には、世界の穀物価格が急激に上昇した。パキスタンにおいてベナズィール・ブット(Benazir Bhutto)が暗殺されて社会不安が増した。そこで、パキスタン産小麦粉の国境地域における交易が制限された。そして、アフガニスタンの小麦価格は一キロ当たり一・〇〇米ドルまで跳ね上がった。同時に二〇〇二年から二〇〇七年にかけての上層部におけるアヘン生産の価格は、二〇〇一年九月十一日の一キロ当たり七〇〇米ドルから、二〇〇七/二〇〇八年度の生育期に一キロ当たり六〇米ドル以下に下がった。アフガニスタンから来た農民たちは、食糧の安全保障について重大な関心を持つようになり、商品作物よりも主穀作物、小麦などを耕作したいと思うようになった。アヘン生産の伝統がなかった、そして農民がアヘン生産のための技術をもたない、地味のやせた乾燥した地域では、アヘン生産の排除が進んだ。農民たちは、ケシを育てるよりも小麦を生産して小麦を販売するほうが、より多くの小麦を得ることができると分かったのである。(15)

(3) 欧米諸国による開発援助政策

この時期のアヘン生産の減少を説明する第三の要因は、省としての基盤を確立した地域において投資機会が増えたことである。こうした地域においては、開発援助にたいする多くの投資がすでに行われていた。世界銀行の評価によれば、二〇〇二年から二〇一二年にかけて五五〇億米ドルの援助がアフガニスタンに投下され、国内総生産の年平均成長率は九パーセントだった。主要なアヘン生産省における省の中心地の周辺の地域では、二〇〇八年までに、農業経営の多様化の徴候が増し、より複雑な穀物栽培制度への移転があった。こうした栽培制度のなかには、付加価値の高い短期間に収穫できる園芸作物の生産や単一の耕地にいくつもの異なる穀物を混栽するやり方があった。こうした方法により農民は穀物生産が失敗するかもしれない場合のリスクを回避し、農業収入を増すことができた。これらの地域の家庭では、増大する賃労働の機会を利用することができた。(16)

(4) 治安部隊の移動と中央政府のプレゼンスの増大

アヘン生産を減少させた第四の要因は、国内および外国の治安部隊の移動だった。治安部隊が移動すると、各地で耕作形態の多様化が発生したのである。二〇〇四年以降、外国の軍隊や市民組織は「省級政権再建チーム」(PRTs)の設立を通じて省内で動員されるようになった。二〇〇八年までに、中央集権的な国家建設が失敗したと知ったこと、反乱が広がったこと、反乱に対処する新たな見解が形成されたこと、これらの要因によって下から築き上げる国家建設方式への移行が可能になった。アフガン政府や外国軍隊の力が増した省では、周辺地域で栽培が衰退していった。軍事的プレゼンスが地域のなかに浸透していったヘルマンドやナンガルハールのような省では、アヘン生産は停止された。アヘン栽培の縮小は、北部や東部の諸省においても、そして同国南部のカンダハール省のアルガンダブ(Arghandab)、ダン(Dand)、ダマン(Daman)のような地域においても、同国西部のファラーフ(Farah)省においても、さらにヘルマンド省においても確認できた。そうした栽培の縮小は、ナワ・バラクザイ(Nawa

Barakzai)、ナド・エ・アリ（Nad e Ali）、マルジェ（Marjeh）の農村地域で二〇〇九年と二〇一〇年に行われた、国内の軍隊や外国の軍隊の発展や、一時的ではない治安機構の確立のあとで可能になった。

（5）依然として困難だったケシ栽培の抑制

しかし、一部の省におけるこれらのアヘン生産の縮小は、反乱者たちが駐屯していたさらに辺鄙な地域における生産の著しい増加によって相殺された。たとえば、ヘルマンド省では、水路管轄区域では生産は減少した。しかし、これと並行してナーレ・ボフラ（Nahre Boghra）の北の以前の砂漠地方ではアヘン生産が増えた。つまり、ヘルマンド食糧区が着手された二〇〇八年にはアヘン栽培面積は一万六〇三六ヘクタールだったのが、二〇一二年には三万四七二〇ヘクタールに上昇したのである。同国西南部のファラーフ・ニームルーズ（Nimroz）・ヘルマンド三省が交わるかつての砂漠地方であるバクワ（Bakwa）では、ケシ栽培は二〇〇九年には六五八一ヘクタールだったのが、二〇一二年には一万四七二一ヘクタールに増え、それ以後も減少の徴候はない。

これらの辺鄙な地域におけるアヘン生産の増大をターリバーンがアヘン栽培税を原資とした資金調達をおこなったからであるする見解がある。しかし、フィールドワークの示すところによれば、事態はもっと複雑だった。つまり、アヘン栽培はより広義の社会的経済的な力によって促進されたのである。そして、反乱勢力は、農民からの政治的支援を得、カルザイー政権の弱さを際立たせるためにアヘン生産を促進した。二〇一一年以降、栽培は増加したが、他方で、政権の基盤が確立した地域では縮小が始まった。かつて「ケシやり放題（poppy free）」と宣言されていた諸省に、アヘン栽培がふたたび戻ってきたのである。そうした省の一つに反麻薬運動のモデル地区と考えられていたナンガルハール省があった。[17]

（6）二〇〇五年から二〇一〇年のあいだのケシ生産、減少したか？

以上に二〇〇五〜二〇一〇年におけるアヘン生産の減少とその要因についてのマンスフィールドの分析を紹介した。しかし、進藤雄介はこの時期の減少について懐疑的だった。ここでは、進藤による異説を併記しておく。

国連の調査によると、アフガニスタンにおける二〇〇六年のケシの生産量（推計）は六一〇〇トンで、世界の九二パーセントを占めた。前年の約一・五倍増だった。二〇〇七年はさらに増加し、八二〇〇トン、前年比三四パーセント増、世界に占める割合は九三パーセントになった。おなじく、国連の推計では、二〇〇七年にはアフガニスタンの全人口の一四パーセントがケシ栽培にかかわり、ケシ栽培農家がケシ栽培から得る収入は、国内総生産の一三パーセントを占めていた。ケシの栽培だけではなく、アフガニスタン国内のヘロイン製造工場も増加した。二〇〇六年の国連推計では、アフガニスタンにおけるケシ生産から得られる収入のうち、ケシ栽培農家が得ている収入は二四パーセント、残りの七六パーセントが麻薬密売業者（ヘロイン製造業者を含む）の収入となっており、ケシ栽培農家の取り分が非常に少ないことがうかがわれる。…アフガニスタンでケシ栽培が増加するという事態は、その取締りが行われていないということである。政府の統治能力の欠如、腐敗がいかに深刻な問題になっているかを端的に示す。…かつてターリバーンがアフガニスタンを支配していた時代に、国際社会からの圧力をうけて、『イスラーム教の教えに反する』としてケシ栽培を禁止したことがあった。このために、二〇〇一年のアフガニスタンのケシの生産量は前年比九四パーセント減の一八五トンだった。二〇〇七年のわずか二パーセント程度である。他方で、カルザイー政権下では、ケシ栽培は減少するどころか、逆に急増した。(18)

ケシ栽培の急増は、カルザイー政権の統治能力がターリバーンよりもかなり劣っていることを示しているというのが、進藤の結論だった。

五、アフガニスタン・アヘンの周辺国への密輸概況

アヘンはアフガニスタン最大の輸出品である。進藤雄介は次のように分析した。「国連薬物犯罪事務所（UNODC）と世界銀行が二〇〇六年十一月に発表した『アフガニスタンの麻薬産業』という報告書によれば、ケシはアフガニスタンの最大の輸出品であり、アフガニスタンのアヘン産業はアフガニスタンの合法活動による国内総生産の三六パーセントを占めると見積もられている」(19)。そして、アフガニスタン・アヘンは東の中国へ、また西のイラン・トルコへ、さらには欧州諸国や北米へ密輸出されている。

(1) 中国へのアヘン密輸出

まず、最も重要な密輸先である中国への密輸について検討する。中国とパキスタンとを結ぶ陸上ルートは、世界で最も海抜の高い陸上税関（中国語の地名は「紅其拉甫」）を通っている。この税関から中国に流入する麻薬（中国語では「毒品」）の大半は、「黄金の三日月地帯」（中国語では「金新月」）産のアヘンやヘロインである。二〇一六年の『中国禁毒報告』に

よれば、アフリカ系の国際的麻薬販売集団による「黄金の三日月地帯」から中国国内へのヘロイン密輸は突出していた。二〇一二年に摘発された「黄金の三日月地帯」からの麻薬密輸事件は九十八件、二〇一五年に摘発された同地帯からのヘロイン密輸事件は三十八件にのぼった。近年、前述の中国への陸上税関では、多くの麻薬摘発が行われたが、密売者の手口は多様化している。二〇一一年、新疆行きの自動車でヘロインを密輸する事件が摘発された。二〇一二年、パキスタンの観光客三人の人体からの麻薬の摘発が初めて行われた。二〇一五年十一月九日、パキスタンから輸送されてきた化粧品一五二〇袋から高純度ヘロイン七万六〇〇〇グラムが摘発された。同年十一月十九日、三万グラムのヘロインが摘発された。新疆地域では、二〇〇五年から、「黄金の三日月地帯」で算出される麻薬の摘発事件が急激に上昇している。

二〇〇六年十月、前述の税関で「黄金の三日月地帯」からの麻薬二万グラムを摘発した事件の報告書には、次のように記されていた。

> 新疆における「黄金の三日月地帯」からの麻薬密輸の最初の事例は一九九一年に発生した。…その時から二〇〇四年まで、毎年の摘発事件は五件を超えなかったが、二〇〇五年五月から二〇〇六年末までに新疆地区では麻薬販売容疑者を九三人捕縛した。
>
> 新疆への航空ルートの麻薬密輸も通常手段になっている。二〇〇八年三月にはウルムチ空港税関で、パキスタンから運ばれた絨毯の中から五万グラムの麻薬が摘発された。
>
> 統計によれば、「黄金の三日月地帯」から中国に麻薬が密輸されるルートは、パキスタン・カザフスタン・タジキスタン・キルギスタンなど十一のルートがある。そのうちで直接新疆に密輸されるルートは次の三ルートである。
>
> ①空輸：パキスタンのイスラーマーバードからウルムチ、カシュガルへ
>
> ②空輸：パキスタンのペシャーワル、ラーホール、カラーチーからウルムチへ
>
> ③陸運：パキスタン国内〜ウルムチ
>
> 二〇〇七年一〜十月のあいだにパキスタンで摘発された中国向けの麻薬密輸事件は二〇〇件、パキスタン警察の協力のもとに中国の警察が捕縛した外国籍密売者は十六人にのぼる。[20]

真殿仁美は、二〇一〇年代における「黄金の三日月地帯」から新疆地域へのアヘン密輸の状況を分析している。真殿によれば、新疆では薬物犯罪が増加しており、アヘン類は新疆から中国全土や周辺国に広がっている。新疆はかつてはアヘン類の中継地点であったが、現在では生産・流通地点であるだ

けではなく消費市場になっている。新疆地区内の違法薬物使用者は激増しており、その人数は二〇一〇年代中ごろに二十八万九〇〇〇人以上と推計されている。また、新疆には、雲南省を経由して「黄金の三角地帯」のアヘン類も流入しているという。[21]

(2) 旧ソ連邦内共和国から中国へのアヘン密輸の可能性

アフガニスタンが中国と接する国境線は短くて、タジキスタン・キルギスタン・カザフスタンらの旧ソ連邦内共和国だった国ぐにやパキスタンと中国との国境線のほうがはるかに長大である。そして、中国は一貫してアヘンやヘロインを厳禁してきた社会であるから、生産地のアフガニスタンや経由地のパキスタン・タジキスタンなどのアヘン価格よりも中国の密売価格のほうがはるかに高額である。つまり、中国への密輸はリスクは大きいものの儲かるビジネスなのである。すでに引いたように、李景峰の分析は多様な密輸ルートのうちパキスタン・ルートを検討するにすぎない。しかし、前記の旧ソ連邦内共和国だった国ぐにもアフガニスタン同様にケシの栽培適地だった。中国への密輸入という点では、アフガニスタン・アヘンの経由地だっただけではなく、生産地でもあった。中国新疆と旧ソ連(ロシア)との貿易史を考察した厲声によれば、新疆に隣接したソ連領内で生産されたアヘンは新疆省とソ連との管理下に取引されたという。民国の一九三〇年代のことである。すなわち、「ソ連は国境周辺の地区に新疆の人民を招募してケシを栽培させた。そのために、一九三一年には『華人を招用してケシを栽培するための規則』を制定した。その内容は、『一〇ムウの土地を受領する者には、まず先に保証金として一二〇ルーブルを交付する。その後、契約書にもとづいて小麦・茶・糖類・布料およびすべての生活用品を発給する。秋のケシ収穫後は一二〇ルーブルに相当する糊状の未精製の生阿片を政府に引き渡す。釜一つ分の未精製アヘンを六ルーブルとみなし、あわせて釜二〇個分を引き渡すことで、定められた数量が完成する』というものだった。国境地域に居住する華人の多くはこれを有利な条件と考え、秘かにソ連領に行った。新疆省政府は法令を発して、越境してケシを栽培する行為を禁止した。[22] 資料中の「華人」は漢族ではなくて、ウイグル族その他の少数民族だったのはいうまでもない。こういう事態が十年前後続いたが、資料はソ連領で生産されたアヘンがどこに運ばれたかは言及していなかった。しかし、ソ連政府が一九三二年に「ソ連を経由して新疆から中国内地へ輸出する貨物としてソ連政府が許可したリスト」二十品目中の金銀に次ぐ第二項として「各種薬材類」があった。[23] ソ連は堂々と正規輸出品として新疆にアヘンを輸出したのではないか、と思う。そして、欧州における第二次世界大戦が激化した一九四一年初めになると、ソ連政府は新疆省にたいしてソ連へのアヘン輸出を提案した。このときの提案は、「現在ソ連側の蘇新貿易公司は、アヘン・ケシの種子・生アヘンを大量に買い付けるつもりである。軍事作戦の関係から緊急の必要性があり、中国側の新疆裕新公司が買い付けて土産（特産品）として輸出してほしい。価格が高騰してもよい。新疆省政府と協議して、ソ連側に通知してほしい」云々というものであった。ソ連の提案は国境地域のアヘン生産を復活させ、アヘン汚染を重大化させるものであったから、結局注文量の輸出は実現しなかったという。[24] 厲声はアヘンの密輸問題については一切触れていなかったから、中華人民共和国時代以降のタジキスタンなど旧ソ連邦内共和国からのアヘン密輸の具体的事情は不詳である。しかし、陸運の密輸入ルートの役割は依然として大きいのではないか。さらに言えば、外国人の密輸関与よりも、新疆に居住するウイグル族やタジク族・ウズベク族などと周辺諸国のイスラーム系少数民族との民族的文化的ネットワークによる関与のほうが重大ではないか。共和国建国以来、一貫した少数民族抑圧政策によって周辺諸国に商人や留学生として、難民として中国から出国した人びとは増えている。彼らの一部がアヘン密輸ネットワークに関与しているのではないか。この面の実態はまったく闇の中であるが、後述のイラン在住アフガニスタン難民の問題との連想で指摘しておきたい。

（3）イランへのアヘン密輸出

次に、アフガニスタンからイランへのアヘン密輸概況について紹介する。マズィヤール・ギャビによれば、一九八〇年代にイラン国内でケシ栽培が根絶されたことによって、アフガニスタンからイランへの密輸入が増えたという。そして一九九〇年代におけるターリバーン政権の登場がイランにおけるアヘン市場に大きな影響を与えたという。すなわち、「イランでは一九八〇年代にケシ栽培が根絶されたために、その後はイランへ流入するアヘンの大半がアフガニスタン原産となった。一九七〇年から一九九九年にかけて、アフガニスタンではアヘン生産量は年産一三〇トンから四六〇〇トンに増えた。この激増は、イランとトルコにおけるアヘン禁止措置の反作用として、欧州や北米におけるアヘン、とくにヘロインの需要増として説明される。一九八〇年代から一九九〇年代にかけてアフガニスタンからのアヘンの流出は継続していた。しかし、一九九六年にターリバーンが登場して同年九月に彼らがカーブルを制圧すると、イランのアヘン事情にも重要な変化が生じた。…一九九九年にアフガニスタンでは四六〇〇トンのアヘンが生産された。ターリバーン軍はサウジアラビアとスンナ派の資金をえて、イランにたいする敵対的な立場をとった。アヘンが流入したことで、イラン政府の対麻薬戦略はたいした成果をもたらさなかった。アフガニスタンにおけるイランの長いあいだの同盟者はターリバーンと対立する「北部同盟」だったが、この組織は一九九九年六月、ケシ栽培禁止令に同意していた。しかし、これはなんら実際のアヘン生産に効果をもたなかった。というのは、アヘンの栽培地区はターリバーンの支配地域だったからである。二〇〇〇年にはターリバーンの政治指導者ウマル師の命令にもとづいて突然、ケシ栽培の禁止を打ち出し、ケシ生産の九九パーセントが廃棄され、それによって三五トンしか生産できなかったのである。このときにはイラン国内でアヘンが不足し、アヘン価格が急騰したのである」[25]。

イランでアヘン密輸を担ったのはアフガン難民だった。「一九九〇年までに約三〇〇万人のアフガン人たちがイランに流入した。その多くは首都テヘランとイラン南部の（アフガニスタン、パキスタンに隣接する）バローチスターンだった。これら二地方は麻薬ネットワークの枢要な地域だった。国境をこえてアフガン難民をむすぶ社会的民族的なネットワークが形成されたことで、イランへの麻薬の流入が可能になったのである」[26]。少し古い研究であるが、一九八〇年代後半のパキスタンにおける麻薬（アヘンやヘロイン）の蔓延について分析した中野勝一は、その原因のひとつに「アフガニスタン紛争以降、アフガニスタン・ゲリラ支配地域で生産された麻薬が、ゲリラによる麻薬取引や難民による持込みにより、大量にパキスタン国内に流入した」ことを挙げていた[27]。イランでもパキスタンでも、アフガン難民が担っていた負の役割を認識する必要があると思われる。

おわりに

アフガニスタン社会はアヘン生産から脱却することができるか。専門家ではない筆者には性急に結論を下すことはできない。しかし、本論で紹介したマンスフィールドはこの問題については悲観的である。この点は進藤雄介も同様であり、彼は次のように書く。

貧しくて他に生活の糧のない農民たちにとっては、ケシ栽培は悪いことだとわかっていても、やめるわけにはいかない。他の作物と比べると、ケシ栽培は儲かるし、ケシを育てるのに必要となる水の量も少ないため育てやすい。旱魃のため他の沢持つが枯れても、ケシだけは育つということもある。…麻薬に代わる作物として、例え

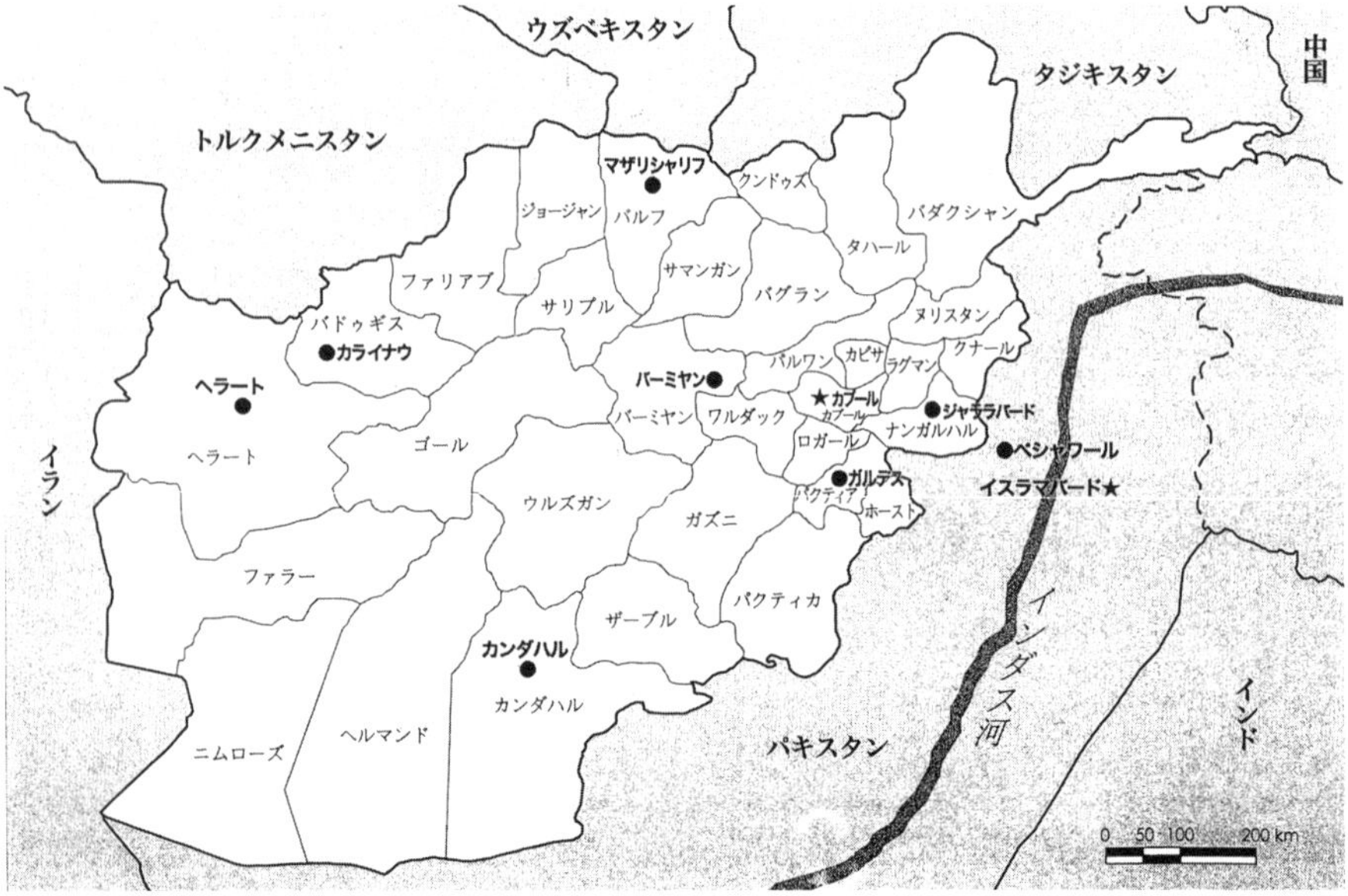

附図　アフガニスタン　各省地図
出典：大石芳野『アフガニスタン戦禍を行きぬく』（藤原書店、2003年）236頁

> ば小麦が提案されているが、ある推計では単位面積当たりの収入でみるとケシの一〇分の一にも満たないと見られている。二〇〇七年ごろから国際的な小麦価格の急騰が話題になっているが、それでもケシ栽培に代わるほどの魅力はない。…農家にケシを栽培する意思があれば、ケシの買取人から比較的容易に現金を借りることができ、それをもとに種や肥料を購入できる。そうした融資は、他の作物の場合は容易ではない。もしもなんらかの事情で借金を返済できなくなれば、場合によっては娘を差し出すようなことが行われている。二〇〇八年三月の『ニューズウィーク』誌はそのように引き渡された少女の記事を載せていた。その記事で紹介されている話では、あるケシ栽培農家が麻薬密売人から、収穫時に二四キロのアヘンを引き渡す約束で二〇〇〇米ドルを借金した。ところが、政府の麻薬撲滅措置により、ケシ畑が破壊されてしまった。そのケシ栽培農家は、部族評議会に申し立てたところ、部族長老たちは九歳（あるいは十歳）の幼い娘をその密売人に差し出すことにより、借金を清算することを決定したということである。[28]

以上のように、アヘン生産は道徳的判断とは別のものさしで実行されているのである。アフガニスタンに国民的な支持をえた強力で安定した政府が樹立されない限りは、民衆はアヘン生産への依存を続けざるをえないだろう。

ターリバーン政権はアフガニスタンを最初に統治した時代の末期（二〇〇〇～二〇〇一年）、「イスラーム教の教えに反する」としてアヘン生産を禁止した。この禁止政策は実効をもったが、その後彼らが打倒されて親米政権が発足すると、アヘン生産は復活した。

二〇二〇年二月末、ターリバーンは米軍と和平合意に達し、米軍はアフガニスタンから完全撤兵することになった。そして、二〇二一年八月中旬、ターリバーンによる電光石火のアフガニスタン全土掌握作戦がはじまった。ターリバーンは、まず南部のカンダハール、ヘルマンド州や西部ヘラート州などの州都に進軍した。各地で州政府関係者が支配権を明け渡し、政府軍や地方の軍閥軍は瓦解した。八月十五日、ターリバーンは首都カブールを無血解放して、旧政権のガニ大統領は国外脱出した。今後、ターリバーンは国民的支持をえた安定した政権を樹立することができるだろうか。

本稿で引いたように、亡くなった中村哲氏や外務省でアフガニスタン情勢の分析を担当した進藤雄介はターリバーンを過激思想の持ち主やテロ集団ととらえる見方をとらず、アフガニスタンの伝統のなかから生れた民衆的世直し集団であると分析していた。中村哲氏の形容に従えば、「ターリバーンというのは、日本でいえば普段はこえタゴを担いで、畑に撒くような、いなかっぺのような人たち、非常にローカルな人たち」である。こういう民衆に、腐敗にまみれて自分の脚で立つことのできなかった「民主主義」政権は敗れたのである。ここに現在のターリバーン勝利の秘密がある。アフガニスタン情勢はなおしばらく紆余曲折をたどるであろうが、ターリバーンは過去の自分たちの失政に学んで政権を運営していくであろう。その報道担当者は、八月十七日、全土で米軍協力者を含む人びとに恩赦をあたえることやアフガニスタンをテロの温床にしないことを宣言し、女性も政府に参加するように促すと発表した。また、「あらゆる立場のアフガン人が参加する政府の樹立」を主張した。一種の連合政権構想である。それに対応して旧政権のカルザイー前大統領やアブドラ国家和解高等評議会議長らは新たな調整評議会を設置したという。新生ターリバーンには自立した統一政権を運営する知恵と能力がある、と筆者は考える。

最後に、ゲリラ政権化した二〇〇一年以降のターリバーンはアヘンを資金源としてきた。しかし、国家を代表する統一政権の担い手となったならば、彼らはアヘン厳禁政策を断行するはずである。それは、国権の運営者としての責任であり見識である。一九四〇年代から五〇年代の中国革命時代のアヘンと同じ軌跡をたどって、アフガニスタンのアヘンは収束していくだろう。

注

（1）中村哲『医者、用水路を拓く』（石風社、二〇〇七年）八一～八二頁。なお、原文中の「麻薬」を「アヘン」に改めた。
（2）David Mansfield, *A STATE BUILT ON SAND : HOW OPIUM UNDERMINED AFGHANISTAN*, Hurst & Company, London, 2016, pp. 103-104.
（3）Maziyar Ghiabi, *DRUGS POLITICS : MANAGING DISORDER IN THE ISLAMIC REPUBLIC OF IRAN*, Cambridge University, 2019, p. 83.
（4）Mansfield, op. cit, p. 104.
（5）Mansfield, op. cit, pp. 105-106.
（6）Mansfield, op. cit, p. 107.
（7）Mansfield, op. cit, p. 108.
（8）Mansfield, op. cit, pp. 108-109.
（9）進藤雄介『タリバンの復活』（花伝社、二〇〇八年）一二二～一二三頁。
（10）同前書、一四四頁。
（11）Mansfield, op. cit, p. 109.
（12）Mansfield, op. cit, pp. 109-110.
（13）前掲注9進藤著書、一二七～一二八頁。
（14）Mansfield, op. cit, p. 110.
（15）Mansfield, op. cit, pp. 110-111.
（16）Mansfield, op. cit, p. 111.
（17）Mansfield, op. cit, pp. 111-112.
（18）前掲注9進藤著書、一二五～一二六頁。
（19）前掲注9進藤著書、一二六頁。
（20）李景峰『巴基斯坦与中国新疆地区交往歴程研究』（雲南大学出版社、二〇一八年）一六七～一六八頁。
（21）真殿仁美「麻薬撲滅宣言ふたたび――深刻化する中国の薬物問題」（城西大学現代政策学部刊『城西現代政策研究』第十四巻第一号）八～九頁。
（22）厲声『新疆対蘇（俄）貿易史一六〇〇～一九九〇』（新疆人民出版社、一九九三年）四七八頁。「釜一つ分の未精製アヘン」の中国語原文は「漿子毎哈達」である。「漿子」は糊状の未精製のアヘン」をさし、「哈達」はロシア語の「コテール」（釜、大鍋）の中国語訳と思われる。
（23）同前書、三八二～三八四頁。
（24）同前書、四七八～四七九頁。
（25）Maziyar Ghiabi, op. cit, p. 84.
（26）**Maziyar Ghiabi, op. cit, p. 84.**
（27）中野勝一「パキスタンの麻薬問題――ヘロインの蔓延」（アジア経済研究所編刊『アジア経済』第三三巻第一二号、一九九二年十二月）五〇～六四頁。
（28）前掲注9進藤著書、一二六～一二七頁。

付記　原稿作成にあたり片岡弘次先生（大東文化大学名誉教授、パキスタン地域研究）にご教示をたまわりました。記して感謝いたします。

なぜ自然保護区は麻薬取引を助長するのか
――中米コスタリカの事例から

武田　淳

たけだ・じゅん――静岡文化芸術大学准教授。専門は開発人類学および環境社会学。主な論文に「コスタリカのウミガメ観光における地域ガバナンス――積極的平和構築のツールとしての観光研究へ向けて」（『日本国際観光学会論文集』二五号、二〇一八年）七～一四頁、「協働型資源管理にみるエコ統治性の諸相――コスタリカにおけるウミガメ保全事業を事例に」（『沿岸域学会誌』二七巻第三号、二〇一四年）五一～六二頁などがある。

南北アメリカ大陸に挟まれる中米地域は、常に麻薬ビジネスの影響を受けてきた。このような中、中米地域の環境問題と麻薬問題が密接に絡み合っていることが指摘され始めている。そのことを、コスタリカの国立公園制度の歴史から明らかにしていく。結論として、コスタリカでは自然を守れば守るほど麻薬取引が盛んになる可能性があることを示す。

はじめに

これまで本書では、アジアを中心にアヘンなどの麻薬をめぐる歴史を概観してきたが、本稿では、比較として中央アメリカ（以下、中米）のコスタリカ共和国の事例を論じていきたい。もちろん、本書の通底するテーマは、麻薬と社会の関係性に関わる歴史であるため、本稿でも歴史性を重視する。しかし、時代は現代にフォーカスしたい。なぜならば、ラテンアメリカ諸国は、現在進行形で麻薬をめぐる様々な問題が生じているからである。

なお、本稿で問いたいのは、中米地域で麻薬取引が助長される要因は何かということである。その際に着目したいのは、環境保全と麻薬取引の関係性である。先んじて提示するならば、本稿の結論は、中米コスタリカでは、自然を守れば守るほど、麻薬取引が盛んになる可能性がある、ということである。麻薬取引が加速する要因を、環境問題という現代の課題の中に位置付けて整理することが本稿の目的である。まずは、

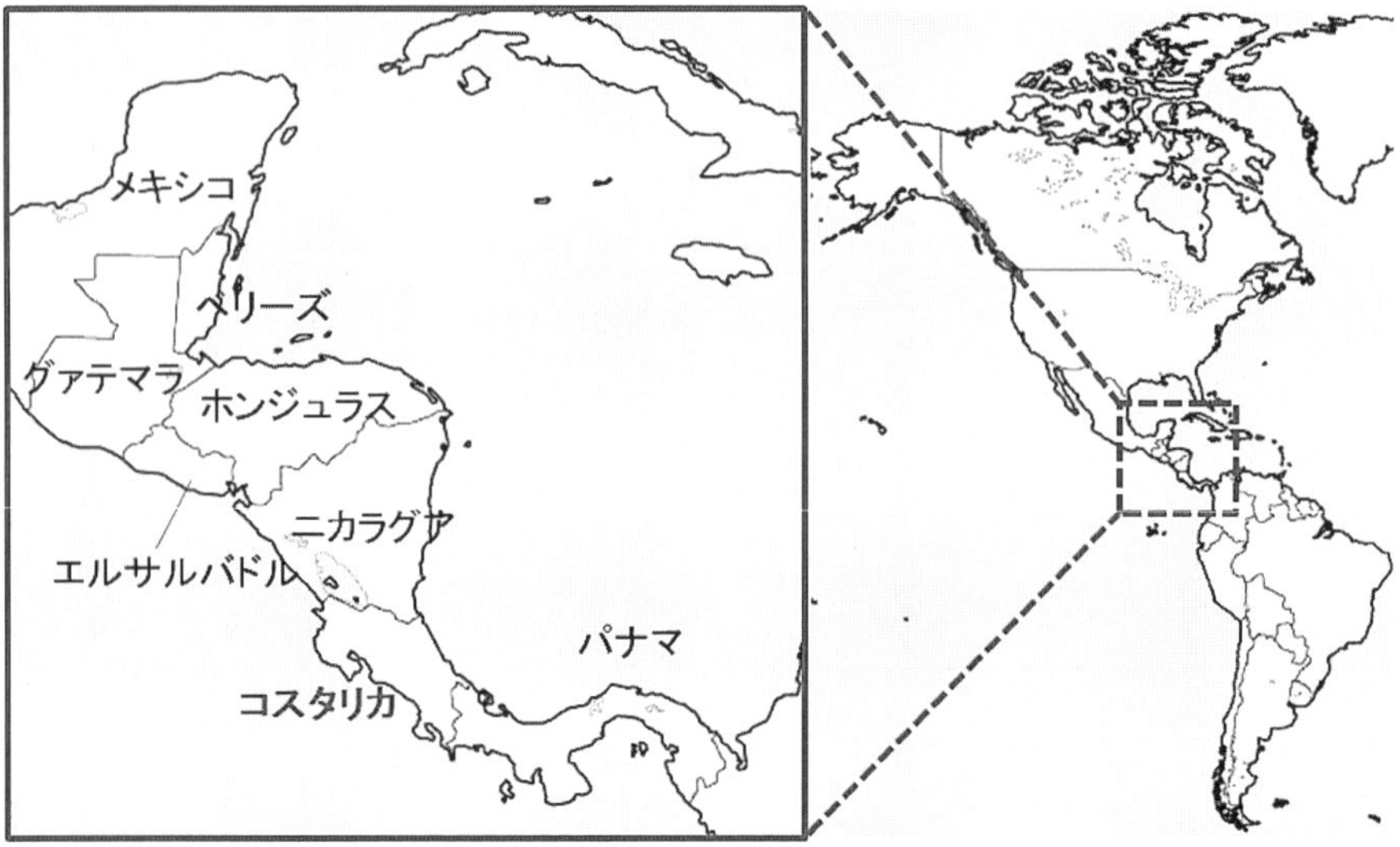

図1　中米地域の地図

具体的な話に入る前に、本稿の問題意識を筆者が行ってきたフィールドワークから紹介したい。

筆者は、二〇一〇年から二〇一二年の二年間、中米コスタリカの海沿いの国立公園で社会調査員として職務に従事していた。国立公園は自然保護区であるから、園内にはたくさんの野生動物が生息している。しかし、一部の動物が密猟の対象となっており、密猟の実態調査を行うことが筆者に課せられたミッションであった。二〇一一年のある夕刻のことである。筆者が同僚と公園内の浜辺をパトロールしていたところ、遠くから一艘の小型船が向かってくるのが見えた。その船は、浜辺へ接岸しようとしている様子であった。国立公園の海域を船で航行する行為は法的には問題ないが、無許可で園内に上陸することは、コスタリカの国立公園法に抵触する。そこで、沿岸警察に連絡し、調査を依頼することになった。調査の結果、その小型船は、コカインを運搬する密輸船で、国立公園内から麻薬を荷揚げするために上陸したことが分かった。すなわち、国立公園の自然が、犯罪者にとっての「隠れ家」として利用されていたのである。そして、そのニュースは、翌日の新聞で大々的に報じられることとなった。

この出来事は、当時、自然を守るために職務に従事していた筆者にとって、非常にショッキングなものであった。しかし、同時に筆者はふたつの気づきを得た。ひとつめは、麻薬の問題は、都市の一部のみで起きている問題ではなく、自然が豊富に残っている地方にも存在しているということ。ふたつめは、自然保護区は、自然だけでなく麻薬密売人までも守ってしまっているという事実である。このことがきっかけで、「なぜ、自然保護区は麻薬取引の現場となるのか」という問いに出会うこととなった。

以降では、自然保護区が麻薬取引の現場として利用されていく過程を、ラテンアメリカが置かれているグローバルな視点で概観しつつ、中米地域の環境保全の歴史をもとに明らかにしたい。

一、「メキシコ麻薬戦争」と中米移民の発生

中米地域は、「生物多様性のホットスポット」と表現されるほど、生物多様性が高い地域として知られている。南北アメリカ大陸を結ぶ細い「橋」のような地形をした中米地峡は、大陸を行き来する様々な生き物たちの通り道となるからである。コスタリカに関して言えば、国土は全世界の陸地の〇・〇三パーセントに過ぎないが、地球上の全生物種の約五パーセント（九万五〇〇〇種）が生息していると試算されている。この貴重な自然を守るため、コスタリカでは一九四〇年代から国立公園などの自然保護区を整備してきた。現在、コスタリカの陸域の二六・六パーセント、海域（領海）の一七・五パーセントが自然保護区に指定されている。コスタリカ以外の中米諸国も平均して国土の二〇パーセント近くが保護区として保全されている。すなわち、環境保全に熱心であり、多くの自然保護区が存在することが中米地域の特徴である。

他方、中米地域は世界的にも治安が悪い地域としても知られる。表一は、UNODC（国連薬物犯罪事務所）が発表した世界の殺人発生率（人口一〇万人あたりの殺人発生率）ランキングのうち、中米七カ国の推移をまとめたものである。これを見ると、二〇〇〇年以降、エルサルバドルやホンジュラスをはじめとした中米の三〜四カ国が、常にワースト一〇にランクインしていることがわかる。この治安の悪さの背景にあるのが麻薬の問題である。麻薬（おもに大麻やコカイン）の生産地である南米と消費地である北米に挟まれた中米地域は、常に麻薬ビジネスの脅威にさらされてきた。とりわけ、近年においては、一九八〇年代にはコロンビアで麻薬カルテル（麻薬の製造や密輸、売買を行う反社会的組織）が勢力を伸ばし、南米からアメリカ合衆国へのグローバルな麻薬密輸が行われてきた。しかし、当局の取り締まりも強化されたことから、一九九〇年代半ばには、コロンビアの麻薬カルテルは解

表1　中米7カ国の「人口10万人当たりの殺人発生数ランキング」の推移

国名	1990年	1991年	1992年	1993年	1994年	1995年	1996年	1997年	1998年	1999年	2000年	2001年	2002年	2003年
エルサルバドル					1	1	1	1	1	1	2	2	3	3
ホンジュラス	20	12	12	8	7	8	7	9	7	5	4	3	2	1
ベリーズ											17	11	8	13
グアテマラ			3	3	6	5	6	7	6	10	8	9	11	7
コスタリカ	45	52	54	57	54	60	56	56	56	49	50	54	59	52
パナマ	17	16	21	24	24	23	35	27	33	32	33	34	31	35
ニカラグア	9	9	10	15	17	19	19	21	26	25	36	29	35	31

国名	2004年	2005年	2006年	2007年	2008年	2009年	2010年	2011年	2012年	2013年	2014年	2015年	2016年	2017年
エルサルバドル	1	1	1	1	4	1	2	2	5	5	3	1	1	1
ホンジュラス	3	3	5	4	2	2	1	1	1	1	1	3	3	6
ベリーズ	11	10	11	12	12	12	8	8	4	13	7	10	7	7
グアテマラ	7	5	4	6	6	7	7	7	10	7	11	12	16	18
コスタリカ	57	51	46	45	37	38	38	41	48	47	39	31	31	29
パナマ	39	38	58	48	33	29	36	31	26	26	28	30	39	38
ニカラグア	32	33	31	33	35	35	33	34	38	40	46	45	50	49

データ出典：UNODC（国連薬物犯罪事務所）　空欄の個所はデータなし。

体されていった。しかし、カルテルが解体したからといって、麻薬の供給地の需要が減るわけではない。一九九〇年代後半には、メキシコの麻薬カルテルが流通を握り勢力を拡大した。南米で生産された麻薬がメキシコ経由で北米へ流通するようになったこと、また、それに伴う資金が流入するようになったことから、メキシコの治安は急速に悪化していった[1]。

二〇〇〇年代に入ると、麻薬カルテルとメキシコ国軍の対立が深刻化した。メキシコ政府の発表によれば、二〇〇五年から二〇一五年にかけて、三万人以上が殺害されている。しかし、これらの数字は、「事件」として把握されている殺人被害者の件数であり、事件化していない死者も含めれば、二〇万人以上が亡くなったと推計されている。また、ＣＮＮは、二〇一六年だけで死者は二万三〇〇〇人に上り、武力紛争による犠牲者数としては、内戦が続くシリアの五万人に次いで世界で二番目の多さになったと報じている。このメキシコの惨状を、多くのメディアは「メキシコ麻薬戦争」と表現してきた。政治学において「戦争」は、国家間の武力衝突を指し、国内の衝突である「紛争」と区別する。メキシコの場合は、国内における争いであるから、本来は「メキシコ麻薬紛争」と表現することが正しい。それでもメディアが「戦争」という言葉を使うのは、死者の数が極めて多く、危険度の高さを示したい意図があるように思われる。

しかし、やはりメキシコにおいても、当局による取り締まりは厳しさを増している。特に、麻薬の到着地であるアメリカ合衆国からの政治的圧力もあり、メキシコ政府は麻薬カルテル撲滅に勢力を注いでいる。そのため、近年では、メキシコを避けた密輸ルートが発達しつつある。すなわち、ルートがメキシコから南下し、本稿で注目している中米が新たな「中継地」として台頭しつつある。(2)

このような背景から、近年、中米地域の治安が急速に悪化している。その象徴が、二〇一八年にホンジュラスおよびエルサルバドルなどの国々から、数千人を超える移民が隊列を組んで北上する「移民キャラバン」が出現したことである。アメリカに国境を接するメキシコ北部の街が大量の移民たちで膨れ上がった風景は、日本でもニュースとして取り上げられたことから記憶にある読者もいるのではないだろうか。中米の移民たちが、アメリカ国境まで徒歩で歩いた道のりは、約四〇〇〇キロメートルにも及ぶ。そこまでして彼らが本国を逃れたかった理由は、上記の治安の悪化が大きく影響している。なお、アメリカへの入国を求める移民集団「キャラバン」に対して、ドナルド・トランプ大統領（当時）は国境警備を強化し、移民希望者たちの入国を認めない大統領令に署名した。入国できず難民化した人々の多くは、その後、本国へ帰国し、再び麻薬ビジネスがはびこる不安定な治安のもとでの生活を余儀なくされている。

二、麻薬取引と自然保護区のミッシングリンク

このような状況の中、中米地域の自然保護区は、麻薬問題と密接に関係しているということが研究され始めている。きっかけとなったのは、二〇一四年に科学雑誌『Science』に掲載されたマックスウィーニー（McSweeney）らの論文である。彼女らが調査対象とするホンジュラスとグアテマラでは、森林伐採が禁止されているはずの自然保護区で、森林減少が進んでいるという。そして、その原因が麻薬取引と関係があると主張する。当該論文では、麻薬運搬がなされた時期と、森林が伐採された時期を比べることで、両者の間に相関関係があることを明らかにしている。では、なぜ森林が減少するのか。その解としてマックスウィーニーらは、自然保護区の運営に関わる行政官が、麻薬密売人からの賄賂や暴力による「ゆすり」をかけられて、保護区内の開発（例えば、滑走路建設やマネーロンダリング（資金洗浄）を目的とした「見せかけのビジネス」としての農地開発）を行っていることを挙げて

いる。当該論文の一つの結論は、麻薬取引は環境破壊の一因であるので、ドラッグ政策の見直すことは環境保全の手段になりうる、ということであった[3]。

この論文は、中米各国の自然保護区行政に大きな影響を与えている。例えば、二〇一四年に開催された国際会議「第四回メソアメリカ自然保護区会議」では、麻薬取引が森林減少の一因となっていることが認識された上で、「麻薬対策としての自然保護政策」が検討され始めている。このように、麻薬対策は、保護区の現場レベルにおいても喫緊に取り組まなければならない課題として認識されている。

コスタリカにおいても、自然保護区が麻薬取引に使われてしまっていることは冒頭で述べた通りである。しかし、筆者は、以下の二つの理由から、マックスウィーニーらの議論をそのままコスタリカに当てはめることは難しいと考えている。第一に、マックスウィーニーらは、陸域の自然保護区に着目しているが、コスタリカ政府の発表によれば、麻薬密輸は、海から陸揚げされるケースが多いことである[4]。従って、海岸に着目をしなければ効果的ではないと考えられる。第二に、ホンジュラスのケースは、保護区の管理（さらに言えば管理している人材）が問題として指摘されていた。一方、コスタリカの保護区の管理は、行政だけでなく大学やＮＧＯ、住民などのアクターとの協働で行われており、複数人の監視の下で管理が行われている[5]。そのため、現場責任者個人の判断で保護区の開発を実施することが不可能な状況にある。実際に、一九八〇年代後半以降、国土に占める森林被覆率は、一貫して増加傾向にあり（**図3**）、この点がホンジュラスの状況と大きく異なる[6]。すなわち、麻薬取引が環境破壊を助長すると説くマックスウィーニーとは異なり、コスタリカでは、自然が守られているにも関わらず、麻薬取引が行われているという状況が起きているのである。

さて、改めて本稿の問いに立ち返りたい。なぜ、中米コスタリカでは、自然を守ると麻薬取引が助長されるのか。以下では、その理由を同国の自然保護区制度に求めたい。冒頭の事件の後、コスタリカ沿岸警察は、国立公園が麻薬の取引場として狙われた理由として「人目につかない場所であること」を挙げている。実は、日本の国立公園と異なり、コスタリカの国立公園法では、園内の人の居住が禁じられている。したがって、犯罪者にとって人目を避けられる場所を提供していることになる。

図2は、コスタリカの自然保護区の分布を示した図である。模様の違いは、保護区のカテゴリーを示している。日本でも、国立公園や国定公園、鳥獣保護区などのカテゴリーがあるよ

うに、コスタリカには六種類の保護区が存在している。着目したいのは、麻薬の運搬ルートとして指摘されている沿岸域である。コスタリカの沿岸域には五九の保護区が設置されており、太平洋の海岸線の五一パーセント（五九二キロメートル）、カリブ海の海岸線の五六パーセント（一一九キロメートル）が何らかの保護区に指定されている。

次に、**表2**は、海岸線に立地している保護区の面積をカテゴリーごとに示した図である。これを見ると、六つの自然保護区の中でも、海岸線には人の居住を禁じている「国立公園」が集中していることがわかる。同じく、人の居住を禁止している「生物保護区」と「国立公園」が保護している海域面積を合わせると、実に全保護海域の九七パーセントにも及ぶ。

つまり、コスタリカは、海岸線の半分以上が保護区に指定されており、その大半が人の居住を認めない厳しい規制が敷かれていることになる。これは、海岸線の半分近くが「人口の空白地帯」であることを意味する。このような状況が、犯罪者に人目につかない「自然の隠れ家」

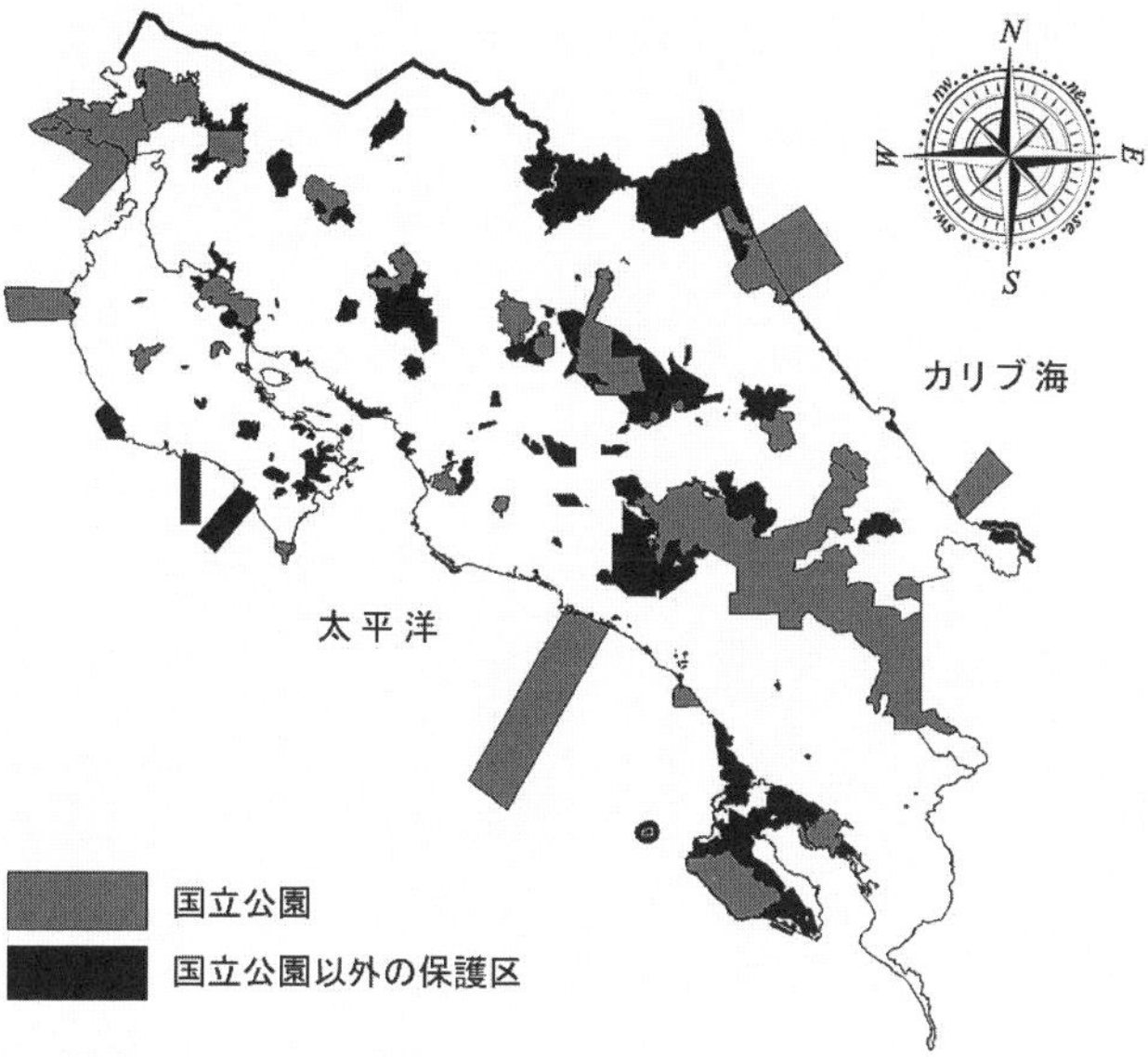

図2　海沿いに集中する国立公園
出典：SINAC（コスタリカ自然保護区庁）

表2　各自然保護区の面積（Albarado et al:2011を参考に筆者が編集）

名称	全保護区数	海洋保護区数	陸域面積（㎢）	海域面積（㎢）	IUCN
森林保護区	9	0	2,376	0	IV
保護区域	31	0	1,572	0	IV
国立公園	28	9	6,294	4,798	II
生物保護区	8	1	216	55	I
野生生物保護区	10	2	230	72	IV
湿地	12	3	363	78	IV

を提供する大きな要因となっているのである。

では次に、なぜ、海沿いに限って人の居住制限を伴う、厳しい自然保護区が集中することになったのか。コスタリカの自然保護区制度の発展の歴史から明らかにしたい。

三、コスタリカ国立公園制度の歴史

(1) 顕在化する森林破壊とレジャーのための国立公園

本節ではコスタリカの国立公園の歴史を追っていくが、その論点はふたつある。ひとつめは、コスタリカの国立公園の特徴は、「レジャー（観光）のため」に始まった制度だということである。ふたつめは、レジャーのための国立公園は、徐々に「自然を守るため」の制度へと変化していくということである。このように、国立公園の正当性が「自然のため」へとシフトしていったことが、国立公園が麻薬取引場として利用されていく背景にあることを指摘したい。

コスタリカの国立公園が制度化されたのは、一九五五年のことであった。そのきっかけは、同年に政府観光局が設立されたことである。観光局の設立根拠となっている「コスタリカ観光局組織法」では、観光局が国立公園を設立・運営する権限を認めている。その一方で、当該法律には、国立公園内の自然資源の利用規制や管理方法については何ら定められていない。[7] ここからも分かるように、この時期の国立公園は、環境保全のためではなく、レジャーを目的とした「公園」という性格があった。そこで、景勝地や憩いの場として利用される海岸は、とりわけ国立公園に指定されやすかったのである。このようにして海沿いに国立公園が集中するようになった。その後、一九七七年に国立公園法が制定されるまでの二二年間、コスタリカ観光局組織法は、「レジャーのための国立公園」を設立するための法的根拠となっていた。[8] ちなみに、国立公園制度を設計したのは、コスタリカの人たち自身ではなく米国出身のコンサルタントたちであった。そのため、コスタリカの国立公園制度は、当時の米国で主流であった「要塞型保護区」（区画をフェンスなどの造営物で仕切り、人々の生活空間と自然保護区域を明確に分けることで、人為的利用を排除する保護区）がモデルとなっている。[9]

「レジャーのための国立公園」が環境保護へとシフトしていく契機となったのは、一九六〇年代に顕在化した森林伐採であった。**図3**は、コスタリカの森林被覆率の推移を示した図である（地図中の色の濃い部分が森林地帯を表している）。これを見ると、一九八〇年代まで、森林が減少し続けていることが分かる。特に、一九六〇年代から一九七〇年代までは急速な森林減少が起こった時期であった。森林減少の要因は、国

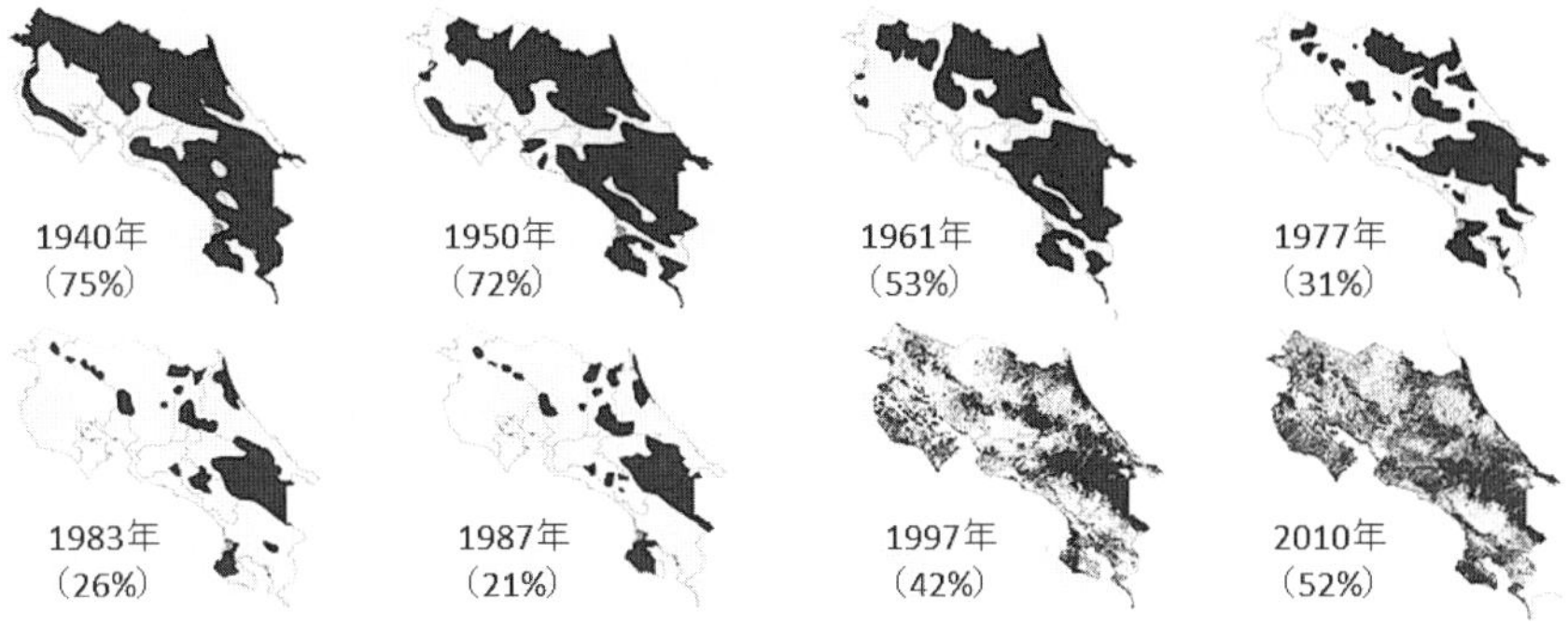

図3　森林被覆率の変化
出典：FONAFIFO（国家森林基金）

内外で牛肉需要が高まったことをうけて、放牧地が過剰に拓かれたためであると言われている。マイヤーズ（Myers）は、米国においてファストフード産業が発展したことで、安価な牛肉の調達先を中南米の開発途上国に求めることとなり、その結果、放牧地を拡大するために森林伐採が起こったと主張する。このモデルはハンバーガー・コネクションと呼ばれ、コスタリカをはじめとした中央アメリカ諸国の森林減少を説明するために使用されてきた。[10]

実際に、一九八〇年代中頃のコスタリカは、米国への牛肉輸出国で第三位に位置していた。そのため、コスタリカ政府は、（結果として森林破壊を招くこととなった）放牧地の開拓を支援していた。一九七〇年代初頭には、コスタリカの農業融資総額の半分を牧畜が占めている。[11] その背景には、牛肉部門が急成長し、精肉が新たな外貨獲得の資源となったことに加え、首都近郊の人口増加が顕在化したことが挙げられる。政府は、人口を分散させつつ牛肉の生産高を上げるため、地方への入植を推奨し、牧畜業の新規参入を促進したのである。そこで、一九六一年に、土地入植管理局（Instituto de Tierras y Colonización）が設立され、「未開拓」であった森林地帯の土地が無償で譲渡することで、入植者を支援した。[12] サリナス（Salinas）によれば、一九六一年から一九八二年の約二〇年間で、土地入植管理局によって、七八三の農村（合計七〇万九七六〇ヘクタール）が拓かれ、六万四五九五世帯が入植したという。[13] ちなみに、開拓地の森林管理を担っていたのも土地入植管理局であった。しかし、土地入植管理局は、開拓および移住の促進を主な業務としていたため、森林管理の中でも、とりわけ利用（森林を開発して牧場にすること）に比重が置かれ、保護・保全は進まなかった。[14] すなわち、コスタリカ政府自身が森林伐採を後押しする結果を招いたのである。

（2）環境主義へと傾倒するコスタリカ政府

急激な森林減少を背景に、コスタリカ政府は、一九六九年に森林法を制定し対策に乗り出した。森林法の目的は、失われた森林を再生させることと、開発を逃れた森林を守ることであった。そこで、森林法では、残された森林を守るため、自然保護区を指定し、行政（森林局）に保護区の管理権限を与えている。[15] また、同法三五条では、指定できる保護区のカテゴリーが明記され、国立公園も自然保護区の一形態として再定義された。[16] さらに、一九七七年には、国立公園法が制定された。前節で述べたように、国立公園法では、人の居住を禁じているほか、厳密には園内の石ころひとつも持ち帰ってはいけないなど、きわめて厳しい規制が敷かれている。このようにして、レジャー目的の国立公園は、「保護区」としての性格を強めていくこととなった。

このようなコスタリカ政府の「環境志向」は、一九九〇年代に入ってさらに加速していった。その象徴が一九九四年に行われた憲法改正である。この憲法改正は、生物多様性条約への批准を受けて行われたもので、政府は憲法五〇条を改正し、個人の権利に「環境権」を追加した。改正五〇条における環境権とは、「豊かな生態系のもとで暮らすこと」を人権に含める概念であり、そのために「自然を守ること」を国と国民の責務として課すものである。そこで、コスタリカ政府は、世界ではじめて「生物多様性法」という名称の法律を制定するなど、「豊かな生態系」を守るためのルールづくり（環境法の整備）を進めていった。このように、現代コスタリカでは、「自然環境を守ること」は国と国民の責務となっている。そのため、自然保護区は、「環境権」を実現するためのツールとして位置付けられると共に、さらに自然を守るため、保護区域拡大を使命として背負うこととなった。[17]

このような経緯を経て、二〇〇〇年代には「海」に目が向けられるようになった。すなわち、それまで手薄だった海域の保護面積を広げる動きが盛んになったのである。政府は、二〇〇四年に「海洋保護国家戦略」を発表し、二〇一二年までに排他的経済水域の二五パーセントを保護区として保全する目標を打ち立てた。結果的に、この目標が達成されることはなかったが、この時期に既存の海洋保護区の面積が飛躍的に増えることとなった(18)。

以上、本節では、コスタリカの自然保護区制度の歴史を概観してきた。ここでの論点は、なぜ、海沿いに「人口の空白地帯」を作る国立公園が集中したのか、という点であった。上記の小史を整理すると次のように要約できよう。そもそも国立公園はレジャーの目的で作られた制度であったために、憩いの場である海岸(ビーチ)は国立公園に指定されやすく、これが理由となって海岸線上に国立公園が集中することになった。しかし、一九六〇年代にコスタリカ国内の森林破壊が顕在化するにしたがって、環境保全の必要性が人々に認識されるようになり、国は法律を改正して、国立公園をレジャーから環境保全を目的とした自然「保護区」として位置付け直すようになった。さらに、一九九〇年代には、憲法が改正され、自然環境を保全することが国と国民の責務へと昇華していった。このようにして、国立公園は厳しい規制を敷く「保護区」として生まれ変わったのである。しかしながら、国立公園の「自然の守り方」は、居住などの人の利用を極端に排除する保護を基本とする。換言すれば、自然を守るということは人が利用できない、ということを意味するので「人目につかない土地」が大量に出現するという結果を招いたのである。このようにして、自然保護区が麻薬取引の現場として利用されることとなった。

四、マヌエルアントニオ国立公園の歴史

(1)マヌエルアントニオ国立公園前史

前節では、コスタリカ全体の国立公園の歴史を概説してきた。続いては、もう少しミクロな地域の歴史に着目したい。すなわち、国全体として自然保護区を増やしていく中、現場では何が起きていたのかを見ていきたい。冒頭で言及した、麻薬取引の現場として利用されていることが明らかとなった国立公園「マヌエルアントニオ国立公園(Parque Nacional Manuel Antonio)」の歴史を詳述しながら、どのようにしてレジャーとしての国立公園が「保護区」となり、また、どのようにして「保護区」が麻薬取引に利用されることとなったのか、筆者が現地調査で渉猟した資料から整理する。

マヌエルアントニオ国立公園は、太平洋沿岸に位置する海沿いの国立公園である。園内には、沿岸域一帯に茂るマングローブや熱帯雨林、また、そこで生息する二種類のナマケモノや三種類のサルなど一〇九種類の哺乳類が保全されている。動物が観察できるだけでなく、海水浴を楽しめる三つのビー

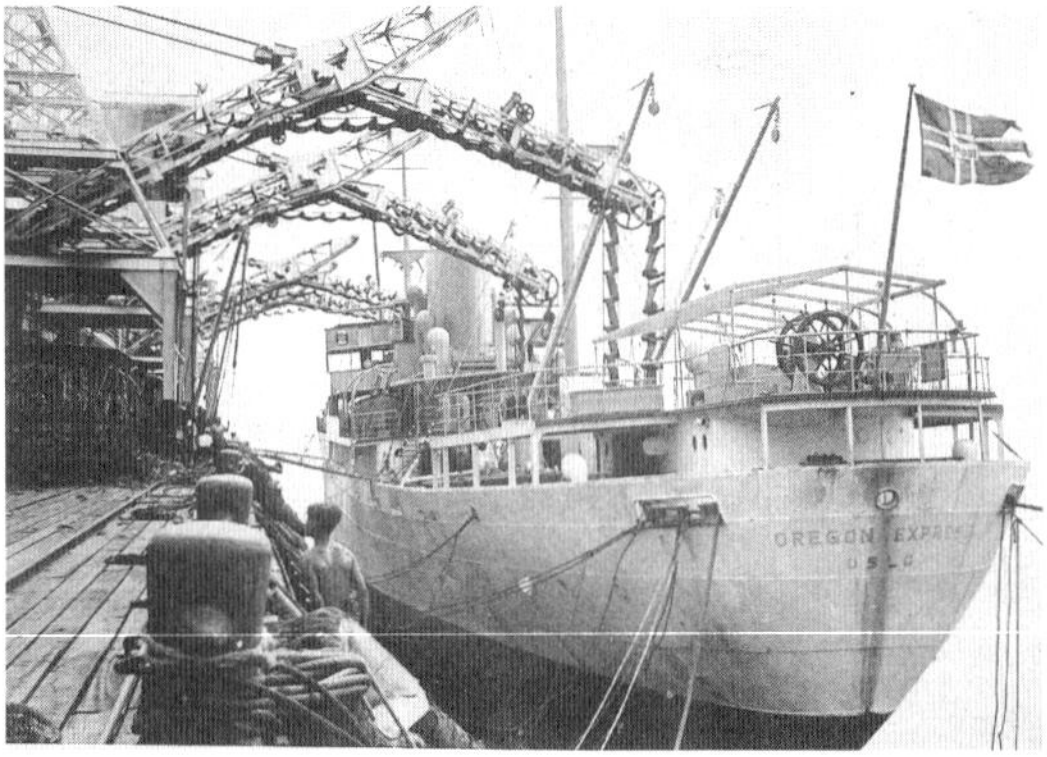

図4　ケポス港から輸出されるバナナ

図5　バナナの収穫の様子
写真提供：Ramon Avellan氏

チがあることから、マヌエルアントニオは国内で最も多くの入場者を集める国立公園である（なお、来訪者に開放されているのは公園の敷地の一部に限られている）。

まずは、公園誕生以前の歴史を整理したい。マヌエルアントニオ国立公園は、プンタレナス県アギーレ郡ケポス地区（Quepos）に位置している。ケポスという街の名前は、かつてこの地域で暮らしていた先住民族「ケポ（Quepo）」に由来する。宣教師らの記録によれば、一五六三年の時点のケポ民族の人口は、約一五〇〇人程度と推測されていたが、スペイン人がもたらした疫病などにより人口が減少し、一七一八年には八世帯のみが暮らす小さな集団となった。さらに、一七五六年には、スペインの占領政策を受けて、南部の居留地へ移住を余儀なくされた[19]。それ以降、二〇世紀初頭までの約一五〇年間、この地域は人口の空白地帯であったとされる[20]。

再びこの地に人の入植が始まったのは、一九二三年のことである。この年に、ドイツ人の起業家が二一七ヘクタールの土地を開墾し、バナナのプランテーションを拓いた。ピリス農業貿易社（Pirris Farm and Trading Company）と名付けられたその会社には、コスタリカ全土やニカラグアなどの近隣諸国から約一〇〇〇人の労働者が入植した[21]。このプランテーションは、現在のマヌエルアントニオ国立公園の北側に隣接している（言い換えれば、プランテーションによる開発を逃れた自然が現在の公園として保護されている）。特筆すべきは、当時、バナナを輸出するために、現在のマヌエルアントニオ国立公園内を流れるナランホ川（Rio Naranjo）の河口に港が建設されていたことである（図6）。当時は、ここから荷揚げされたバナナがシアトルやバンクーバーなどの都市に向けて出航されていた。一九二七年には、一万九〇〇〇房／年のバナナが輸出されている。[22] 本論の趣旨である麻薬のルートは、海から船を伝って荷揚げされるものであるが、そもそも、地形的に船が接岸しやすい場所であることが、バナナ産業の地域史からも伺い知ることができる。

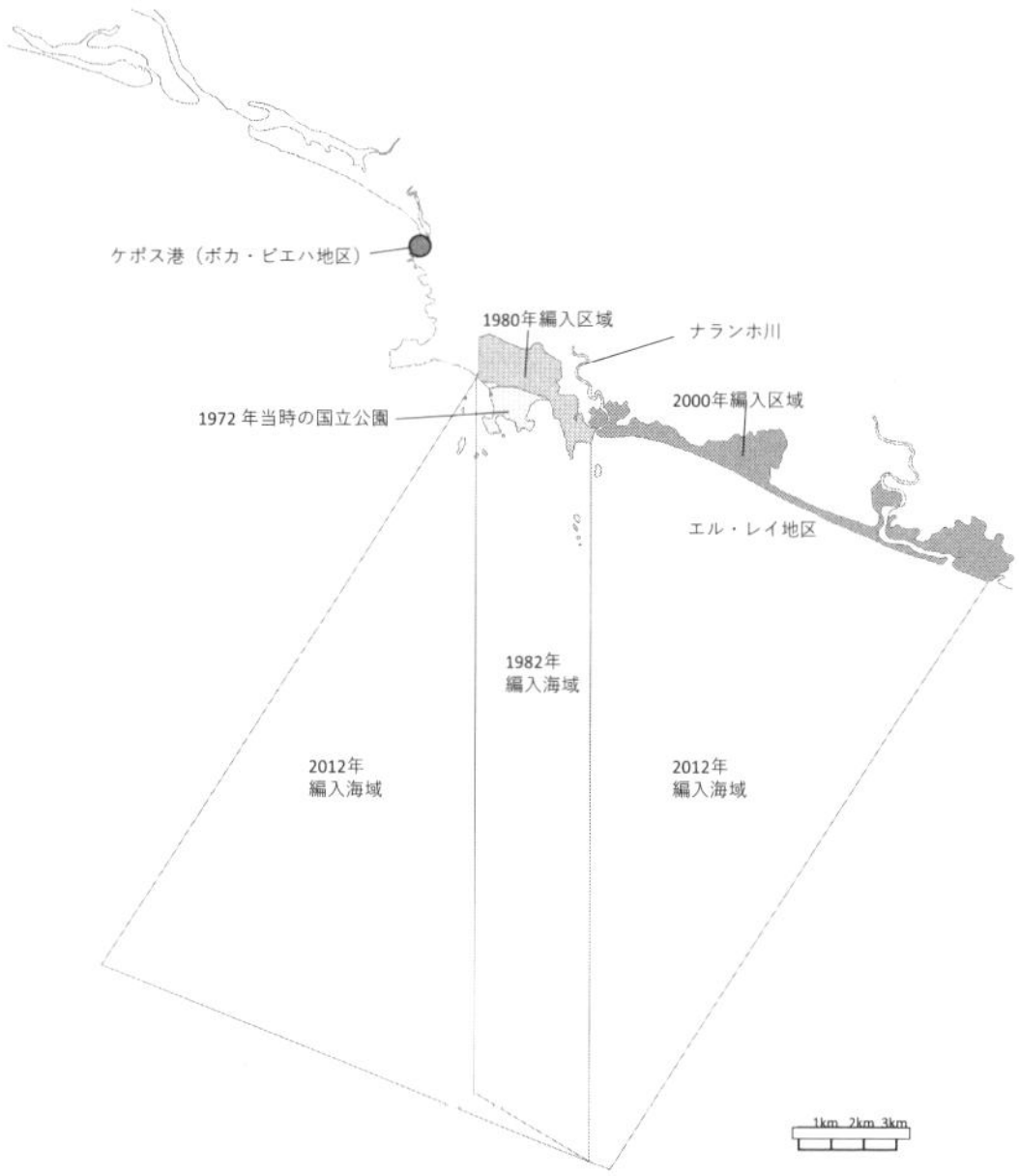

図6　マヌエルアントニオ国立公園の拡張図

一九三七年になると、プランテーションは米国資本のユナイテッド・フルーツ社（United Fruit Company）に買収され、農園の面積も約四〇〇〇ヘクタールへと大幅に拡大された。農地拡大に伴って、生産量も飛躍的に増加し一九四一年の輸出高は三三〇万房／年まで増加した。それに伴って、新たな輸出港が建設され、港が現国立公園の海岸から、西に七キロメートル離れた町に移った。[23] 労働者も五六〇〇人まで増え、輸出港を中心に都市が建設された。この時期に、現在のケポスの街が誕生した。このように、ケポスの人口は、先住民族のような地縁組織ではなく、労働者として全国から集まった人々で構成されている。

しかし、バナナ産業は一九五〇年代に終焉を迎えることとなった。一九五四年と一九五五年に大規模な洪水が発生し、作物に大きな被害が出た上、バナナの疫病（パナマ病）が発生し、壊滅状態となったためである。そこで、ユナイテッド・フルーツ社はバナナの生産を放棄し、一帯を油ヤシのプランテーションへと切り替えた。この結果、ケポスでは多くの失業者が生まれた。油ヤシの生産は、バナナに比べて集約的であり、かつてほどの労働者を必要としなかったためである。また、製品は国内消費向けに切り替えられたため、輸出港は不要となった。この時点で、五六〇〇人いた労働者は八〇〇人まで減少した。これをきっかけに、大きな人口流出が起こったが、一部の労働者やその家族たちは、観光業で生計を立てるようになった。[24]バナナプランテーションの開発を逃れたわずかな森林地帯（現国立公園の土地）には、静かなビーチが広がり、市民の憩いの場として利用されていたからである。このようにして、沿岸部の観光利用が進んでいくこととなった。

(2) マヌエルアントニオ国立公園誕生後の歴史

マヌエルアントニオ国立公園が誕生したのは、一九七二年のことであった。その特徴は、市民運動によって出来上がったという点にある。前節で論じたように、マヌエルアントニオ地区には、穏やかなビーチがあり、従来から地元の人々の憩いの場として利用されてきた。現在の公園の地に人が住み始めたのは一九五〇年代ごろからである。当時、フランス人とアメリカ人の家族、彼らと共に働いていたコスタリカ人の一家が生活していたが、一九六八年にアメリカ人の投資家二名に土地が売却されることとなった。アメリカ人投資家は、当時需要の高まっていた観光開発の目的で土地を買い上げたのであった。ケポスの人々にとって問題となったのは、売却後、同地に鉄柵が張り巡らされ、かつてのようにビーチへ入ることができなくなったことである。そこで、人々は、浜辺の自由な出入りを求めて住民運動を開始した。

土地の開放を許さない地権者と利用を求める住民は、どちらも引かず、住民運動は三年にも及んだ。そこで、最終的には政府が介入して同地を買い上げ、国立公園として人々に開放することで事態は決着した。こうして一九七二年に誕生した国立公園は、「マヌエルアントニオ・レクリエーション国立公園」と名付けられた。その名の通り、レジャーを目的とした公園であり、開園当時は、公園のビーチまで人々が車で乗り付け、浜辺でバーベキューを楽しむ風景が見られたという。しかし、利用者が増えるにつれて、樹木などの損傷やゴミの投棄などが公園の課題となった。一九七〇年代は、前節で述べたように国レベルの自然保護政策が進んでいく時期でもあった。このような背景から、国立公園局（当時）は、一九七七年、公園のカテゴリーを「レクリエーション国立公園」から、環境保護を目的とした「国立公園」へと変更することで、事態の対応にあたった。国立公園は、国立公園法に基づき、園内の車の入場や、火器やアルコールなどの持ち込みが禁止された他、動物の狩猟、植物や鉱物の採取などが禁止されている。このようにして、レジャー目的の公園は、「自然保護区」としての性格を強めていくこととなった。

（3）マヌエルアントニオ国立公園二〇〇〇年以降の歴史

レジャーのために開かれた公園は、その後、コスタリカ国内で環境法が整備されていく過程で徐々に「自然保護区」としての性格を強めていくこととなった。**図6**は、国立公園の境界を示した図である。これを見ると、保護区域が年を追うごとに拡大していることが分かる。国立公園が誕生したのは、一九七二年のことであった。当時の保護面積は二八〇ヘクタールであったが、一九八〇年には六八三ヘクタールまで拡大された。その際に、陸域だけでなく、海域五万五〇〇〇ヘクタールも保護区域として指定された。その後、二〇〇〇年に公園の東部に位置する浜辺「エル・レイ地区」を公園に編入し、陸域面積は一九八三ヘクタール、海域保護面積も五万五二一〇ヘクタールにまで増えた[25]。さらに、二〇一一年には、保護海域のさらなる拡張が行われた。その結果、一万二四三七ヘクタールの海が公園の海域として指定された。マヌエルアントニオ国立公園は、陸域の保護面積は国内で二番目に小さな国立公園であるが、一方、海域に関しては二番目の大きさとなった[26]。

ここで注目したいのが、二〇〇〇年に併合された「エル・レイ地区」である。この浜辺がまさに、麻薬の取引場所としての痕跡が確認された場所である。この地区は、マングローブ林が茂り、ヒメウミガメの産卵地でもあることから、これらの自然を守る目的で保護区化されたのであった[27]。しかし、ここで問題となったのは、エル・レイ地区には、一八世帯が暮らす小集落があったことである。コスタリカの国立公園は、公園内の人の居住を禁止している。従って、当該地区を国立公園に編入するにあたって、居住者は公園の外へ移住しなければならない事態となった。しかし、国（国立公園）は、住民と合意形成を取らないまま計画を推し進めたために、住民と国立公園の間に深刻な対立が発生した。最終的には、エル・レイ地区に建てられた職員宿舎が焼き討ちに合うなどの事態に発展し、国立公園は警備の拠点を失なった[28]。このようにして、もともと村落だった土地は、人が住めない国立公園の一部となり、さらに旧住民との軋轢から国立公園の職員たちも退去を余儀なくされ、一四キロメートルにおよぶ海岸線は、完全なる「人口の空白地帯」となっていった。

以上のように、マヌエルアントニオ国立公園の歴史を眺めると、時代を追うごとに公園の正当性が変化していることが分かる。つまり、当初は「人々のため」に開放したはずだった公園が、いつのまにか「自然のため」に人々を排除するようになったのである。このようにして出現した「人口の空白地帯」は、犯罪者にとっては人目につかない「隠れ家」を提供することとなった。現在、自然保護区が麻薬取引の現場として利用されている事態は、「環境保全」という大儀のもとで人々が排除された結果として出現した現象なのである。

おわりに
――なぜ自然保護区は麻薬取引を助長するのか

本稿では、「なぜ、自然保護区は麻薬取引の現場となるのか」という問いのもと、中米コスタリカを事例に検討を行ってきた。以下、これまでの議論を整理しつつ、問いに対する答えを示したい。

冒頭では、地政学的な特性から中米地域は常に麻薬ビジネスの影響を受けてきたことを論じた。とりわけ二〇〇〇年代以降は、メキシコの麻薬カルテルが覇権を握るようになり、メキシコ国内は「麻薬戦争」と形容されるほど治安が悪化していった。その影響を大きく受けたのが中米地域である。メキシコ当局による麻薬カルテルの取り締まりが強化されるに伴って、近年では中米が新たな密輸の「中継地」となりつつある。とりわけ、エルサルバドルとホンジュラスでは、殺人発生率が世界一位を記録するなど治安の悪化に歯止めがかからず、一般市民が集団移民として国を離れようとする現象が続いている。

他方、中米地域は生物多様性が高い地域として知られ、各国は自然保護区を整備してきた。その面積は、中米七カ国を平均して国土の約二〇パーセントにおよぶ。しかし、環境保全への取り組みは、その反作用として麻薬の問題を顕在化させた。自然保護区が麻薬密輸の現場となっていることが、各国で報道されるようになったのである。なぜならば、自然保護区は人目につかない土地であり、犯罪者にとっては格好の「隠れ家」となるからである。例えば、コスタリカにおいては、密輸のルートとして指摘されている海岸線の約五〇パーセントが自然保護区として覆われており、そのほとんどが人口の空白地帯となっている。

では、どのようにして海岸線沿いに人口の空白地帯（=自然保護区）が出来上がっていったのか。本稿では、その答えをコスタリカ国立公園の歴史に求めた。そもそも、コスタリカの国立公園制度は、レジャーを目的に作られた。そのため、景勝地や海水浴場が多い沿岸域は国立公園に指定されやすかった。しかし、一九六〇年代に入って、コスタリカ国内の森林伐採が顕在化すると、政府は環境保護へと舵を切った。その過程で、環境法が整備されることとなり、国立公園の目的は、レジャーから「自然のため」へと変化していった。具体的には、国立公園内では人の居住が禁止されるなど、人の利用が制限された。コスタリカ政府の「環境志向」は、一九九四年の憲法改正を機にさらに加速していくことになった。個人の権利としての「環境権」が追加されたことにより、自然を守ることは国と国民の責務へと昇華した。すなわち、国立公園は、人々が豊かな自然を享受する権利を保障する重要な存在となったのである。このようにして出来上がった国立公園は、観光資源として活用されることとなった。観光業は、コスタリカ経済を支える基幹産業へと成長し、自然を守ることで経済発展を実現する体制が完成していった。[29] 経済的にも、国立公園は必要不可欠な存在になっている。

「レジャー(=人々)のため」の国立公園が、「自然のため」へと変化していくプロセスは、現場レベルにも大きな影響を与えることとなった。国家レベルで環境政策が進むに伴って、自然保護区の数や面積が増えていったが、その過程で、「自然のため」に住民が強制退去に遭うなどの排除が生じた。このようにして、海岸線に人口の空白地帯が出現することとなったのである。

皮肉にも、コスタリカでは、自然環境を守れば守るほど、麻薬密売人にとって都合の良い「隠れ家」を提供する事態が起きている。このような構造は、自然保護を重視し、人と自然のつながりを分断していった自然保護区政策に原因があると言えないだろうか。換言すれば、自然保護区が麻薬取引の現場として利用されるのは、「環境保全」がひとつの権力となり、人々を排除したことで生まれた結果と見ることができよう。

本稿では、麻薬取引が環境破壊を加速させると説く従来の研究に対して、自然環境を守ることが、むしろ麻薬取引を助長する可能性があることを指摘した。しかし、筆者が主張したいのは、環境保全は意味がないということではない。問われるべきは「自然の守り方」だということである。現状の自然保護区が麻薬取引に利用されてしまうという事実は、逆説的に言えば、自然の守り方を変えることで、この問題を回避できることを意味するからである。すなわち、環境政策は、単に自然を守るだけでなく、安全保障上の効果をもたらし得るかもしれない。本稿を通じて見えてきたのは、そのような環境政策の有効射程の広がりである。

注

(1) 馬場香織「ヘゲモニーの衰退と拡散する暴力――メキシコ麻薬紛争の新局面」(『ラテンアメリカ・レポート』三四巻二号、二〇一八年)一三~二五頁。

(2) ヨアン・グリロ(山本昭代訳)『メキシコ麻薬戦争――アメリカ大陸を引き裂く「犯罪者」たちの叛乱』(現代企画室、二〇一四年)。

（3）　McSweeney, K., Nielsen, E., Taylor, M., Wrathall, D., Pertson, Z., Wang, O., Plumb, S. “Drug Policy as Conservation Policy: Narco-Deforestation”, *Sience*, Vol.343, 2014, pp.489-490.

（4）　Costa Rica, *Estado de la Nación en Desarrollo Humano Sostenible*, PEN, San José, Costa Rica, 2014.

（5）　武田淳・及川敬貴「協働型資源管理にみるエコ統治性の諸相――コスタリカにおけるウミガメ保全事業を事例に」（『沿岸域学会誌』二七巻第三号、二〇一四年）五一～六二頁。

（6）　FONAFIFO, Costa Rica : Bosque Tropicales un Motor del Crecimiento Verde, FONAFIFO, San José, Costa Rica, 2012.

（7）　Boza, M., *Historia de la conservación de la naturaleza en Costa Rica 1975-2012.* Tecnológico de Costa Rica, Cartago, Costa Rica, 2015.

（8）　武田淳「権力化する『環境』と地域社会の戦略的順応――コスタリカ自然保護区制度の構造と実際」（横浜国立大学大学院環境情報学府博士論文、二〇一六年）。

（9）　Chacón, M., Historia y políticas nacionales de conservación, Editorial Universidad Estatal a Distancia, San José, Costa Rica, 2007.

（10）　Myers, N., “The Hamburger Connection: How Central America’s Forests Become North America’s Hamburgers.” Ambio 18, 1981,pp.3-8.

（11）　狐崎知己「中米」水野一・西沢利栄編『ラテンアメリカの環境と開発』（新評論、一九九七年）。

（12）　Edelman, M. ,Peasants against Globalization: Rural Social Movements in Costa Rica, Stanford, CA : Stanford University Press, 1999.

（13）　Salinas, Oscar., “El Instituto de Desarrollo Agrario en el Desarrollo Rudal” en Congreso Agronomico XI. Vol.1,1999: pp.409-416.

（14）　Chacón, M.,Historia y políticas nacionales de conservación.

（15）　Evans, S, The Green Republic: A conservation History of Costa Rica, University of Texas Press, 1999.

（16）　前掲注８。

（17）　前掲注８。

（18）　Alvarado, J. Cortés, J. Fernanda, M. and Salas, E, “Costa Rica’s Marine Protected Areas: status and perspectives”, Revista de biología tropical, 60(1), 2011, pp.129-142.

（19）　Bozzoli de Vargas, M. E.,Los Indios Quepos. Departmento de Pubilicaciones de la UCR, San José, Costa Rica, 1965.

（20）　Cordero, A. y Duynen, L., ¿Turismo sostenible en Costa Rica? El caso de Quepos-Manuel Antonio. *Cuaderno de Ciencias Sociales*, vol. 123, 2002, pp.68-69,80-81.

（21）　Monge, O., La real historia de Quepos, Rodrigo hidalgo del Valle S.A., San José, Costa Rica, 2000.

（22）　同前。

（23）　前掲注21。

（24）　前掲注21。

（25）　PNMA(Parque Nacional Manuel Antonio), Plan de manejo para el Parque Nacionl Manuel Antonio. 2005.

（26）　Alvarado, J. Cortés, J. Fernanda, M. and Salas, E, “Costa Rica’s Marine Protected Areas: status and perspectives”.

（27）　PNMA, rque Nacional Manuel Antonio Plan de Manejo 2014-2018.（マヌエルアントニオ国立公園管理計画書）, 2014.

（28）　Takeda, J. Identificación de actores sociales que utilizan los recursos marinos del Parque Nacional Manuel Antonio. Quepos: ACOPAC-SINAC , 2012.

(29) 武田淳「ネオリベラル国家における観光の役割——コスタリカにおけるコミュニティ・ベースド・ツーリズムを事例に」(『日本国際観光学会論文集』二四号、二〇一七年)五五～六一頁。

付記

本研究は、文部科学省科学研究費:基盤研究B「積極的平和構築のツールとしての観光研究——中米地域におけるエコツーリズムを事例に」(課題番号:20H04438、代表研究者:武田淳)による研究成果の一部である。また、本稿を執筆するにあたっては、ゼミ生の宮本ほのかさん、山本花鈴さん、小川莉奈さん、匂坂朱里さんと本文の検討を行った。彼女らの助言によって本稿の議論がより洗練された。ここに謝意を表したい。

あとがき

内田知行

この「あとがき」では、本書が刊行されることになった由縁を書くことにする。僭越ながら、最初に個人的な事情から書かせていただきたい。私は、若いころから日本が中国に侵略戦争をした時代の、抗日戦争の歴史や中国社会の歴史を勉強してきた。途中で宗旨替えして、十数年間、交通運輸経済を中心とする現代中国の経済を勉強して、動向分析の真似事のような文章を発表した。この中国経済の研究を始めたおかげで、一九八七年四月に大東文化大学国際関係学部の専任教員として採用され、二〇一八年三月にこの学部を定年退職した。そのあいだには中国を中心とした東アジアの近現代史や現代中国の経済をレクチャーした。歴史研究の課題についていえば、私は文部科学省の科研費を申請したことはなくて、自分の収入の範囲で資料を買ったり取材旅行を行なったりした。しこしこと「落穂ひろい」のような中国社会史のテーマを追究してきた。「自分の金で研究する」というのは、信念というほどのものではないのだけれども、それは私に最も大きな影響をあたえた歴史学の師匠とも言うべき藤井忠俊さんの基本哲学だった。だからカッコよくいえば、藤井さんに恥じないように研究しなければ、という思いも少しはあった（藤井さんは日本民衆の戦争責任をライフワークにした歴史家で、興味のある人は、今年一月に刊行された『藤井忠俊著作集』全二巻、不二出版、を手に取ってほしい）。もっとも、外務省資金を原資とする「日中歴史研究センター」（一九九六～二〇〇五年）からは三回研究助成金と出版助成金をもらったから、日本政府から金をもらわなかったわけではない。

若いころの私の研究テーマの一つは中国の抗日根拠地の社会史だった。一九七〇年代から八〇年代前半までは『解放日報』『群衆』『八路軍軍政雑誌』などの中共系史料を読み込んで論文を書いていた。中国の歴史学研究が本格化して、以上の一次史料の自由な閲覧や中国各地の歴史公文書館の利用が可能になったのは一九八〇年代後半以降である。同時に中国の若手研究者のすぐれた研究成果も雨後の筍のように生まれた。私は、勤務校の教員留学制度を利用して一九九二年の後半年、北京と山西省太原に滞在した。この時には十年ちかく休眠させていた抗日戦争史研究を再開するための資料あつめをしていた。私は、抗日戦争時代の閻錫山政権や日本軍とアヘンとの関係に興味をもっていたのだが、資料を集めているうちに抗日根拠地にもアヘンの問題があったことに気がついた。そして、そのことは自分が抗日戦争史についてそれまで一面的な見方しかしてこなかったのではないか、と反省するきっかけになった。しかもこの課題は中共史の「恥部」を明らかにすることに通じていたから、中国の研究者にとっては「禁区」(タブー)だった。この政治状況は二〇二一年の現在も基本的に変わらない。この事実に気づいたとき、私は「このテーマなら中国の研究者に対抗して、彼らをうならせる仕事ができるかもしれない」と小躍りした。私の研究意図を、敬愛する中国の数人の老師たちに打ち明けると、「私には発表できないけれど、たいへん面白い課題です」と励ましのお言葉をいただいた。A老師によれば、中国の若い共産党史研究者が財政問題の専門家だった陳雲を招いて座談会を開いたときに、陳は「特貨が抗日政権に貢献した」と説明したという。それを聞いた若い研究者は「特貨」がアヘンをさすと知って当惑した、という逸話を語ってくれた。極めつけは、一九五〇年代初頭、北京で開かれた全国政治協商会議に西北の代表として参加した鄧宝珊にたいして、毛沢東が「宝珊兄さん、あの時の借りをまだ返していなくて、ご免」と言ったという逸話である。抗日時代、陝西省北部の楡林を地盤にしていた鄧は、軍資金集めのためにラバの背につんだアヘンを中共の陝甘寧辺区を通過し、西安で売りさばいた。これは中共の黙許のもとで行われていたが、陝甘寧辺区の財政事情が困難に直面したときに辺区政権によってそれが没収された。毛のジョークは「その借りをまだ返していない」という趣旨だったが、鄧はもちろん弁済を要求しなかった。また、山西省の抗日組織・犠牲救国同盟会史を研究するB老師は、日本軍が山西省を占領すると、「山西省銀行券」が紙くずになってしまったために、閻錫山（山西省の支配者）はため込んだアヘンをもって省都太原から逃げたが、中共指導者の薄一波が指揮する犠牲救国同盟会に軍資金代わりにアヘンを供与したという逸話を紹介してくれた。こんな逸話を聞いたあとで私は陳雲や閻錫山・薄一波の著作をいろいろと調べてみたのだが、こういう逸話の片りんも見つからずに、がっかりしたことがある（これらの史料的裏付けのない逸話は、今回初めて人前で紹介する）。

そんなわけで、私は一九九三年三月に中国の教員留学からかえって暫くして「中国抗日根拠地におけるアヘン管理政策」（アジア政経学会『アジア研究』第四一巻第四号、一九九五年。のち「抗日根拠地のアヘン管理政策とアヘン吸飲者救済活動」に改稿して、単著『抗日戦争と民衆運動』創土社、二〇〇二年に収録）を発表した。「中国共産党のアヘン」については、今にいたるも関心を持ち続けているが、「落穂ひろい」のテーマそのものなので、「内モンゴルの抗日政権とアヘン政策」（平野健一郎編『日中戦争期の中国における社会文化変容』東洋文庫、二〇〇七年）、「抗戦期陝甘寧辺区のアヘン問題」（『大東文化大学紀要（社会科学）』第五七号、大東文化大学、二〇一九年）ぐらいしか発表していない。中国語で発表して中国人の評価を知りたいテーマなのだが、それが大っぴらにはできないのが残念である。

たまに大学の授業で以上の論文ネタをレクチャーしたことがあるのだが、テーマがあまりにも特殊であり、こちらが面白いと思ったことが若者にうまく伝わらなかった。もっと幅広くアヘンや麻薬の歴史を学んで紹介しなければいけない、という反省にいたったのである。そこで、定年の数年ほど前から半期科目の「比較文化各論」で「アジア・アヘン史」の授業をブチ上げたのである（同じ内容を定年前の二年間、非常勤ででかけた都留文科大学で担当した「歴史文化論」でもやった）。日本から説き起こして、東アジアから中東イスラーム社会までの地域におけるアヘン・麻薬の歴史を論じることにした。歴史的概観をふまえて、現代社会の薬物汚染（覚せい剤なども含める）についても若い人たちと考えてみようと思った。授業の内容は次のようなものである。

1　現代日本の麻薬問題

2　アヘンをめぐるアジア三角貿易

3　アヘン戦争と中国のアヘン問題
4　近代日本のアヘン・麻薬問題
5　日本植民地下台湾のアヘン政策
6　日本植民地下朝鮮半島のアヘン問題
7　関東州と満洲国におけるアヘン政策
8　蒙疆政権のアヘン政策
9　中国抗日根拠地のアヘン政策
10　国民政府のアヘン政策
11　フランス領インドシナ（ベトナム）のアヘン問題
12　オランダ領インド（インドネシア）のアヘン問題
13　イギリス植民地マレーにおけるアヘン問題
14　イラン近現代史におけるアヘン問題
15　エジプト史における大麻とアヘン

私は、周囲の友人たちに教えてもらったり、図書館で資料をあつめたりしながら、毎年度「自転車操業」の授業を続けた。上記の柱の大半が私には初めて学ぶ内容だったが、そのぶんだけ発見がたくさんあった。以後は「自分は××の専門だ」と自己規定することはやめて、面白そうなテーマはなんでもアプローチしてみるということにした。聴き手の学生さんたちも、私の担当する他の講義よりも興味をもってくれた。私の所属した国際関係学部では学生さんは、当時中国語・コリア語（韓国語）・ベトナム語・インドネシア語・タイ語・ヒンディ語・ウルドゥ語・ペルシャ語・アラビア語を必修選択していた。私にも半期一五回のうちの一回は彼らに自分の選択言語に関係する地域の話を聞かせたい、というサービス精神があって、こうした大風呂敷を広げることになった。

そのうち私の定年退職の時期がせまった。私に仲良く付きあってくれている若い研究者仲間のうちの若干名が「×

×先生退休記念論集」のようなものを刊行したいがどうでしょうか、と打診してきた。そんな金ばかりかかって、献呈された者が誰も読まないような本を作るのはやめてくれ、そんなのはちっともうれしくないし、そもそも私のガラではない。私の定年退職を口実にしてなにかの本を作るんだったら、面白そうな歴史読み物をみんなで作りたい。アヘンやその他の麻薬を縦軸にして、高校生でも読める歴史ヨタ話をみんなで書いたらどうだろうか、と、私の「アジア・アヘン史」の実践を紹介して逆提案したのである。自分の専門とは別に（つまりシロウトの問題意識で）みんなが一つ、二つの課題を担当してアヘン史小話集を私家版で作ってみようというアイディアだった。そもそも私のアジア・アヘン史がそういうシロウト講義なのだから。たんなる印刷物だから、ＩＳＢＮの付いた書籍よりもはるかに安くできるという利点もあった。私が軽いノリで提言したものだから、友人たちも乗ってくれた。私家版は、私が定年退職した二〇一八年三月末に完成した。一〇〇部印刷したが、私が代表をしている東久留米市の中国語教室「グループ中国だい好き」の会員たちが開いてくれた退職記念昼食会の引き出物に配った。今はほとんど残部がない、まぼろしの私家版（全文一五〇頁の美しいハードカバー）である。

書名は『アヘンと近現代アジア』で、執筆者は次のような人びとである。

1　現代日本の薬物問題（真殿仁美）
2　アヘンをめぐるアジア三角貿易（朴敬玉）
3　十九世紀のアヘン戦争とアヘン問題（権寧俊）
4　植民地台湾のアヘン問題（崔学松）
5　植民地朝鮮におけるアヘン問題（権寧俊）
6　関東州及び満洲国のアヘン政策（権寧俊、朴敬玉）
7　蒙疆政権のアヘン政策（堀井弘一郎）
8　汪精衛政権のアヘン問題（小林元裕）
9　中国国民政府のアヘン問題（堀井弘一郎）

10 中華人民共和国の薬物問題（真殿仁美）
11 オランダ領東インドのアヘン問題（関本紀子）
12 フランス領インドシナのアヘン問題（関本紀子）
13 イギリス領マレー諸州のアヘン問題（崔学松）
14 近現代イランのアヘン（内田知行）
15 エジプトのハシーシュ（大麻）（内田知行）
終章 戦争とアヘン（小林元裕）

以上の執筆者の中では、日中十五年戦争時代のアヘン問題の専著『近代中国の日本居留民と阿片』（吉川弘文館、二〇一二年）をもつ小林元裕さんだけがアヘン史の専門研究者だった。皆さん、ありがたいことに勉強しながら玉稿を寄せて下さった。そして、勉強と並行して小林さんと権寧俊さんは、朴橿さんによる日本・朝鮮・旧満州・華北・ソ連沿海州におけるアヘン問題を論じた韓国語専著の訳業を進めてくださった（朴橿著、小林元裕・吉澤文寿・権寧俊共訳『阿片帝国日本と朝鮮人』岩波書店、二〇一八年）。朴橿さんは、韓国を代表するアヘン史の研究者で、同書はまことにスケールの大きな歴史研究である。だから、私がそそのかしたからアヘン史の研究が進んだというのではない。若い友人たちには、研究者としての決断や知的好奇心があったのである。こうして私家版ができあがったが、このとき私は臆面もなくイランとエジプトにかんする余技の文章を二編出した。マア、枯れ木も山の賑わいという気持だったので、いずれこの分野の専門研究者が登場したら、廃棄処分にしてほしい。

私家版では、各章ともに「です・ます調」で通し、「まとめ」を置き、章末には「参考文献」を列記するというスタイルに統一した。読みやすさを旨としたので、おおむね好評だったようである。ただし、なぜこういう構成の本を作ったのかを説明するなんらかの文章はあったほうがよかった。これがなかったのは、単純に私の怠惰による。しかし、私が編者なり代表者として私家版にリーダーシップを発揮したというのでもない。みんなが勉強の成果を持ち寄って出来上がったので、この私家版には編者は不要だったのである。みんなの意思をまとめるという面では、権寧俊さんと崔学松さんの人徳が大きかったことを特記しておきたい。

二〇一八年三月に私家版ができてからは、権さん崔さん両人の提唱下に「アジア・アヘン史」のミニ研究会が年二、三回ひらかれ、毎回研究会が終わると楽しい夕食会をおこなった。しかし、二〇二〇年三月以降の新型コロナ感染症拡大の結果、研究会は休眠状態になってしまった。もっとも、例によって「友だちの友だちは友だちだ」というアジア的発想で研究者の輪を広げようということになった。こうして、アヘンや麻薬史を専門に研究する新しい友人たちが加わってくださったのは有難いことである。それが、武田淳さん、大久保翔平さん、杉本浄さんである。また、旧稿を寄せてくださった以前からの友人たちは、今回は更に精進してクロウトの研究を寄せてくださった。私のほうは、またしても性懲りもなくシロウトのチャレンジ「論文」を提出して皆さんの玉稿にキズをつけることになってしまったが、どうかご容赦いただきたい。というわけで、本書は私家版をベースとして新たな執筆者に加わっていただき、内容を大幅に増補して完成した作品である。以上をもって本書の「あとがき」とする。

執筆者一覧（掲載順）

内田知行	権　寧俊	大久保翔平
関本紀子	杉本　浄	崔　学松
朴　敬玉	堀井弘一郎	小林元裕
真殿仁美	武田　淳	

【アジア遊学 260】

アヘンからよむアジア史

2021 年 9 月 30 日　初版発行

編　者　内田知行・権寧俊
制　作　株式会社勉誠社
発　売　勉誠出版株式会社
〒 101-0061　東京都千代田区神田三崎町 2-18-4
TEL：(03)5215-9021(代)　FAX：(03)5215-9025
〈出版詳細情報〉http://bensei.jp/

印刷・製本　㈱太平印刷社

ISBN978-4-585-32506-2　C1320

東インド会社とアジアの海賊

東洋文庫［編］

誰が海賊だったのか？
海賊の多様性を歴史から読み解く

十七世紀初頭にヨーロッパで誕生した東インド会社とその海上覇権の確立にあたって大きな障壁となった現地の海賊たち。両者は善と悪という単純な図式では表せない関係にあった。東インド会社もまた海賊であった――。東インド会社と海賊の攻防と、活動の実態を明らかにする。

【執筆者】
斯波義信　パオラ・カランカ
牧野元紀　翻訳：彌永信美
羽田　正　深瀬公一郎
鈴木英明　豊岡康史
太田　淳　村上　衛
弘末雅士　平野健一郎
中島楽章

本体2,800円(+税)
四六判・上製・340頁
ISBN978-4-585-22098-5

勉誠出版
千代田区神田三崎町2-18-4 電話 03(5215)9021
FAX 03(5215)9025 WebSite=https://bensei.jp

髙綱博文・木田隆文・堀井弘一郎［編］

上海の戦後
人びとの模索・越境・記憶

戦後上海の人びとの生き様と歴史――

終戦から中華人民共和国成立にいたる上海の〈戦後〉を、その時代を体験した人びとの〈模索〉、〈越境〉、〈記憶〉という切り口から描き、戦後上海の多様性に注目した新たな歴史像を提示する。

【執筆者】※掲載順
髙綱博文◉関智英◉山口早苗◉上井真◉菊地敏夫◉石島紀之◉邵迎建◉石川照子◉ヒキタミワ◉片山和之◉藤田拓之◉関根真保◉趙怡◉陳祖恩◉堀井弘一郎◉武井義和◉井上邦久◉吉村明郎◉陳童君◉丁世理◉藤原崇雅◉戸塚麻子◉山崎眞紀子◉馬軍◉竹松良明◉渡邊ルリ◉岸満帆◉きゅっきゅぽん

【アジア遊学236号】
本体二八〇〇円(+税)・A5判・並製・二四四頁

勉誠出版
千代田区神田三崎町2-18-4 電話 03(5215)9021
FAX 03(5215)9025 WebSite=http://bensei.jp

宮内洋平

オランダ領東インドにおける旅券制度の展開—植民地パスポートの様式と機能をめぐって　吉田信

近代中国学の誕生とロバート・モリソン　橋本真吾

【コラム】十九～二十世紀におけるフランス植民地帝国間の移動—マルセイユ—サイゴン定期便　岡田友和

【コラム】旅券のスタンプからたどる植民地と本国の移動　吉田信

259 書物のなかの近世国家 一東アジア「一統志」の時代

小二田章・高井康典行・吉野正史　編

序言—「一統志」の「時代」を語るために　小二田章

1　一統志以前

李吉甫の描く「一統」—『元和郡県図志』とその疆域　竹内洋介

宋朝総志編纂考—総志から方志へ　須江隆

2　大元一統志

元代における遼金代東北地域に対する地理認識の地域差—『大元一統志』『遼史』『金史』『大元混一方輿勝覧』の地理記述の比較から　高井康典行

中国史上の「大一統」と『大元大一統志』　櫻井智美

『大元一統志』における路に関する記載について—『大元一統志』輯本の理解のために　吉野正史

【コラム】宋元時代の道教と地誌—茅山の事例を中心に　酒井規史

3　大明一統志

明代景泰—天順期の政局と一統志　高橋亨

『大明一統志』人物伝とは—『遼東志』との関係をめぐって　荷見守義

『大明一統志』に関するいくつかの問題について　巴兆祥(訳:小二田章)

【コラム】元・明一統志の非中華世界へのまなざし　向正樹

4　大清一統志

明清期個人編全国志初探—大明から大清への「一統志」の道　小二田章

北辺からみる『大清一統志』　柳澤明

【コラム】ヨーロッパに伝えられた中国の地理情報—『皇輿全覧図』の製作と宣教師の記録　澤美香

5　東アジアの一統志

中井竹山の名分論について—他学派批判との関連を中心に　清水則夫

「津軽一統志」の編纂と弘前藩　長谷川成一

「文芸」の地誌から「口承」の地誌へ—『信達風土雑記』と『信達一統志』　高橋章則

朝鮮近世の地理誌は誰のものだったのか　吉田光男

朝鮮燕行使の『大明一統志』輸入について　辻大和

周縁から見た一統志—南の小中華と『大南一統志』　岡田雅志

6　一統志のかなた

古典期(十～十三世紀)イスラーム世界における地方史誌—ウラマーの地方観と知的実践　森山央朗

小国が自ら国境線を引くとき—デンマークの国境設定一〇〇周年に寄せて　村井誠人

【コラム】清末民国期の地方史編纂—地域と宗族を記録すること　山田賢

日本近世地誌の編纂と地名記載　白井哲哉

編集後記　小二田章

鎌倉北条氏と南宋禅林—渡海僧無象静照をめぐる人びと　村井章介
ドイツ語圏越境作家における言語、民族、文化をめぐって　土屋勝彦
近代名古屋にとっての中東—実業界との関係を中心に　吉田達矢
民族をめぐる対立と交流の位相—滞日ビルマ系難民の国際移動の事例から　人見泰弘

第2部　宗教の断絶と叡智

ボーダレス化する世界と日本の宗教文化　井上順孝
ラダックのアイデンティティ運動—もうひとつの「カシミール問題」　宮坂清
インドネシア・アチェ州のイスラーム刑法と人権　佐伯奈津子
宗教と平和—宗教多元社会における戦争　黒柳志仁

第3部　個の相克と相対化される「国家」

戦国大名の「国」意識と「地域国家」外交権　鹿毛敏夫
日本中世の「暴力」と現代の「教育」　メイヨー・クリストファー
亡命作家の軌跡：西欧キリスト教世界の対岸から—フアン・ゴイティソーロのバルセロナ、サラエヴォ、マラケシュ　今福龍太
保育園で働く看護師の語りから考える多文化共生　梶原彩子

258 史料が語る東インド航路 —移動がうみだす接触領域

水井万里子・大澤広晃・杉浦未樹・吉田信・伏見岳志　編

序　水井万里子・伏見岳志・大澤広晃

第一部　長距離航路からみる世界

東インド航路のなかのアフリカ　伏見岳志
ケープ・ルートの多様化とオランダ東インド会社のケープ居留地建設　和田郁子
近代中国学の誕生とロバート・モリソン　橋本真吾
植民地をつなぎなおす—スペインとポルトガルの帝国再編　伏見岳志
スペインとキューバ、アフリカをつなぐ非合法奴隷貿易のネットワーク　八嶋由香利

第二部　史料が描く接触領域としての島々

文書館史料を通じて人と出会う—マダガスカル史研究史料としてのオランダ東インド会社文書　イヴェト・ランジェヴァ・ラベタフィカ、ルネ・バーシュウ、ナタリー・エファーツ（訳・末永信義）
十八世紀末から十九世紀初頭のセント・ヘレナ島における移動と接触—イギリス東インド会社関連史料から　水井万里子

第三部　史料のなかのケープ植民地

豊富なデータが開く歴史—ケープ植民地の統計史　ヨハン・フォリー（訳・末永信義）
英領ケープ植民地における陸軍と関連史料　一七九五～一八二〇年　辻本諭
十八～十九世紀前半の南部アフリカにおけるイギリス系プロテスタント宣教団—移動史料研究の前提として　大澤広晃
十九世紀前半の南部アフリカにおけるウェスリアン・メソディスト宣教団—史料の特徴とそのナラティヴ　大澤広晃

第四部　変貌する東インド航路と帝国

ポスターのなかのアフリカの「自然」—イギリス帝国通商局によるプロパガンダの環境史的考察

256 元朝の歴史 —モンゴル帝国期の東ユーラシア

櫻井智美・飯山知保・森田憲司・渡辺健哉　編

257 交錯する宗教と民族 —交流と衝突の比較史

鹿毛敏夫　編

253ポストコロナ時代の東アジア 一新しい世界の国家・宗教・日常

玄武岩・藤野陽平 編

251 仏教の東漸と西漸

荒見泰史　編

252 中世日本の茶と文化 ―生産・流通・消費をとおして

永井晋　編

247 移動するメディアとプロパガンダ —日中戦争期から戦後にかけての大衆芸術

西村正男・星野幸代　編

248 明治が歴史になったとき —史学史としての大久保利謙

佐藤雄基　編

245 アジアの死と鎮魂・追善

原田正俊　編

246 和漢のコードと自然表象 ―十六、七世紀の日本を中心に

島尾新・宇野瑞木・亀田和子　編

241 源実朝 ―虚実を越えて

渡部泰明　編

242 中国学術の東アジア伝播と古代日本

榎本淳一・吉永匡史・河内春人　編

アジア遊学既刊紹介